這次重新出版的六本余先生著作是：《會友集——余英時序文集》（上、下兩冊，增訂版）、《中國文化與現代變遷》、《歷史人物與文化危機》、《論戴震與章學誠——清代中期學術思想史研究》、《陳寅恪晚年詩文釋證》（增訂新版）、《猶記風吹水上鱗——錢穆與現代中國學術》。這六本可以分為兩個類別。前三本是文集，裡面的文章大多是通論的性質，而非專門研究，構成一類；後三本雖然也是單篇文章的結集，但各書主題單一，有專書的實質，內容則以專門研究為主。不過，余先生的著作有個重要特色，就是通論性或評論文章往往立足於學術基礎，學術論著則常具思想意味，甚至含有時代意義。關於傳統中國的論著，通常學術性強，但在涉及近代和當代課題的文章，往往是學術、思想、評論的因子交光互影，上述兩個類別的分野並不絕對。

為了讓讀者對余先生這六本書有比較具體的認識，我這裡還是要依照類別進行介紹，兩類之中，各本書也分別討論，但在這個過程，我會儘量揭示余先生在這些書中所顯露的通盤關心，希望讀者能對各書的關聯有所了解。

我要從前三本的文集開始。首先是《會友集——余英時序文集》，就如本書副題所顯示，這是余先生為他人書籍所寫序文的結集，所以這本書包羅廣泛，沒有特定的宗旨，寫序的書主題是什麼，序文就往那個方向開展。不過正因為如此，這本序文集大幅度展現了余先生的學識和思考的問題，很適合作為介紹他的學思世界的起點。

《會友集》是現任浙江大學教授彭國翔受余先生之託所編集，初版在二〇〇八年由香港明報出版社出版，收有余先生序文三十八篇，兩年後三民出臺灣增訂版，增加了十三篇，共計五十一篇。余先生一生為人作序甚多，這五十一篇雖然不是全豹，遺漏已經不多了。在一般的印象中，序文經常是應酬文字，少有精華之作，但余先生個性認真，不願辜負他人的付託，也不想浪擲自己的時光，他寫作序文，儘量把它當作自己主動要寫的文章，戮力以赴。余先生是學者，他常見的做法是對書的主題進行一番研究，然後把重要心得寫入序文，和作者形成對話，也期望讀者有實際的收穫。因此，書籍不論是否為學術性質，序文往往有相當程度的學術內涵以及深思熟慮的意見。余先生在《會友集．自序》中說：「我生平不會寫應酬式的文字，友人向我索序，我必儘可能以敬慎之心回報。首先我必細讀全稿，力求把握住作者的整體意向；其次則就我所知，或就原著旨趣加以伸引發揮，或從不同角度略貢一得之愚。但無論從什麼方向著筆，我都堅守一個原則，即序文必須環繞着原作的主題發言。換句話說，原作為主，序文則居於賓位。序文的千言萬語都是為了凸顯原作的貢獻及其意義。」（頁一）我引述這一大段文字，是想表明，《會友集》所收錄雖皆為序文，都是余先生的心血之作，由於序文集的特性，它展現了余先生心靈的多個方面。

彭國翔教授編輯《會友集》，把余先生的序文分為「內篇」和「外篇」，剛好就是三民版上、下冊，彭教授表示，內篇「論學術」，外篇「議時政」（頁七〇九）。不過，我覺得這些序文可以再進一步分為三類：「內篇」（上冊）是歷史學術——特別是傳統中國史——相關的序文，「外篇」（下冊）並不只是「議時政」，其中既有關於近現代中國史（包括中共歷史）的研討，也有對當代中國情勢的論說。整體而言，《會友集》的學術成分相當高，但近現代中國史與中國的現實關係密切，則是沒有問題的。興趣主要在歷史學術的讀者，不妨先看本書上冊，對近現代中國或余先生的思想特別關注的人，則可從下冊開始閱讀。

這裡想要進一步指出，《會友集》的三個重點：以傳統中國史為中心的歷史研究、近現代中國史、當代中國情勢，反映了余先生一生整體關心的大部分，這幾個重點也或多或少出現在三民版的其他兩本文集：《中國文化與現代變遷》、《歷史人物與文化危機》，《會友集》的內容有不少可與這兩本呼應的地方。

余先生是世界知名的中國史大家，在近代以前思想史方面的成就尤其高，他為學術書籍寫序，自然涉及不少重要的史學問題，這方面的特點，下文論及余先生學術專著時會稍作說明，這裡先略過。至於余先生對於中國近現代史的研究和討論，他從年輕時代開始，就具有公共知識分子的性格，對近當代史事非常留意，但他為文探討這方面的問題，是一九八〇年代以後的事，當時已五十餘歲，就學院的標準來說，並不是近代史的專業研究者。余先生進入中國近現代史領域，有兩個主要來源。一是對中國現代學術以及歷史學、人文學特性的關心。余先生年輕時就廣讀現代中國史學大家的著作，他在香港、美國又親炙幾位史學界重要人物：錢穆（一八九五～一九九〇）、洪業（一八九三～一九八〇）、楊聯陞（一九一四～一九九〇），很早就有機會聽聞學界內部的訊息。一九八〇年代以後，由於一些特定的機緣，例如陳寅恪全部著作出版、胡適資料的刊布，余先生得以開始利用他積蓄已久的認識和心得，開展對中國近現代學術史的撰述。

余先生探討中國近現代史還有一個主要來源：對中共問題的關注。共產黨的興起和取得政權，是二十世紀中國的最大事件，對余先生個人和整個中國都是絕大的衝擊。一九四九年十月中共政權建立時，余先生人在北京，是燕京大學學生。他本來完全沒有離開中國本土的想法，但各種事情巧合，讓他在一九五〇年到香港探親後，最終決定留在香港，從此改變一生的命運。中共極權統治造成無人道的景況以及對中國社會文化的全面破壞，人在海外的余先生痛心疾首。一九八〇、一九九〇年代以後，他以深厚的史學造詣，對中共的歷史和特性提出很有洞見的解說。這部分在《會友集》「外篇」有相當的表現。余先生對中共歷史和相關問題的探討出於他的現實關懷，是很明顯的，他在《會友集》中議論時政的部分，也是以中國和中共問題為主，就是很自然的了。

余先生對於近現代中國歷史和當代局勢的見解有何特殊之處？《會友集》表現最清楚的是他對中共極權體制和中共集團性質的解釋。中共政權建立以後，對於中共統治方式的來源，西方和日本流行一個觀點，主張以毛澤東為首的中共統治是中國帝王體制的延續，中國傳統是中共政權型態的最深來源。余先生對此不表同意，他認為中共統治的方式和傳統君主政治相差很遠，中共政權特點的最主要來源是蘇聯的蘇維埃體制，中國傳統的色彩大多是附加的。但中共集團的構成則有很深的傳統背景，余先生認為，中共的主導人物既不是知識分子，也不是一般的農民，而是各種型態的社會邊緣人，在傳統時代，這類人就是歷代反叛動亂的要角，在現代中國，他們在激烈的「革命」中找到了出路。中共的文化特色也可以從集團構成上得到若干了解。

可以看出，余先生探討近現代歷史和當代議題，懷有宏觀的視野，他的傳統中國史造詣讓他能對現代中國的變局指出一般學者不易看出的要點。除了中國史知識，余先生的文章也常引用西方觀念。余先生從年輕時起，就對西方思想和哲學有高度興趣，瀏覽、購買、閱讀有關書籍是他日常生活的一部分，他往往從這些閱讀中獲得了解事物的啟發，但他不會生搬硬套，削足適履，總是力求認識事實的關鍵，再尋求適切的解釋。運用廣闊的知識和豐富的思想資源，以清朗的文字訴說對各項問題和現象的看法，是余先生通論文字的重大特色。

總之，由於《會友集》是以文章體裁為準編輯而成，網羅了余先生對各式各樣問題的論說，讓我們可以相當清楚看出他論學寫文的重點以及基本風格。

再來要談另一本文集《中國文化與現代變遷》。這本書出版於一九九二年，搜集余先生從一九八八年到一九九一年的通論性文字。前面說過，《會友集》涉及的問題大概有三類：以傳統中國史為中心的歷史研究、近現代中國史、當代中國情勢，這也反映了余先生學思的大部分重點。顧名思義，從書題看來，《中國文化與現代變遷》中的文章多集中於文化和近現代中國這兩點。近現代中國的課題已如前述，「文化」的確是余先生長期關心的另一主要問題，它之所以沒有明顯出現在《會友集》，應該是因為請余先生寫序的書沒有以此為主題的。

「文化」是當代人文學科和社會科學的重大議題，也是這些學科和一般談論中時時使用的核心概念，內涵多樣。余先生談這個問題，主要是取文化的領域意義，也就是相對於政治、社會、經濟等領域的文化。這個意義的文化包括的社會生活要項很多，例如教育、學術、思想、宗教、藝術、文學、各種價值系統，傳統中國的儒家也屬於文化的範疇，大概來說，就是以精神生活為中心的領域。余先生的一個基本觀點是，文化具有獨立性和超越性。獨立性，是指相對於其他力量，如政治、市場，文化不是附屬品，它有自身的能動性，甚至可以影響、改變其他領域的狀態；超越性，則主要是指文化能創造自己獨立的標準，超乎功利和權力的考慮。

余先生一生最大——至少是持續最久——的關懷是中國社會如何從殘破的境地重新復甦，恢復健康，他認為獨立而有活力、深度的文化是關鍵。在他對近現代中國歷史的討論中，他也最同情胡適（一八九一～一九六二）的觀點：以文化為本的漸進改革，而不是急切的政治革命，才是中國應該走的路。我不知道在余先生全部的評論文字中，對於文化觀念的討論占多少分量，不過我一九八〇年代在耶魯大學求學時，社會變革應以文化為本，深化文化，是余先生常向我表達的看法。這是他堅定的信念。到了晚年，學術與文化中的人文重建尤其是他的重要關懷。（參見余英時，《人文與民主》，時報文化出版公司，二〇一〇）

在《中國文化與現代變遷》有關近現代中國的文章，我特別推薦〈中國知識分子的邊緣化〉、〈費正清與中國〉這兩篇。〈中國知識分子的邊緣化〉試圖展示，邊緣化是二十世紀中國知識分子的突出特徵，知識分子從傳統上處於核心的士人地位，變成在社會、政治乃至文化各方面邊緣化，這個現象的另一面，則是原來的邊緣人構成了政治權力的核心。這個討論可以幫助我們對中國共產黨的興起和特質有深入了解，在某種程度上，國民黨也有類似的情況。〈費正清與中國〉是在費正清 (John King Fairbank, 1907–1991) 過世後所寫的紀念文章，其實是一篇有分量的歷史論析。費正清是哈佛大學教授，美國中國近代史領域的重要開拓者，也是具有外交實務經驗，並對美國對華政策有影響的學者。費正清對國民黨反感極深，很早就主張美國承認中共政權，在二次大戰後很長的時間，在臺灣國民黨和親國民黨的圈子，他被當成美國親共學閥的代表。余先生在哈佛大學求學，曾修過費正清的課，在哈佛任教後，又是同事，和他有二十多年的淵源。在這篇文章，余先生融合他對現代中國史、美國漢學發展以及費正清個人的認識，對費正清個人和美國對華政策的特性，提出豐富而有見解的說明。此文不但有助於我們了解二十世紀中期的美、中、臺關係，在臺灣當前局勢的思考上，也可以有所啟發。

最後一本通論性文集《歷史人物與文化危機》出版於一九九五年，其中的文章大都寫於一九九一至一九九五年之間，文章的主題就如書題所顯示，很多與「文化危機」和「歷史人物」有關。「文化危機」也屬於余先生關心的文化問題，但重點在現代中國歷史上的一個重要現象。簡單說，中國由於在現實上嚴重挫敗，從十九、二十世紀之交，出現了對自身文化喪失信心的情況，轉而師法西方學說，以西方為尊，最後終結於「五四」後期的激烈反傳統思潮。另外一方面，中國社會又不甘於全力西化，產生對西方又羨慕又憎惡的心理，與此相連的則是許多激烈而簡單化的訴求，共產黨席捲中國，和這一情勢有關。有關「文化危機」的文章（包括該書自序）是對這個現象的揭示和檢討。

至於「歷史人物」，談的都是近現代中國的人物。政治人物方面，主要是毛澤東和周恩來，這是余先生析論中國共產黨的一部分。與前兩本書集中於政治人物不同，這本書還收入了幾篇有關近現代中國學術思想人物的文章，包括曾國藩、魯迅、周作人、郭沫若、林語堂，余先生在這方面也是很有心得的。

現在進入三本比較專門性的學術書籍，首先是《論戴震與章學誠——清代中期學術思想史研究》。這是三民版的六本書中寫作年代最早，專門性最強的一本，也是余先生學術生涯的一座里程碑。余先生研究中國史，是從漢代史起家，他從在香港當研究生的時期進入這個領域，一直耕耘到一九八〇年代後期，最主要的著作完成於一九五〇年代後期和一九六〇年代，涉及文化、思想、社會經濟、中外關係種種方面，大約到一九七〇年代末，他在西方漢學界還有漢史專家的形象，雖然這時他精通多領域的聲譽已經開始傳布了。

余先生於一九六二年在哈佛大學獲得博士學位，之後到密西根大學任教，一九六六年又回哈佛擔任教職。在此前後，余先生把他的研究重心轉到明清思想史，特別是清代思想史，《論戴震與章學誠》於一九七六年由香港龍門書店出版，是他這方面研究成果的一個總結，一九九六年的三民版是修訂二版，對初版頗有補正，可說是這本書的「定本」。

清代是中國歷史上學術最發達的時代之一，尤其以中晚期的考證學最受矚目。中國近代人文學興起之時，由於距離清代很近，加上當時知識分子對「科學」觀念的認知頗受考證學的影響，因此學者對清代學術有相當的興趣。梁啟超（一八七三～一九二九）就撰有《清代學術概論》和《中國近三百年學術史》；余先生的業師錢穆也寫有和梁啟超書同名的《中國近三百年學術史》，是一本經典作品。和先輩的研究相比，余先生的研究有兩大特色。首先是帶進了西方思想史研究取向，特別注意從思想內部演變探尋新思潮發生的緣由，他在《論戴震與章學誠》就對儒學傳統何以從講究天道和心性問題的宋明理學變化成性質差異很大的清代考證，做了「內在理路」的說明。其次，過往研究清代的學術思想，對於重要學者的學術業績和思想都有論述，但是對考證學本身的思想史涵義，比較缺乏明確的問題意識。余先生透過戴震（一七二四～一七七七）和章學誠（一七三八～一八〇一）的學術反思以及他們與當代學界的關係，來探討這個問題，這是本書何以以這兩位作為主題人物的緣故。《論戴震與章學誠》是清代和中國近世思想史研究上的一個突破，不但在余先生個人的學術生涯上有重要意義，它也是中文學界開始受到現代西方思想史觀念洗禮的一個主要泉源，這本書在一九七〇、一九八〇年代是很受學界矚目的。

至於《陳寅恪晚年詩文釋證》，一共結集三次，初版和增訂版分別於一九八四、一九八六年由時報文化出版公司出版，一九九八年的三民版是最後的總結集。這是一本很有影響的書，一九八〇年代初刊的時候，掀動一時之視聽，還引起中共官方主導反駁，餘波延續恐怕有二十年。

這本書起源於余先生〈陳寅恪的學術精神和晚年心境〉（一九八二）一文的寫作。一九八〇年前後，《陳寅恪文集》出版，這是陳寅恪（一八九〇～一九六九）最完整的著作集。一九四九年中共政權建立後，陳先生在出版上一直碰到困難，不但新作不能出版，舊作的整理也無法問世。陳寅恪是二十世紀中國的傳奇歷史學家，他在一九五〇年代中葉以後，放棄研究已久的中古史，在目盲的情況下，由助理協助，改治明清史事，以兩位女子——《再生緣》作者陳端生（一七五一～一七九六）、錢謙益妾柳如是（一六一八～一六六四）——為中心，寫成《論再生緣》、《柳如是別傳》，後者尤其是卷帙浩繁的大著。陳寅恪的改變引人好奇，余先生向來留意陳先生的著作，自己又研究明清史，《陳寅恪文集》出版後，立刻細讀《柳如是別傳》和新刊布的詩作。此外，余先生在一九五八年二十八歲時，看了流傳海外的《論再生緣》油印本，認為這本書不純是客觀研究，而涵藏了有關個人身世與當代時勢的心曲，特別撰寫〈陳寅恪「論再生緣」書後〉，將其表而出之。事隔二十餘年，余先生再讀陳先生新作，一定也有再探其心聲的想法。余先生投入新發布的陳先生著述，還有一個原因，他當時告訴我，他想藉此考驗自己的程度。陳先生不但史學精湛，而且古典文學造詣極深，他的詩風曲折幽深，義蘊豐富，一九四九年以後，由於痛惡中共統治，詩文隱語尤多，加上陳先生是學者，所用典故以及運用的方式和一般人不同，文字索解有困難之處，讀其詩文是有意思的挑戰。總之，由於多重原因，在一九八〇年代初，余先生有一段時間沉浸於陳寅恪的著作，特別是新出詩文。

不過，余先生原來並沒有以陳寅恪為主題再次為文的想法。一九八二年他和《中國時報》金恆煒先生在美國偶爾見面，他向金先生談起陳寅恪的晚年著作以及自己的一些想法，金先生聽了大感興趣，鼓動余先生把想法寫出，表示《中國時報・人間副刊》可以不限篇幅刊出。這就是〈陳寅恪的學術精神和晚年心境〉誕生的緣由。這篇文章其實是對陳寅恪學術、思想、價值的整體討論，特點在於，是第一篇把陳氏晚年詩文當作重要材料的論說。該文刊出後一年多，余先生又專門針對陳氏晚年詩文索解的問題，寫了〈陳寅恪晚年詩文釋證〉，余先生的兩篇文章引出一連串的反應，有不信駁斥者，有問難商榷者，更重要的是，在往後多年有關陳寅恪的種種書寫和議論中（一九九〇年代中國有「陳寅恪熱」），余先生的文章成為必有的背景。在這種情勢下，余先生也陸續寫了一些回應和補充文字，有的並不限於陳寅恪的晚年心境，而涉及他的整個學術和思想生命。《陳寅恪晚年詩文釋證》的書首有余先生的增訂新版序、〈書成自述〉以及一九八六年版自序，是成書過程的記錄和回憶，讀者可以參看。

《陳寅恪晚年詩文釋證》的內容雖然很多是專門細緻的文史考證，「陳寅恪熱」也退潮多年，這本書仍然具有其命維新的價值。主要的原因是，這是對一位現代中國特殊人物反反覆覆的探討，由於二十世紀中國特殊的歷史以及陳寅恪特殊的人格，陳寅恪的心境表達往往繁複隱晦，需要有偵探式的研究。余先生的努力是值得的，陳寅恪生命中的很多元素有恆久的意義，值得後世的人了解和省思。

最後一本是《猶記風吹水上鱗——錢穆與現代中國學術》，這本書出版於一九九一年，錢先生去世次年，從書題看來，它的性質和前一本《陳寅恪晚年詩文釋證》一樣，探討一位現代中國重要的學術和思想人物。但這本和論陳寅恪的書有三個主要不同。首先是具有私人性質。從余先生的一生看來，現代中國文史學者中，他受三人影響最深：胡適、陳寅恪和錢穆。三人之中，余先生沒有見過胡適和陳寅恪，而錢穆則是他的老師，余先生的中國史學訓練啟蒙於錢先生，錢先生至為器重余先生，兩人情感深厚。這本書只有一篇是紀念文字：〈猶記風吹水上鱗——敬悼錢賓四師〉，其他都是對與錢先生相涉的近代中國學術思想問題的討論，但論述文字的根據，不少來自余先生的親身見聞，也有錢先生的私人信件。就這一點，本書與余先生對陳寅恪和胡適的研究，性質有相當的差異。

其次，本書有關錢穆的討論，以思想或「學術精神」為主。錢穆學問深廣，兼包四部，但根本上是歷史學者，尤其精通學術思想史，在這方面貢獻最大。不過這本書主要討論思想方面的問題，對於錢穆的史學，余先生晚年寫了《國史大綱》發微——從內在結構到外在影響〉（《古今論衡》第二十九期，二〇一六年十二月），讀者可以參看。第三，這本書雖然以錢穆為主題，但內容涉及了近現代中國思想史的幾個關鍵問題。〈錢穆與新儒家〉討論一九五〇年代以後在香港和臺灣頗具影響的新儒家，〈《周禮》考證和《周禮》的現代啟示——金春峰《周官之成書及其反映的文化與時代新考》序〉檢討近現代中國的烏托邦思想（此文亦收入《會友集》上冊），〈中國近代思想史上的激進與保守〉則是對近代中國思想激烈化與保守之意義的通盤解說，這篇置於此書，正因為錢穆是保守立場的重要人物。諸篇文章合而觀之，本書頗有思想史的色彩，很適合對近代中國思想有興趣的讀者閱覽。

以上是對三民版余英時先生六書的介紹。這六本書有相當的分量，也投射出余先生一貫關心的許多方面，但整體來說，仍然只是他的業績的一小部分。余先生在〈一生為故國招魂——敬悼錢賓四師〉中說，他的這篇文章「遠不足以概括錢先生在現代中國學術思想史上的貢獻和意義。任何人企圖對他的學術和思想作比較完整的評估，都必須首先徹底整理他所留下的豐富的學術遺產，然後再把這些遺產放在現代中國文化史的系統中加以論衡。這是需要長期研究才能完成的工作。」（《猶記風吹水上鱗》頁十七、十八）這些話的基本意思也可以適用於余先生自己。對於余先生學術和思想的深入認識和評估，也需要很多人的長期努力。這是一筆寶貴的資產。

自序
——中國現代的文化危機與民族認同

自十九世紀中葉以來，中國的文化危機隨著時序的遷流而不斷加深，一直到今天還看不到脫出危機的跡象。不但如此，今天中國的文化危機反而更為深化了，因為在這個世紀末（用中國的說法是「末世」）的年代裡，世界各地，尤其是西方，都出現了極其嚴重的文化危機，而這些外面的危機現在又都與中國原有的危機合流了。最近我讀到大陸和臺灣新一代知識分子的文字，其中充滿了「後現代」、「後殖民」、「後結構」、「東方主義」、「解構」、「文化多元」種種最流行的時尚論說。世界的一切文化危機似乎都已由中國知識界全面承受下來了。

在這個後冷戰時代的世界，文化危機的論說方式雖然千奇百怪，但大體言之，只有兩種相反的傾向，一種是伴隨著多元化而來的相對主義，多元化本是現代文化的一個健康的發展。然而多元化一旦和極端的懷疑論和虛無論合流之後，便形成了各式各樣的相對主義，終至失去任何共同的標準，使人不再能判斷善惡，真僞或美醜。《莊子》「彼亦一是非，此亦一是非」的相對主義論點，也是由「道術將為天下裂」的局勢造成的，不過與現代的情況相較，有如小巫見大巫而已。

相對主義所涵蘊的文化危機，如果發展到極限，便是墨子所謂「一人一義，十人十義」。這一危機在今天知識分子中表現得最為突出，但在後冷戰的時代，集體認同的新尋求則涵蘊著另一文化危機，這一論說方式大致可以杭廷頓(Samuel P. Huntington)所憂慮的「文明的衝突」為代表。東歐和前蘇聯的極權體制崩解以後，以「無產階級革命」為號召的意識形態澈底破產了；以前長期受壓制的各民族文化開始復甦。同時，文化相對主義的興起也不斷向西方文化獨霸的意識挑戰，以致西方社會科學主流中的學人如杭廷頓也不得不承認世界上其他文化傳統——以宗教為中心——已構成對西方文化的威脅。這一多元化傾向的正面意義也是人所共見的。但是這一傾向發展到極端也會引生「返本論」

("fundamentalism")的文化危機。「返本論」一般譯為「原教旨論」，因為這是宗教史上的常見現象。原教旨論者一方面以創教者的最早教義號召族群，另一方面則具有強烈的排他性。杭廷頓所說的「文明的衝突」主要便是以伊斯蘭教的「原教旨論」為對象。我改譯「原教旨」為「返本」則是因為這一現象並不限於宗教。不久以前美國奧克拉荷馬市的爆炸案已追溯到一種「密西根民兵」(Michigan Militia)的組織，其根據即在美國建國時期的原始理想。這一組織與宗教無關，但顯然也是一種 fundamentalism。所以中國舊有的「返本」一詞恰好可以借用，因為「返本論」較之「原教旨論」無疑更適用於中國的儒家和道家。而且照最近中國大陸上所謂「易學」和「氣功」的流行情況來看，如果將來中國出現儒家、道家或儒道混合的「返本論」運動，那也是不足為異的。

總之，在後冷戰時代，源於西方的政治意識形態在中國大陸也同樣破產了。現在不但一部分知識分子表現出重新認識文化傳統的嚴肅要求，甚至官方也開始對中國文化，尤其是儒學，發生了興趣。前者可用近兩、三年大陸上出現的一股「國學」新潮為代表。這股新潮的性質並不簡單，暫時還無法分析得清楚。但是如果我們說：在「國學」新潮的後面，存在著一種文化認同的潛意識，大概尚不致於離題太遠。從這一角度看，這一新潮也未嘗不和「後殖民」、「後現代」、「東方主義」等來自西方的時尚論說，有其消息互通的一面。

至於後者——大陸官方對中國文化的興趣——則既見之於最近對臺灣的統戰文件，又見之於倡議「世界儒學聯合會」之類的組織，雖然在姿態上仍不免給人以「猶抱琵琶半遮面」的感覺。官方的動機自然不是學術性的，甚至也未必與文化認同有什麼關聯。但是我們可以推測，在原有的意識形態破產之後，中共官方似乎不得不轉向民族文化的傳統中去尋求統治權力的精神根據。

不可否認地，近幾年來，在一般中國人的意識中，中國文化傳統的位置確有所提昇。但文化危機則仍非短期內所能挽回。這裡有多方面的原因：首先是一九四九年以後，由於民間社會為政治暴力摧毀殆盡，中國傳統的文化價值已失去了存在的依據，許多基本價值不是遭到唾棄，便是受到歪曲。據最近的實地調查，不但仁義道德、慈孝、中庸、和諧、容忍等傳統德目失其效用，而且一切宗教信仰——包括敬祖先的意識——也在若存若亡之間。這種思想狀態遍及於各年齡層，其主要造因則在一九四九年以後，而以「文化大革命」

為最大的關鍵。所以研究者沈痛地指出，三十年的毛澤東統治給中國人留下了一個史無前例的文化危機，舊的價值系統已殘破不堪，但新的價值系統卻並未出現。這是一種文化真空的狀態，前景如何則無人能加以預測。（詳見 Godwin C. Chu and Yanan Ju, *The Great Wall in Ruins: Communication and Cultural Change in China*，紐約州立大學出版社，1993）中國文化的實況如此，決不是空言所能濟事的。

其次，大陸學人的反傳統激情現在雖有開始退潮的跡象，但新的「國學」研究僅在萌芽階段，目前還不足以承擔闡明中國歷史和文化的任務。一般而言，人文研究和科學研究一樣，都需要有一個長期的研究傳統作為它的根據地。研究傳統越深厚，則取得的成績也越大。但所謂研究傳統並不是「定於一尊」，經久不變，而是一個不斷推陳出新的發展歷程，其中往往發生「典範式的革命」。事實上，「典範式的革命」之所以能夠出現，正是由於研究傳統的存在。西方人文研究在近二、三十年中變異迭出，但整個傳統卻因此而變得更為豐富。與此相反，中國的人文研究傳統自一九四九年以後便中斷了。以「國學」而言，二十世紀前半葉原已建立起深厚的基礎，一方面繼承了傳統經、史、子、集各部門的遺產，另一方面又發展了新的觀點與方法，而且研究的取向也是多元的。但是自五〇年代起，大陸上的人文研究便已為粗暴的意識形態所全面籠罩，以往「國學」研究的業績被澈底否定了，甚至「國學」這個名詞也長期成為禁忌。在這種背景之下，今天要想復活「國學」研究真是談何容易！

最近一位俄國史學家分析蘇聯解體後史學研究所面臨的種種困難，對於我們瞭解中國大陸的人文現狀很有參考價值。他說，馬克思主義史學破產以後，俄國只剩下了一片「哲學的空白」（"a philosophical void"）；現在許多人竟順手亂抓一切荒謬的東西來填補這片「空白」，從神秘主義、「旁門左道」（"occultism"），到侵略性的沙文主義都大為流行。蘇維埃帝國的崩潰誘發了人們操縱歷史記憶的需要和思古的情緒，其結果是對歷史的建構流入隨心所欲而且往往出人意表的境地。思想的自由竟變成了不負責任的恣縱；人們在舊神話的殘骸上又編織了新神話。這位史學家也希望通過史學研究以重建俄國的文化價值，因此他特別強調「從內部研究歷史」的重要性，更強調史學家必須同時對他研究的對象和他所寄身的社會負起嚴肅的責任。（見 Aaron I. Gurevich, *The Double Responsibility of the Historian,*

Diogenes, No. 168, Vol. 42/4, Winter, 1994）我們以俄國的情況與八〇年代「文化熱」以來的大陸相對照，便可以看出，中國也同樣存在著一片精神和思想的「空白」，中國知識人也同樣有「順手亂抓」一切東西來填補「空白」的傾向。他們不僅「抓」《周易》、特異功能、氣功、道家、儒家，而且更不分皂白地「抓」任何西方流行的「新奇可喜之論」。我相信「順手亂抓」的一個主要動力來自文化認同的新追尋，但尋求文化認同如不出之以嚴格的認知態度，則結局可能是加深，而不是消解文化的危機。

最後，大陸官方如果真有意假借中國文化或儒家以緣飾其政權的合法性，則對於中國文化或儒家而言，這將成為「死亡之吻」。自「中國特色」的提法出現以來，大陸官方越來越乞靈於民族主義的情緒。前兩年在人權問題上，他們附和新加坡李光耀的說法，強調民主與人權的內容因民族與文化而異。不但如此，他們甚至公然宣稱，中國人的「人權」首先便是「吃飽飯」。前面已提到，大陸官方不但開始重視儒家（這也是追隨李光耀的倡議，可看 *Foreign Affairs* 一九九四年三、四月號李光耀的長篇訪談紀錄），而且正式用「五千年文化」的口號向臺灣進行「統戰」。把這許多跡象聚攏起來看，我們不能不疑心大陸官方確在採取一種偷梁換柱的新策略，想用「中國文化」或「儒家」來取代破了產的馬克思主義。一切證據都顯示：大陸官方決無絲毫放棄原有的意識形態的意願，他們仍然堅持「共產黨領導」為最高原則。對於「人權」、「民主」、「自由」等價值，他們更是一貫地深惡痛絕，那麼他們為什麼不直截了當地根據馬克思主義來否定「人權」，而必須隨著李光耀的曲調起舞，另提出「吃飽飯」為具有「中國特色」的「人權」觀念呢？（關於馬克思主義者必然否定人權的分析，可看 Steven Lukes, *Can a Marxist Believe in Human Rights?* 一文，收在他的 *Moral Conflict and Politics*, Oxford: Clarendon Press, 1991）很顯然地，這是因為官方的意識形態已無人信從，而民族情緒和文化傳統在後冷戰時代又開始激動人心。這裡我們看到在文化多元化的趨勢下，中國文化正面臨著另一可能的厄運：它將為官方歪曲利用，變成極權統治的工具，以抗拒人權、民主、法治、自由等普遍性的現代價值。儒家思想恐怕更難逃此劫。如果真的不幸而言中，那麼袁世凱「祀孔」和《新青年》「打倒孔家店」的歷史未嘗不會重演，而中國人也將再一次失去平心靜氣理解自己文化傳統的契機。這正是我所憂慮的「死亡之吻」。

由以上所論，可見今天中國的文化危機確是處在一種十分微妙的階段：一方面充滿著「危險」，另一方面又呈現出新的「契機」。（據說這是美國甘迺地總統在字面上對中文「危機」一詞的理解；其實英文 crisis 也指一種關鍵性的時刻，有轉好或轉壞兩種可能的方向。）但我們必須認清：這一「危機」是世界性的，由於冷戰的終結而全面暴露了出來。這裡有一個特別值得注意的弔詭，今天世界上各民族追求文化認同並向西方的文化霸權挑戰，雖然出於十分複雜的背景，但理論上的根據卻仍然是由西方學人提供的。西方的人類學家、文化評論家、歷史學家、哲學家等，在最近二、三十年間頗多致疑於所謂「啟蒙心態」，因此不再奉直線社會進化論、極端實證論、現代化理論等為金科玉律。文化多元論便是在這一新思潮之下成長起來的。「多元文化論」（"multiculturalism"）目前在美國這個多元族群的社會已成為爭論的焦點。幾年前斯坦福大學的教授會以三十九票對四票取消了該校唯一的「西方文化」的共同課程，而代之以「文化、觀念與價值」的新課。在這門新課程中，歐洲的經典雖仍占有一個很高的比重，但其他非西方的作品——包括非洲、亞洲、美洲原住民以及婦女的述作——也構成重要的部分。這一破天荒的改變引起了極熱烈的論戰，戰火至今未熄。由此可知，美國學術界不但在理論上而且在實踐中，已承認社會上一切族群的文化都應該包括在大學的通識課程之內，西方文化必須從原來的獨霸位置上撤退下來。把這一原則從美國社會推廣到全世界，我們便不能不進一步承認：世界上每一民族所創造的文化都有其獨特的價值，因此也都同樣應該受到尊重。這便為世界各民族尋求文化認同的整體動向提供了理論的根據。今天中國的知識分子，無論在大陸、臺灣或海外，也都或多或少、或正或反地受到這一後冷戰思潮的衝擊。

文化多元論是不是必然否認不同文化之間還可以有共同標準呢？是不是必然涵蘊所有的文化都具有完全相等的價值，更無高下優劣之可言呢？不同文化之間是否可以互相開放，互相影響，終於達成一種基本的共同瞭解呢？今天我們雖然已較能認識到文化傳統的韌性，不再單純地把它化約為社會、經濟、或政治力量的依附品，但是我們是否應該走向文化決定論的另一極端呢？文化傳統（包括觀念和價值）在長期的歷史進程中不斷變動，這是無可否認的事實。那麼所謂「文化認同」——無論是個人的還是集體的，究竟是什麼意思呢？以中國而言，是認同於「道術將為天下裂」時代的原始智慧呢？還是認同於西方文化傳入以前，甚至佛教傳入以前的儒、道等傳統呢？如果文化認同也包涵著「與古為新」或「與時俱新」的意思，那麼「認同」豈非主要變成了一種創造性的活動，並且不可避免地要容納外來的文化成分於其中？（一個最明顯的例子是一九〇五年《國粹學報》第一期的〈例略〉說：「於泰西學術，其有新理特識足以證明中學者，皆從闡發。」這是因為當時，國粹學派認為「取外國之宜於我國而吾足以行焉者，亦國粹也」。引自胡逢祥〈論辛亥革命時期的國粹主義史學〉，《歷史研究》，一九八五年第五期，頁一五〇）這些關於文化多元論的問題都不是容易解答的。西方學者近來的討論雖汗牛充棟，但也只能澄清正反兩派的論據，一時還無法消解基本的分歧。（參看 Charles Taylor, *Multiculturalism and the Politics of Recognition*, Princeton University Press, 1992 和 Joyce Appleby, Lynn Hunt & Margaret Jacab, *Telling the Truth about History*, New York: W. W. Norton & Company, 1994, pp. 291–302）

文化認同在西方學術的討論仍在熱烈進行中；這種討論對於中國當前的文化危機會發生什麼影響是一個最值得注意的問題。今天無論是在中國大陸、臺灣、香港或海外，中國知識分子中都不乏倡導文化認同的人。（臺灣更出現了僅僅認同於臺灣本土的聲音。）但是我們細察他們的持論，便會發現他們很少從內部對於自己文化傳統的價值作出令人信服的新理解與新闡發。相反地，他們的主要論據是西方流行的一套又一套的「說詞」，包括前面所提到的「東方主義」、「後現代」、「後殖民」、「解構」之類。這些「說詞」並非不可引用，不過如果文化認同不是出於對自己族群的歷史、文化、傳統、價值等的深刻認識，而主要是為西方新興的理論所激動，或利用西方流行的「說詞」來支持某種特殊的政治立場，則這種「認同」是很脆弱的，是經不起嚴峻的考驗的。一旦西方的思想氣候改變了，或政治情況不同了，文化認同隨時可以轉化為文化自譴。無論如何，中國的文化認同論者似乎在思想上還是認同於西方的「文化霸權」。這真是一個十分奇妙的弔詭。

這一心理的矛盾自然不自今日始。遠在本世紀初，國粹學派便一方面痛斥當時中國學人「尊西人若帝天，視西籍如神聖」，而另一方面則奉達爾文、斯賓塞的社會進化論為無上的真理。他們事實上已為「五四」的啟蒙心態，包括貶低中國傳統打開了方便之門。我們可以說，國粹派在表面上認同於中國文化，在實質上則認同西方的主流思潮。因為自十九世紀下半葉始，達爾文和斯賓塞的理論恰恰在西方思想界占據著中心的地位。（可看 Peter

Gay, *The Cultivation of Hatred,* W. W. Norton Company, 1993, pp. 38–54）同樣地，今天不少中國知識分子轉向文化認同也是因為西方各種認同理論已在學術界奪得了相當大的一片領域，並從邊緣進入中心了。（參看 Elazar Barkan, *History and Cultural Studies*, in Ralph Cohen and Michael S. Roth, eds., *History and Histories within the Human Sciences*, University Press of Virginia, 1995, pp. 349–369）

這是我為什麼要說，中國的文化危機今天仍在持續之中，甚至更為深化了。一百年來，在中國文化界發生影響的知識分子，始終擺脫不掉「尊西人若帝天，視西籍如神聖」的心態。西方知識界稍有風吹草動，不用三、五年中國知識分子中便有人聞風而起。所以清末的「神聖」是達爾文、斯賓塞一派的社會進化論，「五四」時代是科學主義、實證主義，三、四〇年代是馬克思主義，現在則是「東方主義」、解構主義之類。但是另一方面，中國知識分子對自己歷史、文化、傳統的認識則越來越疏遠，因為古典訓練在這一百年中是一個不斷墮退的過程。到了今天，很少人能夠離開某種西方的思維架構，而直接面對中國的文學、思想、歷史了；他們似乎只有通過西方這一家或那一家的理論才能闡明中國的經典。

在三十年整理國故的時期，陳寅恪已慨嘆：「今日之談中國古代哲學者，大抵即談其今日自身之哲學者也。」現在我們恐怕更要下一轉語說：「今日之談中國文、史、哲諸學者，大抵即談西方某一流派之學者也。」如果這一「視西籍如神聖」的心態不能根本扭轉，中國人的文化認同勢將長期停留在認同西方的流行理論的階段。族群的自我認同儘管現在已成為一個相當普遍的世界現象，中國知識分子恐怕未必能把握住這一契機，而在中國的人文研究方面有積極的建樹。

今天大概不會有人抱殘守闕到完全拒斥西方文化的地步。上面提到的陳寅恪也強調中國「必須一方面吸收輸入外來之學說，一方面不忘本來民族之地位」。在近代學人中，他是少數能自踐其信念的一個。他對西方和印度的經典都有直接的瞭解，但是他的心靈從來沒有為西方所征服。相反地，他卻能以不同文化為參照系統而發展出自己對於中國文化的認同。所以他的文化認同中已綜合了西方現代的價值，如學術獨立、思想自由、男女平等之類。這是讀過他的著作的人很容易發現的。然而他的基本認同在中國文化則是毫無可疑的。他確實沒有忘記「本來民族之地位」。我並不是說，陳寅恪的文化認同的方式具有典型性。

事實上，文化認同對於個人而言都是如莊子所謂「鼴鼠飲河，不過滿腹」而已，因此沒有兩個人的認同是完全一致的。我舉此一例，以見認同於中國文化與接受外來文化可以是相反相成的。個人如此，推之集體亦然。

薩依德 (Edward Said) 在一九七八年刊行的《東方主義》一書，對於文化認同的研究發生了深遠的影響。他嚴重地指責西方的「東方學家」的偏見，把「東方」描寫為西方的反面——非理性、神秘、怪誕、淫亂。他認為這代表了西方帝國主義建立文化霸權的企圖，東方人必須起而反抗。這一說法的必然涵義之一自然是東方人必須擺脫西方人所強加的文化宰制，建立起自己的文化認同。但是薩依德的「東方」主要指中東的阿拉伯世界，並不包括中國。以中國而言，事實適得其反。自十七、八世紀以來，西方的「東方學家」對古典中國是頌揚遠過於貶斥。由於啟蒙時代的西方作家對中國描寫得太美好，以致造成研究啟蒙運動的專家之間的困惑。其中有人提出一種解釋，即當時啟蒙思想家為了批判西方文化，故意用中國為一種理想來鞭策自己，這就是所謂「打棍子理論」("beating-stick theory")：中國是西方人打自己的一根棍子。我們只要一讀《中國：歐洲的模範》(Louis S.

Maverick, *China: A Model for Europe*, 1947）這本書，就可以明白其大概的情形了。這是中國人引用「東方主義」的說詞時首先必須注意的重要事實。另一應注意之點是薩依德雖然主張中東阿拉伯世界各族群建立自己的文化認同，以抵抗西方帝國主義的文化霸權，但他並不取狹隘的部落觀點。相反地，他認為文化認同絕不等於排斥一切「非我族類」的文化。在一九九三年刊行的《文化與帝國主義》一書中，他毫不含糊地指出，他一方面既不能接受美國某些白人保守派的文化霸權的觀點，以為「我們」只需要關心「我們自己經典」；另一方面也不能同情反霸權者的矯枉過正，例如說：阿拉伯人只讀阿拉伯的書，用阿拉伯的方法。他指出一個事實，在今天的世界，西方文化已傳布到一切地區，其中有些成分已變成世界性的了。（他的例子是：貝多芬的音樂已成為「人類遺產的一部分」。）總之，今天世界一切文化都是混合體，都雜有異質的、高度分殊的因子，沒有一個文化是單一而純粹的。美國如此，阿拉伯世界也是如此。但是在美國和阿拉伯世界，今天都不乏偏狹甚至多疑的民族主義者，他們往往教育子弟去特別尊崇「自己的」傳統，敵視一切「非我族類」的東西。這是一種沒有批判精神、沒有思維能力的原始衝動。薩依德的新著便是為了矯正這一流弊而寫成的。(見 Said, *Culture and Imperialism*, Vintage Books Edition, 1994, Introduction, xxv–xxvi)

薩依德的立場其實和上引陳寅恪的說法不過重點不同而已。他是一方面要求阿拉伯世界的人「不忘其本來之民族地位」，但另一方面在對抗西方帝國主義的文化霸權時，又不應連已成為「人類遺產的一部分」的西方文化也一併拋棄了。他們兩人相同之處是在文化認同上強調折衷去取。文化認同折衷論自然比「全盤西化」或「全盤本土化」麻煩得多，更不及後兩種方式來得乾脆痛快。但二十世紀的中國經驗卻清楚地告訴我們：在社會大轉變時代，文化認同並沒有捷徑可循，無論是個人還是民族集體，都必須在長期嘗試和不斷調整的過程中才能找得到適當的方向。所謂「全盤西化」或「全盤本土化」都只能是少數人的主觀想像，可以成為理論上的「理想型」或「模式」，但在現實生活中決無可能出現。以常態情形而言，文化認同必然是在實際生活中逐漸發展和形成的，其間本土的成分和外來的成分互為作用，保守和創新也相反相成，折衷是無可避免的結局。即使是過去的「全盤西化」論者，儘管反對「折衷」，也未嘗不承認這一事實。例如一九三五年胡適在評論「本位文化」問題時便說：「我們肯往前看的人們，應該虛心接受這個科學工藝的世界文化和它背後的精神文明，讓那個世界文化充分和我們的老文化自由接觸，自由切磋琢磨，借它的朝氣銳氣來打掉一點我們的老文化的惰性和暮氣。將來文化大變動的結晶品，當然是一個中國本位的文化，那是毫無可疑的。」（《胡適論學近著》，上海，商務印書館，一九三五，頁五五六）可見「全盤西化」論者當時所提倡的不過是一個主觀的態度，並不是真的認為中國可以百分之百地變成西方。

「全盤西化」論者都是自由主義者，他們並不曾想到運用政治暴力來改變中國的文化狀態。因為他們有一個牢固的信念：「政府無論如何聖明，終是不配做文化的裁判官。」（胡適，上引文，頁五五五）因此儘管「全盤西化」是一個有嚴重語病的名詞，它的負面影響畢竟有限；具有獨立判斷能力的讀者不一定會接受他們的論斷。但「全盤西化」的偏激提法恐怕也對中國一部分知識分子發生了一種暗示作用，使他們感覺根據一種西方的模式來全面改造中國文化是可能的。一九四九年，特別是一九六六年以後，中國經歷了一個長期的文化破滅的過程。當時的口號是「不破不立」、「破舊立新」、「破字當頭」、「興無滅資」之類。所以「破」的是中國文化，「滅」的則是十九世紀末以來傳入中國的西方文化（所謂「資產階級文化」），而「立」與「興」的則是前蘇聯的斯大林體制，美其名曰「社會主義」。其實這才不折不扣地是一種「全盤西化」的革命。但它和三〇年代自由主義者所提倡的「全盤西化」有兩點最重大的差異：第一、它以政治暴力為推行的方法，第二、它可以說是「反西方的西化」（"anti-Western Westernization"，此名詞借自 Robert Bellah et al., *The Good Society*, New York: Alfred A. Knopf, 1991, p. 250）。「反西方的西化」是一種矛盾的或「辯證的」統一；它對中國知識分子更具有特殊的吸引力：一方面「反西方」可以滿足反帝國主義的民族情緒，另一方面「西方化」以「科學的社會主義」的新面貌出現，又恰好符合「視西籍如神聖」的潛意識。這是馬克思主義的一般魅力在非西方世界的特殊表現。（關於馬克思主義最能運用「科學規律」與「道德熱情」兩種相反的力量，使之互為支援，以激動西方一般的知識分子，可看 Michael Polanyi, *Personal Knowledge, Toward a Post-Critical Philosophy*, University of Chicago Press, 1958, pp. 227–233）從這一角度看自由主義者的「全盤西化」和馬克思主義者的「反西方的西化」在思想內容上雖然南轅北轍，但在心理上仍不免有一脈相通之處。

無論是中國的自由主義者或馬克思主義者，他們的主要努力也是要為中國尋求一個集體的現代認同。認真地說，他們也不是拋棄了中國，一味「崇洋媚外」。這種常見的道德譴責不僅不公平，而且搔不著癢處。上面已引了胡適的話承認充分「西化」（或「世界化」）並不致導致「中國本位文化」的消滅。同樣的話在他的英文論著中更多，不必詳引了。即使是中國的馬克思主義者也常唱對中國文化應該「取其精華，棄其糟粕」之類的調子。他們的共同問題，在我看來，毋寧在於把中國文化看成了一個「化」的對象——「西化」、「蘇維埃化」、「世界化」或「現代化」。他們似乎認為只有在澈底被「化」了以後，中國文化才有可能重新發揮積極的作用。至於在整個「化」的過程中——這是一個相當長的過程——中國文化是不是也可以有一些主動的貢獻？或者我們是不是也應該努力使中國文化積極地、正面地參預這個「化」的歷史進程？這些問題，從他們的觀點上看，是沒有意義的，因此也就沒有提出來過。我必須聲明，我在這裡僅僅指出自由主義者和馬克思主義者都把中國文化看作一個靜物，而不是動力，因此只能被動地接受改造，而不能主動地自我轉化。借用禪宗的話說，即是「心迷《法華》轉」，而不是「心悟轉《法華》」。但是兩派在這一點上雖持相同的觀點，並不能掩蓋他們在其他許多方面的根本差異。

現在我要對中國文化危機和文化認同的問題作一次總結的說明了。

一個世紀以來，文化危機和文化認同在中國相伴而生，並隨著時間的推移而互相激盪。中外史學家的論斷大致都以西方經濟勢力的入侵為現代中國文化危機的起源。所以「中國對西方挑戰的回應」成為中國近代史研究中的基本典範。這一典範最初起於中國史學界，但最近三、四十年來在美國發展得更成熟。根據這一典範，中國近代史始於鴉片戰爭，此後的每一階段也都是對西方帝國主義的「回應」。由於「回應」不當，中國的危機於是越陷越深。「回應」理論當然是建立在下面這個假定之上，即中國歷史自十九世紀中葉以後便停滯不動。換句話說，中國史已無內在發展的動力，一切變動都起於被動地應付西方勢力的衝擊。試將這個一般性的歷史理論移用於文化危機和文化認同的問題上，我們便立刻可以看出「回應」說與上面所論證的「《法華》轉」說是完全一貫的。不過由於以前史學家過於看重經濟、制度、社會的因素，而視文化為寄附品，所以「回應」的觀點沒有大規模而系統性地運用在文化史的研究上面而已。

但是文化和歷史是不能截然分開的。因此在文化認同的問題上修正「《法華》轉」的觀點便必然要求在近代史研究上修正「回應」的典範。因為如果一部中國近代史的進程基本上只是對於西方衝擊的一系列的「回應」，而中國本身在此期間並沒有內在的發展，那麼中國文化當然也就只能成為被「化」的對象了。然而有趣得很，大約從七〇年代開始，美國史學界便逐漸對中國近代史領域中的「回應」典範發生懷疑。許多人不約而同地發現中國近代史幾乎在每一方面——政治、經濟、社會、思想——都顯示出內在發展的軌跡，而不能完全解釋為對西方的「回應」。到八〇年代中期，這一新的研究取向已表現得相當明顯，所以有人正式提出：「回應」說代表著以西方為中心的歷史觀，是西方霸權在中國近代史研究上的實現，而新取向則預示著以中國為中心的觀點將越來越受到新一代史學家的重視了。但新觀點的出現也不是對「回應」說的全盤否定，因為西方勢力的入侵引起了近代中國的巨大動盪畢竟是無可否認的歷史事實。所以新觀點並不取消舊觀點，不過糾正後者的偏頗罷了。不但如此，如果史學家不能從內部觀察近代中國的發展，則中國為什麼以這樣或那樣的特殊方式「回應」西方的衝擊也無法得到比較完整而深刻的說明。（關於美國史學界對「回應」典範的批評以及新研究取向的興起，可看 Paul A. Cohen 的系統分析：*Discovering History in China, American Historical Writing on the Recent Chinese Past*, Columbia University Press, 1984）

以中國為中心的近代史研究在美國不過剛剛起步，還需要通過大量的專題探討才能建立起它的新典範的穩定地位。但僅僅是這一轉變的本身已大有助於文化認同問題的認識。這一轉變也受到薩依德的「東方主義論」的某些影響，因此確和文化認同的問題消息相通。（參看 Cohen 前引書，頁一五〇及頁二一九注二所引文獻）前面已提及，薩依德在《文化與帝國主義》新著中，也承認阿拉伯世界的文化認同不應該是排斥一切外來的——尤其是西方的——文化成分。在他看來，有些文化價值即使源於西方，但經過長時期的傳播已為非西方的民族所廣泛接受，因此便具有世界性了。薩依德先後見解的變遷值得重視。中國的讀者如果曾受到《東方主義》的啟發而傾向於一種近乎原教旨式的中國文化認同論，現在也有必要參考《文化與帝國主義》的論點而重新體認開放精神的現代意義。文化認同如此，史學研究也是如此。我十分重視十九世紀中葉以來中國史各方面的內在動力，但並不否認西方文化對近代中國也有正面的、積極的影響。西方並不完全等於帝國主義的侵略和掠奪。真正的關鍵在於我們尋求文化認同或從事史學研究的時候能不能把握住適當的分寸。

近一、二十年來西方多元文化觀點的興起，特別是冷戰終結以後，各民族文化在以前共產黨統治下各地區的迅速復活，使許多學者不能不重新估計民族和文化的力量。因此這四、五年來，西方討論民族認同和文化傳統的著作相當豐富。這些討論雖然沒有直接涉及中國，但對中國近百年來在文化危機與文化認同上所經歷的曲折道路卻有參考的價值。有些上面已隨文有所引證。現在為了總結全文，讓我再提綱挈要，略加申論。

第一、除了十九世紀晚期，馮桂芬至張之洞等人倡「中學為體、西學為用」那一短暫階段外，中國知識界面對西方文化越往後便越不敢相信自己的民族文化在尋求中國的現代認同中能發生積極的作用。但「中體西用」說是早期對西方認識不深的產物，自嚴復、胡禮垣等人駁斥以後，逐漸無人問津。二十世紀以來，無論是「國粹派」或「西化派」都或暗或明地以西方為模式而鑄造中國的現代認同。在社會達爾文主義的籠罩之下，中國知識界接受了兩個觀念：一、所有社會都依循一定的進化階段而發展，如神權、君權、與民權。二、西方不但比中國超前至少一個階段，而且代表了社會發展的最完美的方式。（因為完美，故能超前。）受著這兩個觀念的支配，為中國尋求現代認同的人自然便義無反顧地「師法西方」了。雖然不同時期、不同流派之間對於如何「師法西方」以及在哪些地方「師法西方」，意見大有出入，但整體而論，他們都認定中國的現代認同以「認同西方」為其主要的部分。國粹派的方式是以現代西方的基本價值早已在古代中國出現（所謂「古已有之」）；孫中山的方式早期是「迎頭趕上」西方，晚年則改為「以俄為師」（孫以一九一七後的俄國代表了新的西方）；胡適的「西化」以美國為範式；毛澤東「向西方尋找真理」則歸宿於「反西方的西化」。總之，「西方」永遠是中國現代認同的核心部分；比較有影響力的中國知識分子似乎都不承認自己的文化傳統還能在民族的認同中發揮什麼積極的作用。這種情況甚至在抗日戰爭期間也沒有改變。舉一個最極端的例子：聞一多一方面說：「民族主義是西洋的產物，我們的所謂『古』裡，並沒有這東西」（《聞一多全集・雜文》，頁一一），另一方面，更說「中國文化精神」有三個代表，即「儒家、道家、墨家」，順序為「偷兒、騙子、土匪」(同上，頁一九—二三)。民族主義在中國也成為澈底否定自己文化傳統的力量了。

但前面已指出，中國知識界的這些觀點大致上都是西方主流思潮的反映。(聞一多的「偷兒、騙子、土匪」論便直接來自H. G. Wells。) 在二十世紀六〇年代以前，西方學人也自以為西方現代文化代表著「普遍性的價值」，一切落後的民族都只有依照西方的模式進行變革，才能進入「現代化」的階段。民族文化的傳統僅僅代表「特殊性的事實」，並沒有自我轉化的能力。甚至民族主義在十九世紀中葉至二十世紀前半葉的西方思想中也不受重視，馬克思主義尤其是一個最顯著的例子。思想史家柏林 (Isaiah Berlin) 和人類學家格爾茲 (Clifford Geertz) 都要到七〇年代初才真正認識到民族主義的強大生命力。(前者見 *Nationalism: Past Neglect and Present Power*，收在 *Against the Current*, Penguin Books, 1982；後者見 *After the Revolution: The Fate of Nationalism in the New States*，收在 *The Interpretation of Cultures*, Basic Books, 1973)

這是中國現代文化認同陷入長期困境的一個主要根源：知識分子一心一意以「西方」

（不同的「西方」）為範式，並借助西方的「新思想」、「新方法」來重建中國。在這個過程中，中國的文化傳統不但沒有獲得其應有的位置，而且愈來愈被看作「現代化」的阻礙，「現代化」每受一次挫折，推動者對文化傳統的憎惡便隨之更深一層。這一心態的長期發展終於造成一種普遍的印象，即以為文化傳統可以一掃而光，然後在一張白紙上建造一個全新的中國。（這一點當然又和現代的烏托邦思想相關聯，此處不能涉及。）但是冷戰後的事實和研究使我們認識到民族文化的傳統具有一種看不見的韌力，決非現代的經濟、政治的力量所能完全取代；即使是極權統治的暴力也只能暫時壓住它，只要壓力一鬆，它又會復甦。所以今天討論民族認同和民族主義的形成，我們已不能不把文化傳統的因素充分考慮在內。（可參看 Anthony D. Smith, *The Formation of National Identity* 一文，收在 Henry Harris, *Identity*, Oxford: Clarendon Press, 1995 及 Liah Greenfield, *Nationalism: Five Roads to Modernity*, Harvard University Press, 1992. 後一書分別討論英、法、俄、德、美五國民族主義的發展過程，論證尤為充實。）中國認同危機的主要原因之一便是對於文化傳統缺乏足夠的認識。我不是說我們必須無條件地肯定或讚揚傳統，那是沒有用的。我指的是我們必須研究從清代中葉到現在，傳統的一切具體方面的表現和變遷。以前不少知識分子只是一味以情緒的語言詛咒傳統，其結果則是加深了危機。

第二、前面討論中國現代認同的問題，其關鍵性的功用自然是繫於中國的知識階層。上文因避免頭緒太多，未加討論。現在總結之際，不能不作一簡單提示。現代的民族認同必須先由每一社會中的文化精英階層在思想上從事奠基的工作，這是各國歷史所共同昭示的。民族觀念的界定、釐清、及傳播，是知識分子的中心任務。所以在英、法、俄三國，起主導作用的是貴族階層中的知識精英，在德國則是中產階級知識分子。（見 Greenfield 前引書，頁二二）中國的情況稍有不同，而大致可分作兩個歷史階段：在清末尋求民族認同及倡導民族意識的是傳統的士大夫，但在民國則是現代型的知識分子。但前者既非貴族，後者也不屬於中產階級。這兩階段中的認同方式也略有差異：甲午戰後流行的「西學源出中國說」及稍後維新、國粹兩派將西方現代的價值觀念說成「古已有之」，雖都是附會，但卻有加深中國人歷史意識的意外效果。國粹派的提倡「國魂」、章炳麟用黃帝紀年，都是歷史意識高漲下的產物。但在第二階段中，由於受到康有為「托古改制」和西方史學觀念的雙重影響，「整理國故」的運動轉以「疑古」、「辨偽」為其指導思想，一切古代傳說都因受到嚴厲的質疑而動搖了。專就史學本身說，這當然是一個進步。然而以民族文化的認同而言，一般社會上的人士，尤其是青年學生，則因此反陷於困惑。何況「五四」以後中國知識界又首先認同於「德先生」（民主）與「賽先生」（科學），中國的民族認同與現代認同竟由此而分裂了。從此再換步移形，自不難滑入「反西方的西化」的軌道。

我們若以其他國家民族認同的歷程作對照，中國知識分子在這一方面的特色便十分顯著。例如希臘、愛爾蘭、伊色列等地的知識分子都強調他們在古代的共同文化起源和「黃金時代」；他們甚至大量運用神話、傳說、宗教經典等來支持這種虛構的歷史，以致引起史學家的嚴厲批評。但研究民族認同的專家則認為這是另一領域的活動，批評者的指摘儘管有根據，卻未搔到癢處。（參看 Anthony D. Smith 前引文，頁一三九—一四〇；一四九）不但西方如此，日本民族認同的要求也一直阻止了它的史學家和一般知識分子對於天皇開國神話的公開質疑和研究。總之，民族文化的認同和客觀知識的追求都是現代的價值，但這兩個價值之間竟存在著必然的內在緊張。我在這裡只是指出這一事實和中國文化危機的關係，並無下價值判斷的用意。這是必須聲明的。

第三、中國的民族認同從師法西方歸結於「反西方的西化」是一個重要的歷史發展。一九四九年以後中國大陸正式宣布「一面倒」，開始全面模仿斯大林體制。中共借民族主義的力量在中國奪取政權以後，立即拋棄了民族文化的認同，轉而認同蘇聯。在文化政策上，中共不但澈底反西方近代的主流文化（資本主義）而且更強烈地反中國傳統（封建主義），至「無產階級文化大革命」而達到最高潮。不但如此，在毛澤東一九五七年再度訪問莫斯科之後，他已開始醞釀反蘇聯所代表的「新西方」（修正主義）了。自此以後，他雖然仍堅持「階級鬥爭」這一「西方真理」，但「西方」或「新西方」已只剩下一個烏托邦的影子，再也沒有現實的基礎了。

以上一段只是現象的描述，而不是譴責。現在我們要對這一現象作進一層的理解。以前一般人常說：中國一向以「天朝」自居，視一切外國人為夷狄，但清代中葉以來屢敗於西方帝國主義，受盡屈辱，終於在心理上為西方所征服，從此由妄自尊大一變而為極端的自卑。這一心理的解釋稍嫌簡單，而且最多只能說明中國人為什麼長期以西方為模仿的範本，但不能說明以後那些迂迴的轉折。最近社會學家研究西方各國民族主義的興起與演變，特別重視「羨憎交織」（"Ressentiment"）這一心理因素，似乎很可以供我們參考。所謂「羨憎交織」的心理狀態起於企羨和憎惡的情緒受到壓制，而又不可能得到滿足。它的社會學基礎有兩個方面：第一是一個民族（或個人）自認對於它所企羨的對象基本上是平等的；第二是在現實上它和對方是處於不平等的狀態，以致這一理論上存在的平等幾乎沒有可能完成。在西方各國民族認同史上，「羨憎交織」的情緒因主觀和客觀條件的種種不同而有不同的表現，未可一概而論。但它的存在和影響則相當普遍，如法國之於英國，德國之於英、法（尤其後者），俄國之於西方各國，都是顯例。這種心理狀態之所以特別顯現於上述諸國當然首先是因為它們之間，無論就歷史、文化或國家規模而言，都相當接近，也就是在理論上確互不相下。其次是在現代文化的成就上，英國起步最先（故無「羨憎交織」的心理），法國次之，德、俄最晚。其中俄國的處境和中國最相似（但並非相同）。俄國彼得大帝在十八世紀初年便開始效法西方，且取得很大的成績。到十八世紀的末期，已有俄國史學家認為俄國歷史上的光輝決不在英、法之下，西方不過偶然領先一步而已。俄國只要急起直追，必可趕上並超越西方。在整個十九世紀，俄國貴族知識分子大體都抱著同樣的心理——一方面師法西方，一方面與西方競賽。他們之間也有「國粹派」（"Slavophilism"）與「西化派」（"Westernism"）之分，然而兩派同為建造民族的現代認同而努力，也同以超越西方為最後目標。但在這兩個世紀之中，「羨憎交織」的情緒也逐漸在貴族知識分子的心中潛滋暗長。因為他們一方面已看到西方並不完美，現實與理想之間距離頗大，而另一方面又感到趕上西方仍是可望而不可及。馬克思主義在俄國的生根與成長便得力於「羨憎交織」情緒的最後爆炸。俄國最早的一批馬克思主義者既是西化派的主要代表，也是幻滅的「民粹派」（"Narodnichestvo"），即「人民意志」；他們已下定決心要拒斥西方了。他們可以說是「反西方的西化派」的原型。他們在一九一七年發動的革命便是要毀滅俄國師法了兩個世紀的「西方」，這場革命當然首先毀滅了俄國自己的文化傳統；但他們認為這是必須而且值得付出的代價。列寧的國際主義的背後也藏著一股「羨憎交織」的俄羅斯民族情緒，通過「無產階級革命」，俄羅斯人超過了西方資本主義的歷史階段，率先進入社會主義。這便是俄羅斯民族的驕傲，他們在與西方長期競賽中終於勝利了。（以上論「羨憎交織」的心理

與俄國民族認同的複雜過程都根據 Liah Greenfield 前引書，特別參看頁一五一—一六；二六五—二七一）

與俄國民族認同的歷史進程相對照，我們立刻可以發現「羨憎交織」的心理在二十世紀的中國也是一股不可忽視的力量。首先，中國對於西方恰好具有「羨憎交織」的兩個實際的條件：一、中國的文明足以與西方比肩，這是世界公認的事實。二、中國在十九世紀與西方強弱懸殊，處於絕對不平等的地位。由於理論上的平等，中國才有資格效法西方，見賢思齊；由於實際上的不平等，中國才會對西方發生企羨的心理，並在效法無成，長期挫折之中轉羨為憎，而激起強烈的反西方的情緒。晚清士大夫稍明國際形勢者早就主張模仿西方。魏源的「師夷之長技以制夷」和馮桂芬的「采西學議」都是盡人皆知的例子。從十九世紀六〇年代開始，中國模仿西法，範圍逐步放大，由技藝、政法、學術思想，至於整個文化的改造。無論是晚清士大夫或二十世紀的知識分子，儘管其中有些人主張模仿西方的言論在當時聽起來十分刺耳，都沒有對中國的民族地位真正失去信念。他們仍深信中國與西方從歷史的長程上看，是並駕齊驅的；眼前的優劣是暫時的，只要中國肯努力，西方是能夠趕得上的。所以我決不贊成譏笑西化派，甚至嚴厲自責的知識分子為「喪失了民族自尊心的洋奴買辦」。相反地，一個知識分子在文化認同的問題上，敢於公開主張學別人的長處和敢於責備自己的短處，他都首先必須對自己民族的過去和未來具有相當堅強的信心。至於言論是否過偏、用詞是否失當，則是另一個問題。中國近代知識分子長期地堅持效法西方正好說明他們在心理上對於中國「本來之民族地位」並未動搖。西化派如此，即所謂「國粹派」或「文化本位派」也是如此。一九一九年底陳寅恪在美國哈佛大學和吳宓討論中西文化的優劣，便承認中國的哲學、美術、科學都遠不如西方，但他對中國文化的獨特價值的肯定一點也沒有猶疑。（可看吳學昭《吳宓與陳寅恪》，清華大學出版社，一九九二，頁九－一〇所引《吳宓日記》）

就我閱讀所及的直覺印象，二十世紀的中國知識分子對於中西文化大多數都有矛盾複雜的情緒。國粹派或文化本位派的人在正面自然維護中國的傳統，但在側面往往對西方文化流露一種仰慕的意味；西化派則相反，正面提倡西方的價值，側面仍未能忘情於傳統。這個印象希望將來有人作全面的研究，也許可以得到證實、否證或修訂。現在姑引傅斯年在一九二九年的一個現身說法的觀察，他對胡適說：「孫中山有許多很腐敗的思想，比我們陳舊得多了，但他在安身立命處卻完全沒有中國傳統的壞習氣，完全是一個新人物。我們的思想新、信仰新；我們在思想方面完全是西洋化了；但在安身立命之處，我們仍舊是傳統的中國人。」（《胡適的日記》，第八冊，臺北，遠流出版社，一九八八，民國十八年四月二十七日）胡適的評語說：「孟真此論甚中肯。」這個例子可以說明中國現代知識分子身上確交織著中西兩種文化的成分，並且彼此交戰。這種情況便給「羨憎交織」的心理提供了基礎，遇到客觀形勢發生變化，它就會有種種不同的表現。民國以來，西方各國（包括西化成功的日本）給予中國人民的一般印象是帝國主義的侵略和壓迫，知識分子對他們所師法的西方自然便逐漸從企羡轉向憎恨；反西方的情緒一天天地在滋長。孫中山便是由於對英、美失望，一變而「以俄為師」；陳獨秀也從謳歌「德先生」和「賽先生」而改宗馬克思主義。自「五四」以後，中國傳統的地位早已在青年知識分子的心中一落千丈；在思想激進化的總趨勢下，他們雖反西方卻不認同於中國的文化傳統。因此在政治和思想上活躍的知識分子越來越感到「反西方的西化」具有難以抗拒的吸引力。「羨憎交織」的心理終於把他們推向俄國十月革命的道路。

我必須著重地指出,「羨憎交織」的心理並不是解釋二十世紀中國文化認同與文化危機的唯一根據,但它確實可以開啟一道理解中國現代史的新門徑,這是比較史學和歷史社會學的一項貢獻。

第四、最後我要回到多元文化的問題,並提出一個較為具體的看法。冷戰終結以來的世局發展和近二十年來的研究都已證明民族文化的傳統具有強大的生命力。因此前蘇聯與東歐的共產體制崩解以後,每一民族的古老文化力量——尤其是宗教——都很快地復甦了。這是三、四十年前人文社會科學家很難想像的。他們當時受實證論——尤其是社會經濟決定論——的影響太大,對於視之不見、聽之不聞、搏之不得的文化並不重視。照當時的一般想法,工業化帶來的社會結構的變遷和科學發展帶來的理性覺醒必然導致文化狀態的根本改觀。甚至宗教也難免要漸歸消寂。現代化將使各不相同的落後國家循著大致相同的途徑走上同一類型的社會,到了那時所謂各民族文化之間的不同,最多也不過是「風格」上的差別而已。無論是「現代化理論」(“Modernization Theory”)或馬克思主義在這個問題上都相去不遠。（四〇年代馮友蘭寫《新事論》便已持此看法，而馮氏同時又以繼承中國文化的傳統自許。一直到晚年寫《三松堂自序》他似乎都沒有發現自己想法的矛盾。）

現在我們既改變了看法，承認民族文化也有它的自主性，我們便不能不接受「世界上的文化是多元的」這一事實。這些不同文化單元所構成的世界至少在可見的將來似乎還不可能達到「大同」的境界，更不必說整齊劃一了。前面提到杭廷頓的「文明衝突」說便是從這一新的前提上出發的。（杭廷頓將「文明」界定為「文化實體」（"cultural entity"），故二詞可以通用。見 Huntington, *The Clash of Civilizations*, *Foreign Affairs*, Summer, 1993, p. 23）但是把這個前提推向其邏輯的極端便自然出現文化相對主義的危險。依照文化相對主義，則每一文化都是獨特的，都有其內在的價值標準，因此誰也不能用自己的價值標準去評判另一文化的是非。舉例來說，中國不少知識分子都說中國只有專制傳統，沒有民主制度；只有綱常名教，沒有人權與個人自由。民主、自由、人權都是西方文化的產物。如果循著文化相對主義的邏輯論證，我們便可以理直氣壯地為中國的專制和綱常名教辯護說：這在中國文化系統之內是完全正常的、合理的。即使今天中國所實行的是現代專制、現代綱常名教，文化相對主義的論證也依然是有效的。這是文化相對主義的危險性的最顯著的例子。

但是事實上，我們承認文化的自主性並不必然要流入文化相對主義；而且即使我們接受某種程度的文化相對主義也不必然要把它推向邏輯的極端。上述的危險不是無法避免的。我們強調文化的自主性並不涵蘊文化決定一切的意思，只不過是為了修正以前的社會經濟決定文化的偏激之論而已。如果我們具有知識真誠，我們便必須承認：世界上文化單元雖多，並不是全沒有優劣高低可言，今天有些人受到美國流行的「政治正確」（"political correctness"）的庸俗觀念的影響，竟不敢再涉及文化的優劣與高低，這是很可笑的。湯因比（Arnold Toynbee）從前曾用過「高級文明」（"higher civilizations"）這一名詞，我認為現在還有其效用。但是主要由於人類學研究的進展，今天我們評判文化優劣高低所使用的標準比從前精密多了。最重要的是今天西方學人也不再提「普遍的文明」（"universal civilization"）這一西方的觀念了，因為這一觀念的潛合詞是以西方代表「普遍」。在幾個「高級文明」之間，我們至少可以說是互有優劣，互有高低，依我們比較的方面而定。

極端的文化相對主義之所以不能成立是因為它必須假定各文化之間從無交通，也完全不能互相瞭解，更不能互相吸收。這顯然與歷史的事實不符。杭廷頓專講「文明的衝突」倒是有走入極端的危險。在世界各文化單元互相交流、互相瞭解——雖然不可能達到完整的境界——的情況下，共同的標準還是可以出現的。從前我們過於重視共同標準的作用，以為只要有了它，各文化便可依之實踐。例如以「公平」、「民主」、「人權」為共同而普遍的標準，一切國家都可以建立起符合這些標準的制度。以前的人類學家也特別重視尋找「文化共相」（"cultural universals"），並企圖在「文化共相」的基礎上創造出一個「普遍的文明」，事實證明這都是走不通的路。

今天我們覺悟到一切文化都是個別的，共同原則雖然存在，但其實現仍然要靠各文化內部自尋途徑、自創方式。例如即使在西方文化圈內，民主、自由、人權、公平等的具體實現仍然在不同國度有不同的方式，英、法、美、德之間的差異很大。最近華爾澤(Michael Walzer)提出了「厚」（"thick"）與「薄」（"thin"）的一對觀念，對於解決我們此處的困難頗有啟發之處。他說的「厚」是指每一社會或文化的特殊性，「薄」則指人類的普遍性。因為一切不同種族、文化、社會的人都是「人」，所以人的普遍性是無法否認的；但是沒有一個人是不屬任何特殊社會或文化的，因此人的特殊性也不能抹殺。然而兩者相較，他特別重視人的特殊社會、文化背景，「薄」是從「厚」中出來的，也只有在「厚」中，「薄」才能發展。在平常的日子裡，人都生活在他的特殊社會文化之中，並在其中追求某些普遍原則的充分實現。在這種情況下，他不需要把這些普遍原則清楚地提煉出來，爭取國際上的同情，一切批判都在他的社會文化的內部進行。但是每逢內在批判遭到國內統治者的殘酷鎮壓而爆發危機，以致引起國際的注意時，內部的抗議便自然會從「厚」中提煉出「薄」——即普遍原則，以昭告於全世界。華爾澤曾特別舉出一九八九年捷克人民在普拉格反共遊行時所揭櫫的「真理」與「公平」兩個口號和同年北京天安門學生所高舉的「民主女神」作為例證。在他看來，這三個觀念都代表捷克與中國內部發展出來的普遍原則。他完全能同情地理解這些原則，但是他不可能完全瞭解這些普遍原則後面所代表的文化背景。換句話說，他只能同情「薄」，而不知道「薄」所由出的「厚」，因為這是只有內部的人才能充分把握得到的。以中國的學生運動為例，他說：中國知識分子所倡導的「民主」

自然是他所願意支持的。然而知識分子以民主為己任的表現便與美國文化不甚協調了。因為美國人並不以為實現民主的責任可以完全由知識分子承擔起來；而且美國文化中有一股反知識分子的傾向。所以他推測這種知識精英主義的現象只有從中國的特殊文化社會背景中去求答案：它或起於列寧主義的前衛政治或出於共產黨以前的文化傳統——儒家傳統。如果民主一旦在中國實現，它仍將具有中國文化的特徵。最後華爾澤在一切抽象的、普遍的原則之上，提出了一個最後的但同時也是最基本、最普遍的觀念，即「自決」（"self-determination"）——包括個人與社群。這是古今一切文化與社會中都共同承認的核心價值，民主、人權等原則也由此出。「民主」、「人權」的語言起於西方，但這些普遍原則則潛存在一切文化、社會之中，因為沒有一個人或社群不重視「自決」的價值。但是我們不能僅注重這些「薄」的普遍原則，而當更重視「厚」的文化背景。「薄」怎樣在「厚」中落實才是真正的關鍵所在。這只有每一文化中的人自己從內部去尋找最合適的途徑與方式。(*Thick and Thin: Moral Argument at Home and Abroad*, University of Notre Dame Press, 1995)

很顯然的，華爾澤不但接受了文化多元論，而且也強調每一文化的內在力量。然而他並沒有陷入文化相對主義；他從共同人性中找到了共同標準。讓我暫時以他的觀察結束這篇文字。

余英時

一九九五年七月十九日於普林斯頓

歷史人物與文化危機

目次

陳弱水

曾國藩與「士大夫之學」

一、歷史背景——道光時代（一八二一～一八五〇）的學術界

曾國藩生於嘉慶十六年（一八一一），他的成學則在道光時代。我們必須對十九世紀上半葉的中國學術狀況有一個概括的認識，然後才能瞭解曾國藩的學術淵源之所自。近人王國維說：

> 我朝三百年間學術三變：國初一變也；乾、嘉一變也；道、咸以降一變也。……國初之學大，乾、嘉之學精，道、咸以降之學新……。道、咸以降之學乃二派之合而

稍偏至者……學者尚承乾、嘉之風，然其時政治、風俗已漸變於昔，國勢亦稍稍不振。士大夫有憂之而不知所出，乃或托於先秦、兩漢之學以圖變革一切，然頗不循國初及乾、嘉諸老為學之成法……如龔璱人、魏默深之儔，其學在道、咸後雖不逮國初、乾嘉二派之盛，然為此二派之所不能攝，其逸而出此者，亦時勢使之然也。（〈沈乙庵先生七十壽序〉，《觀堂集林》卷二十三《海寧王靜安先生遺書》本）

王國維論道光、咸豐以降的學術新路向，因限於壽序的文體，僅舉龔自珍、魏源的今文經學為代表。但他在嘉慶與道光之間截然劃一學術史上的分界，則是十分確切的。

所謂道光學術之「新」，本相對於乾嘉而言。乾嘉的經學考證以「漢學」為標榜，當時幾乎有「定於一尊」的趨勢。袁枚（一七一六～一七九八）說：「近今之士，競爭漢儒之學，排擊宋儒，幾乎南北皆是矣。豪健者尤爭先焉。」（《隨園詩話》卷二）這是親見漢學盛世的人的證詞。下及嘉慶時期，情況依然未變。滿清宗室昭槤（一七八〇～一八三三）在嘉慶二十年（一八一五）左右寫的《嘯亭雜錄》中，記載：

> 自于（敏中）、和（珅）當權後，朝士習為奔競，棄置正道，黠者詬詈正人，以文己過，迂者株守考訂，訾議宋儒，遂將濂、洛、關、閩之書，束之高閣，無讀之者。余嘗購求薛文清（瑄）《讀書記》（按：「記」當作「錄」）及胡居仁《居業錄》諸書於書坊中，賈者云：「近二十餘年，坊中久不貯此種書，恐其無人市易，徒傷貲本耳！」傷哉是言，主文衡者可不省歟？（卷十「書賈語」條）

嘉慶時北京書店竟買不到理學的書。如果不是看到這條筆記我們是很難想像的。

漢學考證的獨霸之局，進入道光時期，便開始瓦解了。這有兩方面的原因：在消極方面，乾隆時代的最後幾位大師都在嘉慶年間死去了，如錢大昕死在嘉慶九年（一八〇四）、程瑤田死在十九年（一八一四）、段玉裁死在二十年（一八一五）。道光初年，雖然王念孫、引之父子尚存，阮元（一七六四～一八四九）更是經學考證的有力護法，但漢學盛極而衰，它的霸權畢竟不能維持了。最有象徵意義的一件事莫過於方東樹在道光六年（一八二六）寫成《漢學商兌》一書（刊於十一年，一八三一）。方氏是姚鼐的四大弟子之一，道光初年他正在廣州阮元的幕府中。《漢學商兌》完稿後，他即獻之阮元求教。這是一部最有系統的反漢學的著作，作者深入漢學堂奧，入室操戈，所以刊行後引起重大的反響。清末李慈銘頗為漢學辯護，但他也不能不承認方氏「頗究心經注，以淹洽稱，而好與漢學為難。《漢學商兌》一書，多所彈駮，言偽而辯，一時漢學之燄，幾為之熄。」（見《越縵堂日記補》，同治二年正月十七日條）「漢學之燄，幾為之熄」自然是一句誇大之詞，但《漢學商兌》確是正式向漢學霸權挑戰的一個信號，這就表示道光以後中國學術界進入一個新的階段了。

在積極的一方面，新的時勢對於學術也提出了新的要求，而這些要求則不是經學考證所能滿足的。乾隆一朝是清代所謂「太平盛世」。儘管乾隆晚期各種社會和政治的危機已開始出現（如「回亂」、「川楚教匪」之類），但表面上還能維持著一種「太平」的假象。漢學考證與四庫全書的編纂在乾隆中葉不但足以點綴太平，而且也為整理學術傳統提供了機會和條件。當時許多第一流的人才都願意獻身於此，也是因為他們在其中獲得了求知的樂趣、發揮了創造的精神。

但道光以後，內憂外患同時併發，深刻的危機感使許多讀書人都不復能從容治學，走經典考證的老路了。這時的知識界可以說是普遍地要求改變現狀。而且這種要求早在嘉慶一朝便已見諸文字。例如關於士大夫的風俗頹壞，洪亮吉（一七四六～一八〇九）、管同（一七八〇～一八三一）、沈垚（一七九八～一八四〇）諸人先後都有很嚴厲的指責。又如對於新人才的期待，龔自珍「我勸天公重抖擻，不拘一格降人才」的詩句更是萬口傳誦。曾國藩的〈原才〉之所以成為名篇正是因為他用簡練有力的古文把「轉移習俗以陶鑄一世之人才」的意思發揮得最為淋漓盡致。如果我們不認清歷史背景，便不可能真正掌握曾氏的思想淵源。

道光以下的學術精神從古典研究轉為經世致用，大體上說，有兩個比較顯著的趨向：第一是理學的重新抬頭，第二是經世之學的興起。這兩個趨向都與曾國藩的學術成就有密切的關係。就第一層言，方東樹向「漢學」挑戰同時即是為「宋學」作平反，並由此而展開了一場長期的漢宋之爭（也可稱之為考證與義理之爭）。但是在考證的成績大顯之後，提倡宋學的人也不能完全否定漢學的功用。所以爭議的焦點最後集中在如何融匯漢宋。陳澧（一八一〇～一八八二）晚年的《東塾讀書記》是這一大問題的一個總結。曾國藩在這一方面也有重要的貢獻。他曾旗幟鮮明地宣稱：

國藩一宗宋儒，不廢漢學。（〈覆潁州府夏教授書〉）

在那個時代，這種斬截的態度對於理學是發生了起信的作用的。關於這一點，下面將有進一步的討論。

就第二層說，經世之學的內容相當複雜，舉凡道、咸以下的新興學術如禮制、史學、掌故、時務（如漕運、鹽法、河工、兵餉等）、邊疆輿域外史地等無不與「經世」有關。即使是今文經學，名為解經，其實也是要為變法、改制提供經典的根據，其基本精神即是所謂「通經致用」。我們不妨說，道光以下的理學與經世學是一事之兩面，統一在實踐這個觀念之下；所不同者，理學注重個人的道德實踐，經世則強調整體的社會、政治實踐。因此在精神上，兩者與乾嘉經學之為學院式的研究，恰恰相反。

道光六年（一八二六）魏源為賀長齡輯成《皇朝經世文編》，這是晚清經世思想出現的標誌。（晚明社會危機深重，陳子龍等於崇禎十一年編輯《皇明經世文編》五百卷。此書即賀、魏所取法。）《經世文編》收錄顧炎武《日知錄》中有關經世實務的文字甚多，這也反映了道光時學者的一種共識。李兆洛（一七六九～一八四一）在道光初特別指出《日知錄》論時務八卷為全書精華所在。（見蔣彤《李申耆先生年譜》，道光癸巳十三年五月條）同時黃汝成（一七九九～一八三七）撰《日知錄集釋》，也說顧氏「負經世之志，著資治之書。」（見〈敘〉）總之，道光以後學者推重顧炎武主要在他的「經世」之學，與乾、嘉時奉他為經學考證的開山大師大不相同。

曾國藩在北京翰林院進修時期便受到經世學風的感染。根據他的《日記》，道光二十一年七月初九收到家中寄來一部《皇朝經世文編》，二十日他便開始閱讀。這部書大概他隨時攜在身邊，因為同治四年正月二十二日他在《日記》中也記載：「閱《經世文編》十餘首。」道光二十一年七月十四日，唐鑑要他治義理之學，但他仍念念不忘地問道：「經濟宜如何審端致力？」咸豐九年他寫成著名的〈聖哲畫像記〉，其中清代學者即首舉顧炎武。他說：

> 我朝學者以顧亭林為宗,《國史儒林傳》褒然冠首。言及禮俗教化,則毅然有守先待後,舍我其誰之志,何其壯也!

可知他所景仰的不是乾、嘉時代共奉為考證始祖的顧炎武,而是道光以下群推為經世儒宗的顧炎武。

二、曾國藩的成學過程

曾國藩的出身並不是所謂「詩禮世家」,他只是湖南湘鄉一個半耕半讀之家的子弟。他的父親在四十三歲才考上縣學的生員(秀才)。這樣的身世對於他後來的學術發展有決定性的影響。他的環境使他在中年以前接觸不到當時學術的主流,因此他注定了不能走專業研究的道路。首先我要指出,湖南在乾嘉時代在學術文化上還居於落後的地位。長沙楊樹達在一九三四年的日記中寫道:

讀唐仲冕《陶山文錄》。陶山之學不主一家，然吾湘乾嘉間前輩能了解漢學者僅陶山及余存吾（廷燦）兩人耳。（《積微翁回憶錄》，一九三四年十月二十七日條）

可見湖南當時和乾嘉經史考證之學是相當隔絕的。湖南在學術思想上急起直追則是道光以後的事。（參看林增平〈近代湖湘文化試探〉，見《歷史研究》，一九八八年第四期）曾國藩早年所受的教育是不完整的，中年雖已中進士、入翰林院，但他的學術造詣還相當淺陋。他晚年回憶生平，有四次大恥辱，其中兩次都與學問有關。據他說：

第一次壬辰年（道光十二年）發佾生，學臺懸牌，責其文理之淺。第二庚戌年（道光三十年）上日講疏內，畫一圖甚陋，九卿中無人不冷笑而薄之。（同治六年三月十二日〈致沅弟〉）

據《年譜》（黎庶昌編），第一次是考生員，僅得備取，以「佾生」註冊，這時他已二十二歲了。第二次是新皇帝（咸豐）嗣位，他上疏請恢復「逐日進講」的制度。這是他四十歲時的事。這兩次在作文和論學上所受的奇恥大辱顯然給他以極深刻的刺激，所以至老不忘。

曾國藩開始認識到科舉時文之外還有一個學問的世界是在他中進士、入翰林以後，他早年讀四書、五經也只是為了考試，談不上治學兩字。道光十九年他參觀了一位朋友的藏書，在《日記》上寫道：「是日閱余所未見書有《堅瓠集》、《歸震川古文》、鍾伯嚴選《漢魏叢書》及諸種雜書。」（道光十九年三月二十二日條）以一位翰林院庶吉士而言，他的見聞未免稍嫌寡陋了。道光二十年散館授翰林院檢討以後，他立意要認真讀書。在受命後一個多月，他的《日記》中有一段很長的自誓之詞。其警句曰：

> 余今年已三十，資稟頑鈍，精神虧損，此後豈復能有所成？但求勤儉有恆，無縱逸欲，以表先人元氣。用知勉行，期有寸得，以無失詞臣體面。

又云：

誠能日日用功有常，則可以保身體，可以自立……可以無愧詞臣，尚能以文章報國。謹記於此。（均見《日記》道光二十年六月初七日條）

這裡他一則曰：「無失詞臣體面」，再則曰：「無愧詞臣」，可見他深感自己的學識和他的職位（翰林院檢討）不相稱。這顯然是他發憤上進的動力之一。因此他在自誓以後半年內所讀的書大體上是《綱鑒易知錄》、古文、樂府詩、近代文集之類。

但他畢竟是一個有深度的人，既有自知之明，又肯虛心受師友之教，所以很快便在學問的境界上有了一次跳躍。這一發展直接起於理學的刺激。以往論及曾氏與理學的關係，學者首先必提到他的同鄉前輩唐鑑（鏡海，一七七八～一八六一，即唐仲冕之子），次則倭仁（卒於一八七一）。這自然是事實。但是我們細讀他的《日記》，便會發現最先接引他進入理學世界的不是唐鑑，也不是倭仁，而是邵懿辰（字位西，又字蕙西，一八一〇～一八六一）。邵氏論學以朱子為歸，但博覽多通，經學造詣也很高。他不喜歡漢學，然而又不願為門戶之爭。（見曾國藩〈仁和邵君墓志銘〉，並可參考張舜徽《清人文集別錄》卷十八「半巖廬遺文」條）《日記》道光二十年十一月十六日載：

邵蕙西來，談及國朝二魏（按：魏裔介，一六一六～一六八六；魏象樞，一六一七～一六八七）李文貞（光地）熊孝感（賜履）張文端（英）諸人。申初始去。

這都是清初所謂「理學名臣」。同月二十一日又記：

飯後走……邵蕙西處，談及理學，邵言劉蕺山先生書，多看恐不免有流弊，不如看薛文清公（瑄）、陸清獻公（隴其）、張文端公諸集，最為醇正。自慚未見諸集，為無本也。

這兩條日記最可證明最早指引曾國藩治理學的是邵懿辰。因此一個多月後，曾氏果然開始「閱薛文清《讀書錄》」了。（《日記》道光二十一年正月初七日條。薛瑄《讀書錄》是當時公認的理學入門書之一，見前引《嘯亭雜錄》。）邵氏不但指導他讀理學書，而且幫他作修身工夫。《日記》道光二十三年正月十二日載：

蕙西面責予數事：一曰慢，謂交友不能久而敬也；二曰自是，謂看詩文多執己見也；三曰偽，謂對人能作幾副面孔也。直哉，吾友！吾日蹈大惡而不知矣！

邵氏的「直」和曾氏的服善，同時躍然紙上。

曾國藩和唐鑑交往也始於同一時期，但正式問學則在次年七月。《日記》道光二十一年七月十四日條云：

又至唐鏡海先生處，問檢身之要、讀書之法。先生言當以《朱子全集》為宗。時余新買此書，問及，因道此書最宜熟讀，即以為課程，身體力行，不宜視為瀏覽之書。又言治經宜專一經，一經果能通，則諸經可旁及，若遽求兼精，則萬不能通一經。

先生自言平生最喜讀《易》。又言為學只有三門：曰義理，曰考核，曰文章。考核之學，多求粗而遺精，管窺而蠡測。文章之學，非精於義理者不能至，經濟之學，即在義理內。……經濟不外看史，古人已然之跡，法戒昭然；歷代典章，不外乎此。又言近時河南倭艮峰（仁）前輩用功最篤實，每日自朝至寢，一言一動，坐作飲食，皆有札記。……又言詩、文、詞、曲，皆可不必用功，誠能用力於義理之學，彼小技亦非所難。又言第一要戒欺，萬不可掩著云云。聽之，昭然若發蒙也。

這番談論對曾國藩以後的學術生命實有再造之功；他的治學規模就此奠定了。但若非上一年邵懿辰已引他入理學之門，他和唐鑑第一次深談恐怕也不容易如此相契。（《日記》中記他買《朱子全集》在七月十一日，尚在向唐鑑問學前三天，這是邵氏的影響。）

曾國藩在〈送唐先生南歸序〉中說：

今之世，自鄉試、禮部試舉主而外，無復所謂師者。間有一二高才之士，鈎稽故訓，動稱漢京，聞老成倡為義理之學者，則罵譏唾侮。……吾鄉善化唐先生，三十而志洛、閩之學，特立獨行，詬譏而不悔。歲庚子（按：道光二十年），以方伯內召，為太常卿。吾黨之士三數人者，日就而考德問業。雖以國藩之不才，亦且為義理所薰蒸，而確然知大閑之不可踰。未知於古之求益者何如，然以視夫世之貌敬舉主，與厭薄老成，而沾沾一得自矜者，吾知免夫！

曾氏此處說他得益於理學，句句都是實情。他指出當時有兩種風氣：一是功名中人，除科舉以外不知世間別有所謂學問；一是漢學之士，治名物訓詁稍有所得便看不起講「義理」的老輩。曾氏的讀書過程中本接觸不到漢學，當然不會犯第二種毛病。但他早年所受的是「功名」教育，庶吉士散館後也只念念不忘作一個合格的「詞臣」，他很有可能停留在「舉主而外，無復所謂師」的境界。所以他遇到邵懿辰、唐鑑之類的師友，「為義理所薰蒸」，確是一大轉機。我們細讀他的《日記》和《家書》便可發現道光二十一年至二十三年之間他在精神上有過一次大轉化。以宗教經驗為喻，即是由苦修到皈依的過程。關於這一過程的資料十分豐富，此處不能詳引。姑摘錄道光二十二年九月十八日〈致四位老弟書〉中的一段如下：

吳竹如近日往來極密，來則作竟日之談，所言皆身心國家大道理。渠言有竇蘭泉者（垿，雲南人），見道極精當平實。竇亦深知予者，彼此現尚未拜往。竹如必要予搬進城住，蓋城內鏡海先生可以師事，倭艮峰先生，竇蘭泉可以友事。師友夾持，雖懦夫亦有立志。子思、朱子言為學譬如熬肉，先須用猛火煮，然後用慢火溫。予生平工夫全未用猛火煮過，雖略有見識，乃是從悟境得來。偶用功，亦不過優遊玩索已耳。如未沸之湯，遽用慢火溫之，將愈煮愈不熟矣。是以急思搬進城內，屏除一切，從事於克己之學。鏡海、艮峰兩先生亦勸我急搬。而城外朋友，予亦有思常見者數人，如邵蕙西、吳子序、何子貞、陳岱雲是也。

這段話中有幾點值得特別注意。第一、它進一步說明了〈送唐先生南歸序〉中所說在唐氏門下為「義理所薰蒸」的實況。現代人普遍懷疑理學的功用，而且往往以「偽道學」視之。誠然，偽道學古已多有，但不能因此否認傳統儒生中曾有人真正信仰過理學。從曾氏道光二十二年和二十三年的《日記》來看，我們沒有理由說他對理學的信仰是假的。也有人因為唐鑑的理學思想十分陳舊，毫無新的發明，所以連帶著也看不起曾國藩的理學。其實這完全是不切題的話。唐、曾諸人只是奉程、朱的理學為修身的準則，他們並無意在心、性、理、氣上另立新說。（曾氏有兩篇理學文字，都是老生常談。）這正如宗教信徒不必人人都發展一套新的神學一樣。

第二、信中「師友夾持」一語甚為吃緊。我們必須瞭解：這是在唐鑑領導下的一個理學靜修的團體，他們彼此監督、互相切磋，因此而收到共同進德之效。儒家不是有組織的宗教，沒有教會和專業牧師，它的精神修煉和道德實踐一向是通過「師友夾持」的方式進行的，宋、明以來尤其如此。清代自黃宗羲等人的證人講會以後，文社、詩社所在多有，但理學講會早成陳跡。唐鑑、倭仁、曾國藩諸人的理學團體是一特殊的例外，其成就不是偶然的。（此團體中邵懿辰和何桂珍都以殉節著稱。）

第三、信中引朱子為學「須用猛火煮」之說恰可用來形容他在這三年中的精神狀態。（按：《朱子語類》卷八〈總論為學之方〉云：「今語學問，正如煮物相似，須爇猛火先煮，方用慢火煮。若一向只用微火，何由得熟？」）無論是讀書或修身，他此時都用的是「猛火」，表現出一種勇猛精進的氣概。經過這一番「猛火煮」之後，他終於養成了恆心，從此便走上循序漸進之途了。試讀他道光二十四年十一月二十一日給諸弟的信：

學問之道無窮，而總以有恆為主。兄往年極無恆，近年略好，而猶未純熟。自七月一日起，至今則無一日間斷。每日臨帖百字，鈔書百字，看書少亦須滿二十頁，多則不論。自七月起，至今已看過《王荊公文集》百卷，《歸震川文集》四十卷，《詩經大全》二十卷，《後漢書》百卷，皆朱筆加圈批。雖極忙，亦須了本日功課，不以昨日耽擱而今日補做，不以明日有事而今日預做。

這正是依照他自訂「課程」來鍾鍊自己的精神，也就是理學實踐所發生的效果。（參看《日記》道光二十二年十二月初七日條所列「課程」十二條。信中自述即是實踐「敬」、「讀書不二」、「讀史」、「作字」四項。）這種恆心與毅力一直堅持到他死前一日。他是在同治十一年（一八七二）死在兩江總督任上的，《年譜》是年正月二十三日載：

> 自上年定以每日讀《資治通鑑》，隨筆錄其大事，以備遺忘。是日已至二百二十卷，因病輟筆，猶取《宋元學案》、《理學宗傳》等書，披覽大意，自謂身心一日不能閑也。

我查他的《日記》，此一記載全是實錄。二月初一、初二他還在「閱《二程遺書》」，初三則早晚兩次「閱《理學宗傳》」，他死在初四晚上，《日記》止於二月初三。

所以，就曾國藩的成學過程言，道光二十一年至二十三年他接受理學的洗禮是最重要的關鍵，他的學問基址便是在這一時期奠定的。

三、曾國藩的「讀書之道」

曾國藩《日記》咸豐九年五月十二日：

讀書之道，杜元凱稱，若江海之浸、膏澤之潤；若見聞太寡，蘊蓄太淺，譬猶一勺之水，斷無轉相灌注、潤澤豐美之象，故君子不可以小道自域也。

這是他一生所懸的讀書理想，其義亦發自朱子。（《語類》卷十〈讀書法下〉云：「讀書要自家道理浹洽透徹。杜元凱云：『優而柔之，使自求之；厭而飫之，使自趨之。若江海之浸，膏澤之潤，渙然冰釋，怡然理順，然後為得也。』」）同年四月二十一日他有一封〈諭紀澤〉的長函，「示以讀書之法，宜求博觀約取」。（見同日的《日記》）所以他的理想也可以用「博觀約取」四字來概括。這四個字本是老生常談，但由曾國藩口中說出則特具一種親切而嚴肅的意味，因為他一生都在努力實踐這個理想。更重要的，他的重點是放在「約取」上面，其目的是要造成一種「詩書寬大之氣」（黃宗羲語）的士大夫人格。現代社會學中雖有「價值內化」這個名詞勉強可與「約取」相比附，但在精神境界上相去甚遠。曾國藩晚年有一段自我省察的話可以進一步澄清有關「讀書之道」的涵義：

念余生平雖頗好看書，總不免好名好勝之見參預其間。是以無《孟子》「深造自得」一章之味，無杜元凱「優柔饜飫」一段之趣，故到老而無一書可恃，無一事有成。今雖暮齒衰邁，當從「敬靜純淡」四字上痛下功夫，縱不能如孟子、元凱之所云，但養得胸中一種恬靜書味，亦稍是自足矣。（《日記》同治八年六月二十八日條）

這裡他用《孟子．離婁下》「君子深造之以道，欲其自得之」來補充杜預《春秋左傳．序》中的話，更可見他認為讀書的最高境界是從傳統文化中汲取精神養料，以轉化個人的人格。用《論語》的話說，這便是所謂「為己」之學。他曾將清代學者分為「為人」和「為己」的兩型，而以後者為更可貴。他說：

默念本朝博學之家，信多閎儒碩士，而其中為人者多，為己者少。如顧（炎武）、閻（若璩）並稱，顧則為己，閻則不免人之見者存。江（永）、戴（震）並稱，江則為己，戴則不免人之見者存。段（玉裁）、王（念孫、引之父子）並稱，王則為己，段則不免人之見者存。方（苞）、劉（大櫆）、姚（鼐）並稱，方、姚為己，劉則不免人之見者存。……學者用力，固宜於幽獨之中，先將為己為人之界分別明白，然後審端致功。種桃得桃，種杏得杏，未有根本不正而枝葉發生、能自鬯茂者也。（《日記》咸豐八年十一月初九日條）

他劃分清儒的「人」、「己」之界是否一一恰如其分，自可爭論，但「為己」是他的中心價值，而且和「自得」、「約取」義旨一貫，這似乎是可以斷言的。這當然只是一個「雖不能至，心嚮往之」的理想境界，恐怕沒有人能澈底實踐它。曾國藩便自承失敗，他也未能全免於「好名好勝之心」的干擾。一涉「好名好勝」，讀書便是「為人」了。但由於曾國藩時時懸此理想以自勉，他對於「讀書之道」確有親切的體會和通達的見解。從清末到民初，他的《家書》、《家訓》流行甚廣，他的讀書觀因此影響了好幾代的青年讀者。

這裡我要特別指出一點，曾國藩的讀書觀是發展的，並未停止在最初的成學階段。上面我們已討論過道光二十一年至二十三年這一時期在他的學術生命史上的重大意義。他的學問大體雖已在此時定型，但通過實踐，他在已成的規模之內仍隨時有所調整，而且有些調整是相當基本性的。

曾國藩是一個有創造力和判斷力的人。他一方面虛心受師友之教，另一方面卻不輕易屈己從人，放棄自己的獨立見解。前引道光二十一年七月十四日唐鑑的一番話對他誠有「昭然若發蒙」之功，但他並不墨守唐氏之說，他接受了唐氏的程、朱之學，承認義理是學問的主宰。但「義理」在他那裡主要落實在兩個方面：一是修身律己，即以「主敬」、「格物」、「誠意」等德目來檢查自己日常行為中的動機。一是指讀書時要集中力量抓住書中（無論是經、史、子、集）的大道理，並且以書中道理和自己的切身經驗互相印證。基本上這是從朱子「讀書法」中提煉出來的。總之，他重視的是實踐，而不是理論。與唐鑑不同，他並未以理學家自居，更未以承繼道統自任。對於唐氏所劃分的「傳道」、「翼道」、「守道」

等名目，他則置於不議不論之列。更值得注意的是，他在〈書學案小識後〉之結尾處還特別強調「無以聞道自標」。這決不是一句普通的謙詞。《日記》咸豐九年二月初八日載：

夜與子序（按：吳嘉賓）暢敘，言讀書之道，朝聞道而夕死，殊不易易。聞道者必真知而篤信之。吾輩自己先不能自信，心中已無把握，焉能聞道？（按：一九八七年岳麓書社出版《曾國藩全集·日記一》頁三五五，此節標點誤將「易易」分屬上下兩句，已改正。）

他肯這樣說老實話，這就證明他無意盜「理學家」之名以欺世。咸豐十年十二月十二日，他指出一個「勤」字、一個「謙」字，並在《日記》中說：「吾將守此二字以終身。倘所謂『朝聞道，夕死可矣』者乎！」但這是人人都能「聞」之「道」，不是一般理學家所說的那個「道體」了。

曾國藩的讀書觀點前後變化得最大的是在考據之學方面，道光二十三年正月十七日他在〈致諸位老弟〉的信中說：

> 蓋自兩漢以至於今，識字之儒約有三途：曰義理之學，曰考據之學，曰詞章之學。各執一途，互相詆毀。兄之私意，以為義理之學最大。義理明則躬行有要而經濟有本。詞章之學，亦所以發揮義理者也。考據之學，吾無取焉矣。

此時他正在唐鑑的思想的籠罩之下，所以這裡所反映的也完全是唐氏關於義理、詞章、考據的評價。依照這個看法，曾國藩應該終身不會涉考據學的樊籬。然而不然，《年譜》道光二十六年載：

> 夏秋之交，公病肺熱，僦居城南報國寺，閉門靜坐，攜金壇段氏所注《說文解字》一書，以供披覽。漢陽劉公傳瑩，精考據之學，好為深沈之思，與公尤莫逆，每從於寺舍，兀坐相對竟日。劉公謂近代儒者崇尚考據，敝精神費日力而無當於身心，恆以詳說反約之旨交相勖勉。

據此，則至遲在道光二十六年曾氏已開始讀考據的著作，這大概是受了劉傳瑩的影響。雖然他們都視考據為第二義的學問，但他們顯然也同樣承認，生在乾嘉以後讀經書的人必須通過考據的關口。此後他在《日記》中不斷留下讀清代考據家著作的紀錄。舉其要者如顧炎武《日知錄》（咸豐八年十一月二十二日）、王引之《經義述聞》、《經傳釋詞》（同年十二月十六、十七日）、王念孫《讀書雜志》（咸豐九年正月十六日）、《戴東原集》（同年正月二十四、二十五日）、趙翼《陔餘叢考》（同年三月二十八日）、閻若璩《古文尚書疏證》（同治元年五月二十日）、段玉裁《六書音韻表》（同治四年正月二十六日）、戴震《緒言》、錢大昕《聲類》（同年同月二十八日）、《王念孫文集》（同年二月初四）、《錢大昕文集》、《十駕齋養新錄》（同年五月初一）、江藩《漢學師承記》（同年同月二十九日）。他對高郵王氏父子的訓詁尤為傾服，故〈聖哲畫像記〉三十二人中以王氏為殿（參看《日記》咸豐十一年二月初十條論王氏父子經訓之精核條）。但最能代表他後期對於考據學的看法的則是咸豐九年四月二十一日〈諭紀澤〉一信，此信結語說：

學問之途，自漢至唐，風氣略同；自宋至明，風氣略同；國朝又自成一種風氣。其尤著者，不過顧（炎武）、閻百詩、戴東原、江慎修、錢辛楣、秦味經、段懋堂、王懷祖數人，而風會所扇，群彥雲興。爾有志讀書，不必別標漢學之名目，而不可不一窺數君子之門徑。

這才是他學問成熟以後的見解，與早年「考據之學，吾無取焉」的態度，相去何止萬里。他不但在中年以後勤讀清代考據家著作，而且論學方式也轉為注重「證據」。姑舉兩例以說明之。咸豐八年十一月初四日他讀友人吳嘉賓的《詩經說》，評曰：

夜，閱子序《詩經說》，學有根柢，其用意往往得古人深處，特證據太少，恐不足以大鳴於世耳。

這一評論的觀點基本上取自考據之學，若在道光二十三年前後，他決不會如此說。第二例是他晚年〈題俞蔭甫「群經平議」、「諸子平議」後〉一首五古詩。在「旁證通百泉，清辭皎初雪」句下，他自注曰：

王氏（按：念孫、引之父子）立訓，必有確據。每識昔人望文生訓，或一字而引數十證。其反覆證明乃通者，必曲暢其說，使人易曉。

此時他已完全瞭解「立訓必有確據」及「一字而引數十證」這種考據式的重要性了。他不但評論時人的著作時遵用考據的標準，而且晚年研究《禮經》也以考據自律。同治五年九月的兩條《日記》可以為證：

閱《儀禮．士喪禮》，以張稷若（爾歧，一六一二～一六七七）句讀、張皐文（惠言，一七六一～一八〇二）圖為主，而參看徐繼菴（乾學，一六三一～一六九四）、江慎修（永）、秦味經（蕙田）讀書。（二十一日）

閱《讀禮通考》、〈疾病〉、〈正終〉二卷及〈始死〉、〈開元〉、〈政和〉、〈二禮〉、〈書儀〉、〈家禮〉等，考證異同。（二十九日）

他自己甚至也在進行某種程度的考據工作了。

以上追溯曾國藩對考據之學的態度先後變化，並不是要證明他中歲以後已轉為考據學家，而是要借此說明他的「讀書之道」與年俱進，一直在擴大發展之中。而他之所以能夠發展，則又由於他具有一種開放的求知精神。這一精神尤其表現在「轉益多師」上面，即從四面八方吸收師友的長處。上面已指出，他的「義理之學」得力於邵懿辰、唐鑑、倭仁，「考據之學」則啟發於劉傳瑩。他的「詞章之學」，最初則頗受何紹基（子貞）的激勵。他曾在家書中說何氏「各體詩好……遠出時手之上，（而）能卓然成家。近日京城詩家頗少，故余亦欲多作幾首。」（見道光二十二年十一月十七日〈致諸賢弟〉書）他的古文私淑姚鼐桐城派，但也淵源於朋友間互相切磋。從〈歐陽生文集序〉與早年《日記》參伍以求，吳嘉賓（子序）、孫鼎臣（芝房）兩人的影響似乎最大。但更可貴的是他在「博觀」中不忘

「約取」，終於完成了自己特有的「讀書之道」。

四、結　語

曾國藩在《日記》和《家書》中談學問和讀書，都是根據自己的切身體驗而來的。《日記》的作用主要在自警，《家書》的對象自然是他家中的子弟。所以此中並無門面語；他所說的或者是已實踐的，或者是仍在實踐之中但尚未能甚至永遠無法完全作到的。就這一方面說，他的《日記》給人最深刻的印象是他從不間斷的實踐。他大致有一個指導性的讀書原則，即生書必須快讀以求廣博，舊書必須熟讀以求約取。因此在《日記》中我們看到種種不同名稱的讀書方式，如「溫」是溫習已讀的舊書，「圈」是精讀而加以圈點，「讀」是認真的研讀，「閱」或「看」則多半是瀏覽生書或非經典性的文字。所以「看」可以包括小說，如《綠野仙蹤》、《儒林外史》、《水滸傳》、《紅樓夢》等。對於他最欣賞的詩賦之類，他有時還「朗吟」或「誦」。一般地說，他在較為閒暇的時候，每天「溫」故「閱」新，交互進行。但在忙亂的日子裡，如打仗或途中，則以「溫」舊書為常。總之，他差不多真正作到了「手不釋卷」的地步，如同治五年四月十九日他在剿捻途中記道：

> 前所閱《選舉考》十一、十二卷不甚仔細，昨日重看三十餘叶，本日重看二十餘叶，車中搖簸，殊費目力耳。

又如同治七年底，他從金陵路程入京，途中四十多天他每日在「溫」《左傳》、或「閱」《國語》、《戰國策》。這樣的實踐精神確不多見。

從學問的整體出發，他讀書自是以成就人格為最高的理想。然而這並不是說，他完全不講求實用。他為了「經世」的目的而讀書的情況在《日記》中也隨處可見。姑舉一例，以概其餘。《日記》同治六年十月初五日：

> 余閱《瀛寰志略》四十叶，蓋久不看此書，近閱通商房公牘，各外洋國名茫不能知，故復一涉覽耳。

這一年他雖留任兩江總督，但又加大學士銜，總理衙門要他預籌與外國換條約的事宜。所以從十月初五到十一月初八，他讀了兩遍《瀛寰志略》。

曾國藩治「義理之學」而無意入〈道學傳〉，治「考據之學」而無意入〈儒林傳〉，治「詞章之學」也無意入〈文苑傳〉。但當時及後世的公論，他的詩文在晚清文學史上都應該占一個位置。關於他的湘鄉派古文，眼高一世的章炳麟在〈校文士〉中曾說：

善敘行事，能為碑版傳狀，韻語深厚，上攀班固、韓愈之輪，如曾國藩、張裕釗，斯其選也。

章氏又在《菿漢微言》中說：

元清以外夷入主，兵力亦盛，而客主異勢，故夏人為文猶優美而非壯美。曾國藩獨異是，則以身為戎首，不藉主威，氣矜之隆，其文亦壯美矣。

這是很高的評價了。關於曾氏的詩，我僅引錢基博的論斷於下，不更詳及。錢氏《現代中國文學史》云：

晚清名臣能詩者，首推湘鄉曾國藩，後稱張之洞。國藩詩學韓愈、黃庭堅，一變乾嘉以來風氣，於近時詩學，有開新之功。……國藩識巨而才大，寓縱橫詼詭於規矩之中，含指揮方略於句律之內，大段以氣骨勝，少琢磨之功。（上海，世界書局出版，民國二十一年，頁一八四—一八五）

這也是很公允的評判。

曾氏於詩文造詣獨高，主要是因為他的才性本近於此，且早年即浸淫斯道，愛好特深。唐鑑雖告誡他於詩、文不必用功，他並沒有屈己相從。但他卻時時警惕自己，不可沈溺於此。

咸豐九年二月初一《日記》：

又作詩三首十六章畢。中飯後，鄧彌之來，與諸君論詩。余在軍中，頗以詩、文廢正務，後當切戒。

又咸豐十年八月十一日：

是日又接沅弟（曾國荃）信，極論文士之涉於空虛，勸余遠之，其言頗切當。

另一方面，他讀詩、文也念念不忘要洗濯自己的胸襟，培養自己的人格。《日記》咸豐九年四月十七日云：

因讀東坡「但尋牛矢覓歸路」詩，陸放翁「斜陽古柳趙家莊」詩，杜工部「黃四娘家花滿蹊」詩，念古人胸次蕭灑曠遠，毫無渣滓，何其大也！余飽歷世故，而胸中獨不免計較將迎，又何小也！沈吟玩味久之，困倦小睡。

同治十年十一月二十九日又記：

> 夜閱陶詩全部，取其尤閒適者記出，初抄一冊，合之杜、韋、白、蘇、陸五家之閒適詩，纂成一集，以備朝夕諷誦，洗滌名利爭勝之心。

用這樣的態度讀詩顯已超越文學的欣賞，而進入道德修養的領域了。他身在名利熱鬧場中，故特別選出曠遠、閒適的詩來對症下藥。第二條日記是在死前兩個月寫的，尤可證他堅持實踐其「博觀約取」的理想，直到最後時刻。由於他對這一理想堅信不疑，他一再要把衣缽傳給其子紀澤。同治六年三月二十二日〈諭紀澤〉說：

> 爾七律十五首圓適深穩，步趨義山，而勁氣倔強處頗似山谷，爾於情韻、趣味二者皆由天分中得之。凡詩文趣味約有二種：一曰詼詭之趣，一曰閒適之趣。詼詭之趣，惟莊、柳之文，蘇、黃之詩。韓公詩文皆極詼詭。此外實不多見。閒適之趣，文惟

柳子厚游記近之，詩則韋、孟、白傅均極閒適。而余所好者，尤在陶之五古、杜之五律、陸之七絕，以為人生具此高淡襟懷，雖南面王不以易其樂也。爾胸懷頗雅淡，試將此三人之詩研究一番，但不可走入孤僻一路耳。

五天以後（三月二十八日）他又追補一信給紀澤，重申其意曰：

爾稟氣太清。清則易柔，惟志趣高堅，則可變柔為剛，清則易刻，惟襟懷閒遠，則可化刻為厚。余字汝曰劼剛，恐其稍涉柔弱也。教汝讀書須具大量，看陸詩以導閒適之抱，恐其稍涉刻薄也。爾天性淡於榮利，再從此二事用功，則終身受用不盡矣。

昔歐陽修與人言，未嘗及文章，惟談吏事，謂文章止於潤身，政事可以及物。現在曾國藩教子，則反其道而行之，惟談詩文，不及吏事。這是因為曾氏深信人必先能「潤身」，然後才能「及物」。如果我們一定要說他是理學家，那麼至少也得承認他是一個別創一格的理學家，不但與唐鑑不同，且與絕大多數宋、明理學家不同。他澈底打通了「義理」與「詞章」之間的壁壘。

與曾氏同時代的陳澧曾提出「士大夫之學」與「博士之學」的分別。他認為士大夫之學比博士之學更為重要。所謂「博士之學」指「專明一藝」；所謂「士大夫之學」，則指「略觀大意」、「存其大體」。（此點先師錢賓四先生已發之於《中國近三百年學術史》第十三章。）用現代的話說，「士大夫之學」相當於通識，「博士之學」則相當於專家。曾國藩所嚮往、所實踐的正是「士大夫之學」。咸豐九年正月二十二日他親書新撰〈聖哲畫像記〉手卷，次日（二十三日）寄回家中，並致書他的三位老弟說：

> 吾生平讀書百無一成，而於古人為學之津途，實已窺見其大，故以此略示端緒。於此再告澄、沅、季三弟，並諭紀澤兒知之。

可見他對此〈記〉的重視。這篇文字代表了他成熟時期關於學問的整體見解，其中義理、考據、詞章兼收並蓄。自道光二十一—二十三年「猛火煮」以後，他的學問境界又躍進了一層。這是十幾年（一八四三～一八五八）中「慢火溫」的成效。他說「生平讀書百無一成，而於古人為學之津途，實已窺見其大」，這是很忠實的自述。「百無一成」，因為他沒有走任何「專家」的道路；「窺見其大」，因為他的整體成就屬於「通識」的範圍。今天西方所謂「通識」，淵源於文藝復興時代的人文主義。人文主義的教育也以塑造完美的人格為最高的理想。從這一點說，曾國藩的「士大夫之學」未嘗不與西方的人文主義教育有相通之處。十九世紀以來，西方教育因科技的興起而走上「專家」化的路向，但西方思想家、教育家至今仍有不少人關懷著人文的「通識」。「士大夫」的時代在中國已一去不返了，繼之而起的則是現代「公民」。然而「公民」離不開「通識」。如果撇開具體內容不談，從整體的精神著眼，那麼曾國藩的「士大夫之學」對於中國現代的教育是不是還能有所啟示呢？這是值得我們繼續思考的問題。

從中國史的觀點看毛澤東的歷史位置

歷史人物的評價本是一件最困難的事情，而論斷一個剛剛走進歷史的人物則尤為不易。中國人所常說的「蓋棺論定」其實大有斟酌的餘地。這句話的本意不過是說人的言行表現至死而告終結，不再能有反覆而已。但對於死者的看法則往往要經過很長的時間才能得到「定論」，而且既「定」之後仍難保不再發生翻案的情況。我首先聲明這點意思，以表示本文關於毛澤東的評論只是個人的一種偏見，絕不敢自視為「定論」。

毛澤東對現代中國的影響之大已是一個無可置疑的歷史事實，但這種影響的性質究竟如何則迄今尚在討論的階段。回顧自一九七六年毛澤東逝世以來的輿論變遷，我們不難發現一個極顯著的客觀趨勢，即中國人對毛澤東的評價（包括中共官方在內）是愈來愈低；

而且這一趨勢還在繼續發展之中。這裡便透露出一個極值得注意的消息：毛澤東和其他二十世紀的大獨裁者如希特勒、斯大林一樣，其生前那種使人不可逼視的「偉大」，完全是由現實的權勢所烘托出來的。權勢隨生命以俱去，剩下來的只是一片空虛。不但如此，毛澤東的死後命運較之希特勒、斯大林尚遠有不如。此中關鍵即在於他是中國人而不是西方人。西方有英雄崇拜的傳統，希、斯兩人雖各在人間留下不少罪孽，而依西方的標準言，終不失為「英雄」，因此自有其可資後世欣賞之風姿。中國的傳統則不重視英雄，對死者的情感端視其人是否留有足夠的德業可供人去後之思。這恰好是毛澤東生命中最薄弱的一個環節。思念他的人當然也是有的，像江青、姚文元以至汪東興、陳永貴之流，凡是在他生前得過好處的人現在自然會對他倍加懷想。但是這些「攀龍附鳳」的人畢竟只是極少數。以中國十億人口而言，毛澤東最後二十年中對他們所留下的記憶除了災害與苦難之外實在別無他物。如果我們承認歷史人物的評價是和絕大多數的人心分不開的話，那麼毛澤東的終極的歷史命運是不能樂觀的。

在這篇短論中，我不準備、也不能全面地評論毛澤東的功過問題。作為一個史學工作者，我只想試從中國史的觀點來估定毛澤東的歷史位置。毛澤東在生前一直以「革命」為標榜；通過他的一些極左的言論，他更在世界舞臺上擁有一個最澈底的革命領袖的形象。但是如果我們稍稍留心這四年來中國大陸所不斷暴露出來的有關毛澤東晚年的言行，我們便不能不承認毛澤東最後並沒有跳出中國傳統的政治格局的限制。而且更不幸地，限制著他的正是中國政治傳統中最壞的那一部分——君主專制。所以他晚年依仗的不再是正式的官僚系統而是相當於傳統的宦官、外戚之流的勢力：如康生正是魏忠賢型的人物，而江青和她的黨羽自然是諸呂、諸武一流的勢力了。以行為而論，中國歷史上昏暴之君的特徵如遠賢臣、親小人、拒諫飾非之類，毛澤東實無一不備，而且其程度則遠過之。因為他所掌握的極權主義的權力結構是傳統帝王所望塵莫及的。

我並不是說，毛澤東一切的思想與行為都在中國傳統的籠罩之中。他確有其革命性的一面，而且是一個最澈底否定傳統的革命者。但這只限於他在自覺的思想狀態之下為然。在潛意識裡他則不折不扣地是傳統的俘虜。傳統的一面在他早年的詩詞中已有清楚痕跡，不過一直要到一九四九年以後才全面地爆發出來。阿克頓(Lord Acton)的名言：「權力腐蝕人，絕對的權力則絕對地腐蝕人」到現在為止依然是一個有效的政治原理。一九四九以後，在絕對權力的腐蝕之下，革命的毛澤東逐漸讓位於傳統的毛澤東了。這決不僅是他個人的問題，事實上環繞在他周邊的幾乎沒有人不把他當作開國皇帝那樣奉承。不說別人，當我們讀到許多有關周恩來如何「忠於毛主席」的小故事，我們首先想到的便是他們之間只有傳統的君臣關係，而不是革命同志的關係。中國大陸上這幾年來才開始反省中國「封建」傳統何以如此根深柢固的問題，實在未免遲了一步了。

目前中共官方對毛澤東的態度十分矛盾：一方面他們為了應付黨內的困難不得不推崇他，但另一方面為了重新建立黨在全國人民中的威信又不得不批判他晚年的一切作為。在這種情況之下，中共於是大體上把毛澤東的政治歷史劃分為三個階段：即開國有功、建國有錯、文革有罪。現在我們先談談應該怎樣估價他的「開國之功」。今天中共的領導人包括鄧小平在內都強調「沒有毛主席就沒有新中國」。這句話正確與否是要看我們如何理解「新中國」這個名詞。如果說「新中國」是指中共政權統治下的中國，那麼這句話當然是不錯的。但是如果所謂「新中國」涵蘊著一種價值判斷，意謂沒有毛澤東則中國今天將仍然在帝國主義、封建主義的壓迫之下，那麼這個論斷則是很成問題的。第二次世界大戰以後，西方舊式的帝國主義、殖民主義在迅速地衰落之中，代之而起的是蘇俄的新帝國主義和新殖民主義。所以，亞非地區大大小小無數的舊殖民地或被壓迫的民族都一個個地獲得瞭解放、並建立了新的國家。中國人民近百年來一直在尋求國家民族的獨立自主之道，毛澤東當然也是其中之一人。但是在第二次大戰之後，中國事實上已擺脫了舊帝國主義的直接壓迫，而且至少在名義上已成為聯合國的「五強」之一。毛澤東所建立的「新中國」只有對中國共產黨才是有開天闢地的意義；對於中國人民而言，則不過是一個新的政權而已。這個新政權的成立頗借助於中國近代民族主義的巨大力量，可是中國之成為一個獨立的國家卻並不是從一九四九年才開始的。從建立現代國家這一方面說，毛澤東的業績不但沒有超越過孫中山，而且也比不上甘地、尼赫魯在印度獨立運動上的貢獻。客觀地分析，毛澤東的「新中國」在社會革命方面所表現的意義是遠大於民族革命的。

毛澤東接受了「五四」以來反傳統的思想洗禮；在自覺的層面，他是和傳統全面決裂了的。但是，我在前文已指出，毛澤東並沒有真的跳出傳統的樊籬。以思想的內容而言，他是反「封建」的。但以思想的方式而言，他卻把「封建」發展到了從來未有的高度。換一個角度，我們也可以說，他所運用的建築材料全是新穎的，而他所想建造的地上天國則依然是陳舊的。正因為如此，他的「新中國」竟成為「封建主義」無限泛濫的重災區。這樣的國家對於絕大多數的中國人而言是沒有「新」的意義可言的。

由此可見，就毛澤東的所謂「開國之功」而言，中國共產黨的官方評價和一般人民的評價是大有距離的。這和漢代朝廷與民間對漢武帝的評價之截然異致，先後如出一轍。漢宣帝要頌揚漢武帝開邊的功德，特別下詔為武帝立廟作樂。但是當時有一位儒生夏侯勝竟持異議，他認為武帝雖有廣土斥境之實，其代價則是「竭民財力，奢泰亡度，天下虛耗，百姓流離」。總結一句話，武帝「亡德澤於民，不宜為立廟樂」（見《漢書．夏侯勝傳》）。中國人對於歷史人物的尊崇向來只注重一個標準，就是看這個人對人民有沒有「功德」、是不是「遺愛在民」。讓我們再舉秦始皇為例。《三國志．王朗傳》注引朗家傳云：

會稽舊祀秦始皇，刻木為像，與夏禹同廟。朗到官，以為無德之君，不應見祀，於是除之。

經過兩漢三、四百年之久，何以會稽獨祀秦始皇？這當然是因為始皇曾於三十六年（西元前二一一）上會稽、祭大禹，又在會稽山上留下了著名的石刻文字。始皇和會稽有此一段香火之緣，因此後世民間對他還有所紀念。不過對整個中國而言，始皇畢竟是「無德之君」。王朗為會稽太守而禁民祭祀，其實也還反映了多數中國人的想法。秦皇、漢武誠然「略輸文采」，但這兩人在毛澤東的心中仍然占有重要的位置。從對人民有「功德」的觀點看，毛澤東顯然並不能勝過這兩人。尤其是漢武帝，晚年曾下輪臺詔，自悔其好大喜功、殘民以逞的種種作為，這更是我們在毛澤東身上找不到的品質了。

最後我也想略說幾句關於毛澤東的「錯誤」與「罪惡」的問題。這一方面，許多人都已說過了，以後也還會有人繼續深入地發掘。我只想把他和另一個歷史人物作一對比，這就是他生前曾欣賞過的曹操。從我們今天的觀點看，曹操決不是一個反面人物。毛澤東一度表現過向曹操認同的意味，這大概是因為曹操不但有武功，而且還有文采，在中國文學史上占有一席之地的緣故。毛澤東的文學修養自然不能與曹操相提並論，但是他確是「雖不能至，心嚮往之」。以性格和才力而言，這兩人都有不同。曹操畢竟生在漢末，雖然不信「天命之事」，尚非肆無忌憚之人。他至少還相信歷史上尚有周公這種偉大的人格存在（見他的〈述志令〉）。毛澤東在極端過激思潮的激盪之下，則早已流入虛無主義一路。據服侍他的人所寫的一篇文字，他熟讀歷史，但是完全不相信歷史上有什麼光明磊落的一面。他留心的大概都是權謀機詐一類的東西。他以自己之心度古人之腹，因此認為歷史記載都是假的，都不足信。史書中當然有虛飾，這是古今中外皆然的。可是如果一個人過分地發展虛無史觀，滿眼看去只見到「髒唐臭漢」，那麼他便不可能對人性有任何信心，也不可能對人類未來抱什麼理想。而毛澤東便恰好是這樣一個人。再以才力言，兩人也迥不侔。許子將說曹操是「治世之能臣，亂世之奸雄」，大約可算得確評。但毛澤東則只是亂世奸雄而非治世能臣。以奸雄言，曹操遠不是毛澤東的敵手；以能臣言，毛澤東卻是連影子也沒有。但更重要的是，毛澤東根本不屑為能臣，他終其一生只欣賞「人與人鬥，其樂融融」的奸雄境界。

但是毛澤東和曹操在中國歷史上所造下的最主要的罪惡則屬於同一性質的。顧炎武評曹操說：

孟德既有冀州，崇獎跅弛之士。觀其下令再三，至於求負污辱之名、見笑之行、不仁不孝、而有治國用兵之術者。於是權詐迭進，姦道萌生。……夫以經術之治、節義之防，光武、明、章數世為之而未足；毀方敗常之俗，孟德一人變之而有餘。（《日知錄》「兩漢風俗」條）

毛澤東由於無知所犯下的種種錯誤如「大躍進」、「人民公社」、「全民煉鋼」都還是有形的、也是比較容易補救的。唯有他為了遂一己奪權之私，不惜玩弄純潔的孩子們，搞所謂「文化大革命」這一絕大的騙局，使大多數中國人今天都對中共政權基本上失去了信心，更使青年們對一切理想主義都不再發生興趣，則幾乎可以說是一個無可救治的精神崩潰症。

一九四九年的時候，中國人因為望治心切，曾對毛澤東和共產黨寄過深望，尤以知識分子為然。他們之中絕大多數人都不惜犧牲個人的利害、拋棄個人的尊嚴，以響應毛澤東的號召，參加社會主義建設的行列。在一九五七年「反右」運動之前，中國社會上的一般風氣確是比較淳厚質樸的。但是毛澤東卻一再地欺騙他們、整治他們，並以搞「陽謀」而沾沾自喜，終於把這一筆最寶貴的精神資源完全糟蹋掉了。根據我個人這幾年來的體察，現在中國老一代的人大都是以平靜的心情等待生命的終結，中年一代是有的徬徨苦悶，有的隨世浮沈，年輕的一代則或者腐化頹廢、或者憤世疾俗、或者各謀一己的前程。總之，大陸上的中國人顯然已失去了中共建國初期的那種共同的熱情和理想。不但一般人民如此，中共的幹部也不例外。三十年前「不怕苦、不怕死」的革命者今天已多墮落成保權保位、有家無國的官僚了。追源溯始，造成這一瀰漫在全中國的精神崩潰症，毛澤東是不能辭其咎的。借用顧炎武的話說，「毀方敗常之俗，毛澤東一人變之而有餘」。這當然並不是我故意誇大毛澤東個人在歷史上的作用。事實上，我們可以這樣來看問題：單從權力的性格來說，毛澤東生前所擁有的威勢主要是建立在兩個歷史憑藉上面，一是明、清以來惡化了的皇權傳統，一是近代西方傳來的極權的政黨組織。前者構成其權力的實質，後者提供了權力的結構。毛澤東既是中共領導階層中傳統觀念最濃厚的一個人，又恰好占據了這一權力結構的樞紐位置，他之所以能把中國弄得天翻地覆是絲毫不足為奇的。

以上我從中國史的觀點對毛澤東所扮演的歷史角色略作說明。我所引的秦始皇、漢武帝和曹操三位都是毛澤東生前曾在不同階段與不同情況中發展了自我認同的歷史人物。他與這三人都各有異同，未可一概而論。但大體言之，所同者在過失方面，所異者則在功德方面。從文化精神言，前三人是肯定與否定兼而有之，毛澤東卻代表了一種純否定的精神。這大部分是時代的悲劇造成的，卻不能完全歸咎於他個人了。在結束本文之前，我還要補充一筆，中國史上和毛澤東的形象最相近者則是明太祖。我在七年多以前已一再指出毛澤東曾有意模仿朱元璋。就性格言，兩人尤為肖似，都是陰狠、猜忌、殘暴兼而有之。除了語錄、紅衛兵、整肅幹部，以及因自卑感而迫害知識分子等仿製品之外，毛澤東師法朱元璋有時甚至到了亦步亦趨的境地。例如他所提出而在大陸上一度廣為宣傳的口號：「挖深洞、廣積糧、不稱霸」便完全是抄襲朱元璋的「高築牆、廣積糧、緩稱王」。（按：這是朱元璋克徽州後，由儒生朱升向他提出的。見高岱《鴻猷錄》卷二「延攬群英」條。）這樣明顯的模仿頗足說明毛澤東向朱元璋認同的深度遠在前三人之上。這為心理史家(Psycho-historian)分析毛澤東的歷史人格提供了極有意義的線索。我很盼望將來有專治心理史學的人在這一方面作深入的探究。

附記

本文撰於一九八〇年，是我從歷史觀點分析毛澤東的第一篇論文。那時有關毛的記載都沒有出現，所以此文只能從大處落墨。以下兩篇文字對此文有所補充和修正，讀者可以參看。但是毛死後，我最早涉及他的文字則是一首詩，題為〈丙辰中秋紀事〉，以「觀于海者」的筆名發表在一九七六年十月一日出版的《明報月刊》上。這首七律推測毛死後中共政局的演變，曾引起不少人的唱和。現在附錄於下，以存十九年前初聞其死訊時的心跡。

帝子乘風御翠華，不周山下萬旗斜。
倦隨夸父追炎日，漫訪吳剛問桂花。

恆鳥已嚐玄圃水，嫦娥空守煉爐砂。
蒼茫大地無情甚，欲主沈浮頗總賒。

這首詩儘量運用毛澤東詩中的語言，讀者自能辨之。「恆鳥」是古代神話中的「恆山之鳥」，指中共黨中的「老幹部」，當時英文報導所謂 "party regulars" 也。「嫦娥」自然是江青的代號。此詩刊出時，江青等尚未被捕，所以不妨看作是「推背圖」或「燒餅歌」的一類的東西。

一九九五年三月三十日

打天下的光棍

——毛澤東一生的三部曲

引　言

今年大陸上據說全年都在慶祝毛澤東的「百年誕辰」，但到現在為止似乎尚未見到任何特別值得注意的報導。由於中共內部已隱然分裂成所謂「保守」和「改革」兩派，而十幾年來鄧小平的改革和開放政策基本上是拋棄了毛澤東的浪漫烏托邦路線，中共官方對於毛澤東的態度已陷於褒貶兩難的困境：一方面，毛澤東是中共王朝的「始皇帝」，如果不在此「百年大慶」中加以褒揚，則等於否定了這個王朝的合法基礎。但另一方面，如果慶祝過於熱烈，則又恰足以助長「保守派」的氣燄，而否定了現行政策的合法性。所以大陸的慶毛活動，事實上是為黨內兩派的鬥爭提供了一個意識型態的戰場。

在中國大陸以外，我還沒有聽見有什麼地方注意到這件事。毛澤東對於現代中國人「影響」之大是無可估計的。無論我們怎樣看待這個「影響」，這一事實的本身畢竟無可否認。在臺灣和海外的中國人當然也希望對毛澤東其人有較深切的認識。但是我寫此文是頗費躊躇的。首先，近幾年來，大陸上雖出版了不少有關追憶毛澤東生平的作品，但其真實性都尚待考察，未可據為典要。到現在為止，我們還看不到可信的直接史料。其次，一九四九年以後，毛澤東的獨裁真正達到了「朕即國家」的境界，談毛澤東便等於談整個中國。題目太大，簡直無下手處。最後，今天任何中國人寫毛澤東無可避免地會受到主觀好惡的支配，完全客觀的論斷是不可能的。我不但不可能是例外，而且我的成見是牢不可破的。在中國史上，毛澤東具有秦始皇、明太祖的一切負面；在二十世紀世界史上，他則和希特勒、斯大林是一丘之貉。抱著這種成見，我筆下的毛澤東是不可能「客觀」的。

十幾年前我曾寫過一篇〈從中國史的觀點看毛澤東的歷史位置〉（收在《史學與傳統》中，臺北，時報文化出版公司，一九八二）。這十幾年來，因為讀了不少新出版的有關毛澤東的傳記資料，我的認識自然更詳細了。現在姑借這個機會談談有關毛澤東的幾個片斷，以為知人論世之一助。我仍然將採取一種歷史的觀點，並且儘量自覺地不讓成見歪曲歷史事實。

毛澤東一生的三部曲

毛澤東的一生明顯地分成了三個段落；通過這三個段落的歷史背景，我們才能比較具體地說明毛澤東在現代中國史上所扮演的特殊角色。限於篇幅，本文對於每一段落自然都只能作極其概括式的速寫。

一九二一年中國共產黨成立以前是第一段落；這是毛澤東決定他的人生方向的醞釀階段。從一九二一年到一九四九年是第二個段落；這是他的革命時代，從湖南地區的黨的組織者逐步取得了全黨領袖的地位。（以一九三四～一九三五年的「長征」為轉折點。）一九四九年以後是他一個人獨霸中國大陸的時期。

早期的毛澤東

談毛澤東的早期階段，我們必須把握住一個重要的事實，即毛澤東既不是什麼「天才」，也不是什麼「妖魔下凡」，而是一個十足的時代的產兒。和他同一代的無數中國青年一樣，毛澤東早年也受到了清末變法和革命運動的強烈衝擊；在思想上，他則接受了一點西學，如嚴復介紹的《天演論》以及斯賓塞的社會進化學說。這裡應該特別提及湖南的特殊歷史背景。一八九七年陰曆十月至次年二月梁啟超應湖南巡撫陳寶箴之聘，到長沙主講時務學堂。與梁氏同時任講席的有譚嗣同、唐才常、韓文舉等人。這件事的時間雖很短，但因曾引起新舊思想的大衝突，在湖南的知識青年中留下了深刻而經久的影響。毛澤東這一代的湖南青年很多都受到梁啟超、譚嗣同的激發而產生了救國的意識。戊戌政變失敗後，梁啟超在日本創辦的《新民叢報》（和繼起的《國風報》）也特別對湖南青年具有莫大的吸引力。（如左舜生記〈清末民初之際的長沙〉和〈我的少年時期〉，便提供了直接的證據。）毛澤東在「五四」前一年（一九一八）所組織的一個半政治、半教育的團體，即定名為「新民學會」。這仍然流露出《新民叢報》的殘存影響。（毛澤東早年送還友人所借《新民叢報》的一張便條，足以為證。）

「五四」前夕出版的《新青年》對毛澤東的衝擊自然更為直接、更為強烈；陳獨秀和胡適逐漸取代了梁啟超在他心中的崇高地位。從個人的氣質上說，他自然更傾倒於陳獨秀的激昂慷慨，但以思想而論，他在一九一九～一九二一年之間反而更接近胡適。一九一九年胡適和李大釗展開了一場關於「問題」與「主義」的著名論戰。當時毛澤東顯然是站在胡適的一邊。因此他在這一年九月一日特別發起了一個「問題研究會」，並提出了一百多個問題向全國各地徵求意見。大陸作者寫毛澤東的早年往往極力避免或淡化胡適的影響。他們雖然不能不提到這件事，但卻認為這是毛澤東接受馬克思主義以前的思想狀態。在毛澤東一九二〇年再度到北京，正式受到馬克思主義的洗禮之後，他便完全擺脫了胡適的實驗主義的干擾。然而事實恰恰相反，毛澤東第二次到北京，和胡適的交往更密切了。他不但在出不出國的問題上曾徵詢過胡適的意見（見他一九二〇年三月十四日給「新民學會」會員的信），而且還從胡適那裡學到了「自修大學」的觀念。

一九二一年八月毛澤東在長沙利用「船山學社」的社址，創辦了「自修大學」。他當時曾明白承認：「這個名字是胡適先生造的。」（見《新民學會會員通信集》第一集〈給周世釗的信〉）三十年後，胡適對這一段經過有以下的回憶：

毛澤東依據了我在一九二〇年的「一個自修大學」的講演，擬成「湖南第一自修大學章程」，拿到我家來，要我審定改正。他說，他要回長沙去，用「船山學社」作為「自修大學」的地址。過了幾天，他來我家取去章程改稿。不久他就回去了。（《胡適的日記》，第十七冊，一九五一年五月十六日條）

這是新出現的史料，可以澄清「自修大學」的來源問題。

我並不是強調早期毛澤東與胡適的關係。我只是要指出，毛澤東即使在加入了中國共產黨（一九二一年七月）以後，他的思想也仍然沒有定型。這時他在理論上也許接受了布爾什維克的暴力革命，但他的活動，如「自修大學」所顯示的，則與同時一般熱心於政治、社會改造的知識分子並沒有什麼不同。一九一八年李璜曾多次和毛澤東交往。據李氏回憶：「那時他已二十五歲了；因被環境所限，故他讀書不多，而中西學識的根柢那時都很差；但其頭腦之欠冷靜，而偏向於實行一面，這是給我印象很深的。」（《學鈍室回憶錄》，頁三七）一九四二年陳獨秀談及他和毛澤東的關係時則說：「以前毛和我私人無惡感，我認為他是一個農運中實際工作人員，政治水平則甚低。」（見鄭學稼著《陳獨秀傳》，頁一三五，原函影印本見卷首）陳獨秀的印象當然是在武漢時期形成的，比李璜所見約遲九年，但兩人的觀察大體相同。總之，早期的毛澤東主要以「實行」、「實際」見長，無論在知識上或在思想上都處在摸索的階段。他參加了共產黨，也只是追隨陳獨秀、李大釗所選擇的方向；這時他還沒有任何引人注意的獨特表現。

逼上井崗山以後的毛澤東

毛澤東開始顯露他的生命本質是在第二階段，即一九二七至一九四九年，特別是中共從江西流竄到陝北以後。這裡我們必須先交代幾句關於中共初期的歷史背景。中共自一九二一年七月建黨、一九二四年加入國民黨、到一九二七年八月以後各地暴動失敗，每一次路線都是直接由莫斯科決定的。中共的最高領導人，無論是陳獨秀、瞿秋白或李立三，也無不唯莫斯科之命是從。但在每一次路線失敗之後，責任都毫無例外地要中共的最高領導人承擔。這一事實現在已是研究中共的史學家共同承認的了。明白了這一點，我們便懂得中共在一九二七年以後走上武裝鬥爭的道路，是莫斯科共產國際的決定逼成的，並不是毛澤東個人的主張。事實上，由於毛澤東不通俄文，在中共流竄陝北以前，他並沒有受到斯大林的重視，因此他的影響力也達不到中共最高決策的層次。

毛澤東的霸業起點是井崗山，這是中共在一九二七年進行了一連串的城市和鄉村暴動的結果；暴動的政策則是根據斯大林的指示而建立的。毛澤東依照中共中央的決定，執行暴動政策，在湖南發動了有名的秋收暴動。暴動失敗之後，他率領了殘餘的七百多人，自任「工農革命軍第一師司令」，跑上江西井崗山去了。關於這一段經過，當年追隨他在井崗山的龔楚（紅七軍軍長）有很生動的描寫：

井岡山的地形，有無數座巍峨高聳的山峰，巉岩峭壁，溪谷縱橫，構成了井岡山的險要地勢。通達井岡山的道路有三條……這三條路都是崎嶇的山徑，碎石嶙峋，步行非常艱難。只要憑險據守，很難攻破，即使有新式武器也難發揮它的威力，所以，這區域向來都是匪徒們最理想的根據地。（中略）

一九二八年二月以前，盤據在井岡山的一批土匪，數約六七十人。匪首王佐與寧岡縣擁有步槍七十枝的土豪袁文才互通聲氣，亦以井岡山這個險要的地區為憑藉，作為他們搶劫行商和富戶的根據地。附近各縣人民，視為畏途，稱王佐為「王老虎」。因為紳匪勾結，使地方團隊無法征剿，遂令坐大，井岡山幾乎成了王佐、袁文才二人的私產。

毛澤東明瞭井岡山的軍事價值，當他從湖南茶陵竄入寧岡縣城，便首先送了兩枝手槍和一些禮物給袁文才，聯絡感情。再由袁文才介紹給王佐與毛澤東見面。王佐是一個頭腦簡單的土匪，袁文才又有濃厚的個人英雄主義思想，三個一拍即合，大塊肉大碗酒的結拜為弟兄。

毛澤東運用其與流氓打交道的手法，是相當成功的，他滿口仁義道德，哄得袁王兩人貼貼服服，都接受了毛澤東所委派的營長職務。從此，毛澤東便在井崗山立定了腳跟。(《龔楚將軍回憶錄》上卷，香港月刊社，一九七八，頁一三六—一三七)

讀了這個記載，我們幾乎疑心這是《水滸傳》上晁蓋等七人上梁山泊落草的現代翻版了。然而這確是事實，不是虛構。毛澤東的生命本質第一次得到了充分發揮的機會。儘管中共官方的宣傳機器一直到今天還在塑造「偉大的馬克思主義者」的形象，實際上毛澤東的真本領是在他對於中國下層社會的傳統心理的深刻認識。但這裡所謂「下層社會」並不是千千萬萬安分守己的農民，而是那些三教九流、痞子光棍之類。用價值中立的名詞說，即是社會邊緣的人物。大陸上寫毛澤東生平的人往往強調他「好讀書」，尤好「讀史」。其實他早年和中年讀得最有心得的是所謂「稗官野史」，如《水滸傳》、《三國演義》之類。據我粗粗翻檢他的作品，他引用得較多的是這兩部小說中的典故。他的「史學」最初也是從蔡東藩所編著的《中國歷代通俗演義》入門的。一九三六年在延安，他曾特別打電報給李克農：

「請購整套中國歷史演義兩部（包括各朝史演義）。」（見張貽久《毛澤東讀史》，北京，中國友誼出版公司，一九九一，頁三二）他讀這些舊小說，自然不是為了消閒，而是為了從其中汲取如何造反、打天下的教訓。我在前面說龔楚描述毛澤東上井崗山使人立刻聯想到晁蓋上梁山泊。事實上，他當時也未嘗不是從這個故事上找到了怎樣收服惡霸袁文才和土匪王佐的辦法。他晚年（一九七五）評《水滸》說：「《水滸》只反貪官，不反皇帝。屏晁蓋於一〇八人外」，正是以晁蓋自許。很可能的，他這時又想起了初上井崗山的一幕。

據我平時閱覽所及，和毛澤東有過交往的人，無論所知深淺，黨內黨外，幾乎都注意到他熟讀舊小說和善於應付社會邊緣人物的特色。一九四五年重慶六位參政員訪延安，其中傅斯年和左舜生都不約而同的感覺毛澤東活像《水滸傳》裡的「宋江」，而且也都承認他舊小說讀得非常之熟。傅斯年更為敏銳，他已察覺到毛澤東大量從後方收購各種舊說部，是為了研究中國下層社會的心理。在中共黨內，周恩來便承認毛澤東最長於和舊社會各色人等打交道，張聞天在延安時更曾明白對張國燾說：「老毛懂得舊社會旁門左道的那一套，讓他去幹罷！」（見張國燾《我的回憶》第三冊，香港，明報月刊社，一九七四，頁一二三五）

由於一九二七年中共「革命」的失敗，毛澤東才被逼上了井崗山。然而對於他而言，這卻恰恰是如魚得水。這也算是一種歷史的狡詐吧。毛澤東可以說是集各種「邊緣」之大成的一個人：他出身於農村，但早年也沾到城市的邊緣；他沒有受過完整的學校教育，但也沾到了知識界的邊緣；他最熟悉的東西是中國的舊文史、舊小說，但又沾到了西方新思潮的邊緣；他在政治上最獨到的是傳統的權謀，但又沾到了「共產國際」的邊緣……。歷史的狡詐把他送回了邊緣人的世界，特別是他最熟悉的中國農村的邊緣世界，他的生命本質終於能發揚得淋漓盡致，這恐怕是連他自己也是始料所不及的。他晚年對他的衛士長說：「毛澤東也是個普通人，他也沒想到他會做黨和國家的主席。他本來是想當個教書先生，想當個教書先生也不容易呢……」（見權延赤《走下神壇的毛澤東》，臺北，曉園出版社，一九九一，頁二二四）這大概是真心話，中國史上打天下成功的「光棍」，到了晚年往往有這一類的感慨。例如毛澤東所認同的曹操，在有名的〈述志令〉中便承認，他最初只盼望做到「郡守」，後來志向高了，也不過「欲望封侯作征西將軍，然後題墓道言『漢故征西將軍曹侯之墓』，此其志也。」南齊創業之主蕭道成，讀書僅止於十三歲，此後便在行伍中，是當時社會上的一個典型邊緣人。他在遺詔中也說：「吾本布衣素族，念不到此，因藉時來，遂隆大業。」此外如劉邦向他父親炫耀：「某之業所就孰與仲多？」以及朱元璋手書「朱氏世德碑」，雖未明言「念不到此」，其意則未嘗不是呼之欲出。毛澤東在這一點上確是繼承了「打天下的光棍」的中國傳統。

一九二七年以後毛澤東「革命」的社會基礎主要是農村的邊緣人，而不是普通的工人和農人。關於這個問題，我願意略引當時人的觀察，作一交代。詳細的論證在此不但不可能，而且也無必要。伊羅生（Harold R. Isaacs）的《中國革命的悲劇》（*The Tragedy of the Chinese Revolution*，修訂第二版，斯坦福大學出版，1961）是根據當時調查而寫成的一部書，在西方已取得「經典」（classic）的地位。伊氏除直接得到劉仁靜的協助外，又訪問過托洛茨基、馬林及其他共產國際的政策執行人（如德蘭，Albert Trient，法共總書記）。所以此書的史料價值是很高的。據伊羅生說，一九二七年以後的二十年間，中共的黨主要由「非城市的知識分子」和農民首領構成的，其基本力量則是槍桿子。這個黨從來沒有穩定或一貫的「階級基礎」（"class base"，頁三〇八－三〇九）。他又指出，井崗山上的「紅軍」

決不是從大規模的自發的農民運動中產生的。相反的，這支「紅軍」在很長的時期內都是孤立於農民之外的。在井崗山時期，「紅軍」中的農民逃散者很多。此後一兩年中，農村中人不但不支持「紅軍」，而且還把它當作「土匪」來攻擊。（頁三二五－三二六）伊氏的話是以中共的內部文件為依據的。

下面引龔楚的話更是直接的供證：

我曾經組織並策動過蘇維埃運動，我深深地體驗到，中共在蘇維埃運動時的革命，並不是真正的無產階級的革命；中國的無產階級，只是被愚弄、被欺騙的對象。中國的無產階級——工人，及其同盟——農民，他們在數千年來的文化薰陶下，大家都是愛和平、重道德、敬業樂群、樂天知命的，對於中共的激烈鬥爭政策，並不感到興趣。因此大多數的人們，都採取躲避觀望的態度，只有地方上一般游手好閒的流氓地痞，卻喜歡中共「打土豪、分田地」的政策；中共也看中了他們，認為他們是貧苦工農成分。其實，這些人早已脫離了生產，趁著「打土豪、分田地」的機會，來滿足他們發財妄想。他們唯中共之命是聽，並且還做得更為激烈以表示他們的忠實。於是，這些流氓地痞便被中共認為是革命的積極分子，更盡量的吸收到黨裡面來，不斷的加以提拔，大膽地將他們捧上統治階級的寶座。因此，這一批雞鳴狗盜、好吃懶做的壞蛋，便一躍而為新統治階級了。他們大多數成為地方蘇維埃政府的重要人物，或農會工會的主席。一旦掌握了政權，或領導著民眾組織，他們當然無法無天，胡作胡為了。（《回憶錄》下卷，頁五六六）

龔氏用的是常識語言，其中含有明顯的道德譴責，這一點我們可以置之不論。但他的話正好可以注解伊羅生之說：中共的黨並沒穩定或一貫的「階級基礎」。（周鯨文《風暴十年》記所見一九五〇年東北土地改革中鬥爭地主的情況，證明中共黨的社會性格一直未改變。）毛澤東的最重要的成就便在於他擅於調動中國社會上各階層，但特別是農村中的邊緣分子。他能在極端艱困的情況下，反敗為勝，最後奪取了「天下」，決不是偶然的、僥倖的。

但是毛澤東畢竟是二十世紀的人；在二十世紀「打天下」僅僅依賴中國傳統型的邊緣

人還是不夠的。尤其是他所托身的共產黨是直接受莫斯科的共產國際——事實上是斯大林——指揮的;他想取得黨的領導權,便不能沒有莫斯科的認可。這裡必須提到中共黨內另一個邊緣人的集團:城市中的邊緣人,主要包括知識分子和工人。在這個集團中占領導地位的大都到過法國或俄國,並得到共產國際的信任。陳獨秀以後中共的黨領導人如瞿秋白、李立三、張國燾、王明、秦邦憲、項英、張聞天等人都是城市邊緣人集團中的佼佼者。毛澤東和這個集團則格格不入。所以他自一九二七至一九三四年曾有過三次開除中委和八次嚴重警告的遭遇。怎樣駕馭這個城市邊緣人的集團是毛澤東生命第二部曲中的另一大課題。

一九三六年西安事變以後,中共中央從荒涼偏僻的保安遷至延安,毛澤東才開始對城市邊緣人集團進行收服的工作。毛澤東深信「槍桿子裡面出政權」的真理。遵義會議(一九三五)之後,中共的實權已控制在他的手裡了。但是他還需要有合法性——這必須由莫斯科和馬列主義來提供。斯大林是一個澈底的現實主義者,這時已不能不默認毛澤東領導中共是既成事實,儘管他對毛並不信任。一九四九年底毛澤東到莫斯科為斯大林祝壽。他們第一次見面時的對話是很有趣的。據當時擔任翻譯的人記述：

斯大林非常激動，對毛主席讚不絕口，說：「偉大，真偉大！你對中國人民的貢獻很大，你是中國人民的好兒子！我們祝願你健康！」毛主席回答說：「我是長期受打擊排擠的人，有話無處說……」毛主席言猶未竟，斯大林卻把話接了過去：「勝利者是不受譴責的。不能譴責勝利者，這是一般的公理。」（見師哲〈陪同毛澤東訪蘇〉，收在《毛澤東軼事》，湖南文藝出版社，一九八九，頁三三六）

毛澤東在城市邊緣分子手上所受到的委屈和斯大林的赤裸裸的現實主義都在這一簡短對話中生動地表現出來了。

另一方面，中國邊緣知識分子也開始在毛澤東的顯赫霸業面前低頭了。周恩來在這一方面起了決定性的帶頭作用。周恩來之於城市邊緣人集團，正如毛澤東之於農村邊緣人集團一樣，是最為水乳交融的。以前毛所受到的「打擊排擠」，周也不能脫掉干係。（可看張國燾《我的回憶》第三冊，頁一一五五—一一五六；《龔楚將軍回憶錄》下卷，頁五四九—五五〇）到了延安時代，周顯然已澈底地臣服於毛。無論周內心的真實感受是怎樣的——我們恐怕已永遠無法知道了——他以身作則對毛表現出無限的忠誠是有著重大的象徵意義的；這象徵著城市邊緣人的力量終於在中共黨內降為從屬的地位。一九三七年康生追隨王明從莫斯科回到延安之後，很快地便背棄了王明而改投到毛澤東的門下。這也為邊緣知識分子的見風轉舵添了一個有力的例證。（可看 John Byron & Robert Pack, *The Claws of the Dragon*, New York, 1992, chapter VI）

也就在同一時期，毛澤東決定以中國馬克思主義哲學家的身分出場了。他的《實踐論》和《矛盾論》都是在一九三七年寫成的。毛澤東早年究竟懂得多少馬克思主義，是一個大可討論的問題。據他自述，一九二〇年他在北京讀過《共產黨宣言》（陳望道譯），考茨基的《階級鬥爭》和一本有關社會主義史的中譯本。我們可以相信，「階級鬥爭」這個觀念確是從二〇年代起便已深深印在他的心中。但無論如何，至少在一九二七至一九三七這十年間，他沒有時間和機緣研究馬克思主義。所以，一九三七是他正式投入馬克思主義研究的一年。這一年他有給艾思奇的一封信，信上說：「你的《哲學與生活》是你的著作中更深刻的書，我讀了得益多，抄錄了一些，送請一看是否有抄錯的。」他的「摘錄」有十九頁之多，手稿保存至今。（見《中國哲學》第一輯，北京，三聯書店，一九七九）艾思奇是以《大眾哲學》知名於左派青年讀者的，他的哲學造詣如何，大概知道的人不少，毋須多說。一九四九年秋天，我曾在燕京大學聽過艾思奇的演講，現在只記得他說「岳飛是一千多年前民族英雄」這一句話，其餘都忘記了。

我們也不必斤斤計較毛澤東哲學水平的高低。值得指出的是：在延安時代毛澤東不但有槍桿子裡面出來的政權，而且也有共產國際默認的黨的領導權和馬克思主義提供的「新天命論」。這是他第二階段的三大成就。「『馬』上得天下」的條件已完全具備了。

最後的歸宿

毛澤東的最後階段是一九四九到一九七六，也就是他在中國大陸建立了絕對性的個人權力的二十七年。毛澤東在這一階段的歷史是大家都耳熟能詳的，因此我們可以不必多涉及事實。在這最後一節裡，我將探討一下他的精神和心理狀態。

今天研究毛澤東的中外學人常常異口同聲的把毛澤東看作二十世紀中國的「皇帝」。例如《紐約時報》名記者薩斯伯里（Harrison S. Salisbury）去年（一九九二）出版的有關毛澤東和鄧小平的一部新書便乾脆定名為《新皇帝——毛、鄧時代的中國》（*The New Emperors, China in the Era of Mao and Deng*）。在「登龍位」這一部分，他根據在大陸調查訪問的材料而判斷毛澤東是「馬克思加上秦始皇」。（按：這是毛自己的話，見陳登才主編，《毛澤東的領導藝術》，軍事科學出版社，一九八九，頁二八。）日本著名的中國現代史專家竹內實，在《毛澤東》一書的結論中也肯定毛所擁有的是「皇帝型權力」；最後一節的標題則是「始皇帝與毛澤東」。（此書日文本出版於一九八九年；中文本由黃英哲、楊宏民合譯，臺北，自立報系出版，一九九一）把毛澤東和秦始皇相提並論是最自然不過的事，因為他自己便坦白承認過：他不但是秦始皇，而且比秦始皇還要「超過一百倍」。當然，他也說過：「主席不是皇帝，主席只是人民的一個服務員。」（《走下神壇的毛澤東》，頁二二四）但這不過玩名詞遊戲而已，傳統的皇帝在理論上也何嘗不是為了「便於天下之民」（劉邦即位詔書中語）？

然而進一步看，他和中國史上任何一個開國皇帝都不一樣。傳統的「創業之主」在「得天下」之後無不戰戰兢兢地尋求「治天下」之道，也就是如何建立和穩定秩序。毛澤東則恰恰相反，他似乎最害怕「秩序」，而且越到晚年越對「秩序」不能容忍。在一九六七年五月十八日〈偉大的歷史文件〉這篇社論末尾，毛澤東親自添上了下面一段話：

現在的文化大革命，僅僅是第一次，以後還必然要進行多次。毛澤東同志近幾年經常說，革命誰勝誰負，要在一個很長的歷史時期內才能解決。如果弄得不好，資本主義復辟將是隨時可能。全體黨員，全國人民，不要以為有一二次、三四次文化革命，就可以太平無事了。千萬注意，決不可喪失警惕。（引自葉永烈《陳伯達》，香港，一九九〇，頁三九一）

這段話反映了他一九四九年以後的一般心理狀態，不過在晚年更急迫罷了。所以在他統治中國大陸的二十七年中，各種「運動」一個接著一個，從未停止過。這種心理也許可以看作是對「異化」的深刻恐懼;他總覺得他一生所追求的「革命」會隨時離他而去。最初他擔心黨外的「資產階級」在破壞他的「革命」,因此而整治工商界(「三反」、「五反」)和知識分子(「反右」)。在黨外的鬥爭對象消失以後,他的疑懼便立即轉向黨內;一九五九年廬山會議彭德懷首當其衝。他因批評「大躍進」而被毛澤東認定是「資產階級分子、投機分子混在我們的黨內來。」(引自《陳伯達》,頁二一七)在「文化大革命」期間,這個怪論便擴大到全黨了。

研究毛澤東的人都注意到他自早年起便有好「鬥」的本性,「階級鬥爭」的理論更對他發生了如虎添翼的作用。但問題尚不止此。我們必須更深入地去瞭解他所特有的「意志」。這是一個極端浪漫而又絕對不肯受任何約束的堅強「意志」。從好的方面說,他的堅強意志使他能從井崗山那種最艱苦的環境中一直堅持到打下天下。這決不是常人能作得到的。也正是這種堅強意志懾伏了和他一同「打天下」的伙伴。早年由於受了楊昌濟的影響,他最佩服他的同鄉前輩曾國藩。他說:「愚于近人,獨服曾文正,觀其收拾洪、楊一役,而完滿無缺,使以今人易其位,其能如彼之完滿乎?」(一九一七年八月二十三日給黎錦熙的信，引自李銳《毛澤東的早期革命活動》，湖南人民出版社，一九八〇，頁二八）其實他最有契於曾國藩的當是後者那種堅毅不拔的意志。曾氏有名的「挺經」便是這種意志的具體表現。但是他完全沒有曾氏的學養和克己工夫。

他的浪漫和放縱則是時代潮流造成的。從譚嗣同的「衝決羅網」到五四的個性自由與解放都是鼓勵青年不受一切傳統軌範束縛的。這種個性解放對於一般人自然有積極的意義，因為這是創造力得以充分發揮的基本根據。但是一個擁有絕對權力而又拒諫飾非的政治領袖任由他的浪漫意志橫衝直撞、所向披靡，則其後果將是不堪設想的。然而這樣的情況卻恰恰發生在毛澤東的身上。韋伯所謂政治家必須遵從「責任倫理」的觀念在他那裡是絕對不存在的。

如果再進一步分析，毛澤東的意志和曾國藩的更有一極端相反之處：曾的意志是有積極內容的，是為了建設某種正面秩序而服務的。毛的意志則不折不扣的符合黑格爾所謂「否定的意志」（"negative will"）。「否定的意志」本身無積極的內容，因為它並不真的追求什麼東西的實現。誠然，它也似乎在不斷地追求什麼，但所追求的永遠是模糊不清的，一旦實現則又構成它本身活動的阻礙，因而必須再度加以否定。所以它只有在不斷的否定、破壞中才能肯定其本身的真實存在。毛澤東所嚮往的「革命」正是一個模糊不清的烏托邦，而每一次實現了的秩序則都和他的「否定意志」格格不入，終於一而再、再而三地變成否定和破壞的對象。這是他所謂「文化革命」不是一二次、三四次便能「太平無事」的深層意義。這種思想也是拜時代之賜。中國在二十世紀早期，反傳統的浪潮一次高於一次，終至使一般激進的人對於中國原有的傳統無所肯定。毛澤東也常常講「必須學好中國史」之類的話，似乎他很重視歷史。但一按其實，他所重視的則是大規模破壞秩序的歷史，主要是所謂「農民革命」。

他在一九六四年寫了一首題為〈賀新郎．讀史〉的詞。其下闋云：

一篇讀罷頭飛雪，但記得斑斑點點，幾行陳跡。五帝三皇神聖事，騙了無涯過客。有多少風流人物？盜跖莊蹻流譽後，更陳王奮起揮黃鉞。歌未竟，東方白。

這裡最可以看到，他完全不相信中國史上有任何「神聖」的事蹟。只有盜賊和造反是值得歌誦的。毛澤東擁有「皇帝型權力」，但他真正認同的不是皇帝而是造反者。可見把他僅僅看作中國史上皇帝的延續還是不完全恰當的。中國史上打天下的皇帝，誠如呂留良所說，都是「光棍」或「世路上英雄」。但歷史上的「光棍」做了皇帝之後便成「正果」了。毛澤東則拒絕成「正果」，他要永遠保持其「光棍」的身分。

前面曾指出，中共黨內自始便存在著兩種不調和的勢力：農村邊緣人集團和城市邊緣人集團。這兩個勢力在延安時代暫時統一了，並且統一在毛澤東的個人統治之下。一九四三年，中共黨中央政治局便已賦予毛澤東「最後決定之權」。（見李銳《毛澤東的早年與晚年》，貴州人民出版社，一九九二，頁二八九所引中共文件）但毛澤東基本上是農村邊緣人出身，他對於城市邊緣人從來沒有信任過。這種不信任在一九四九年以後一天天在加深之中。在統治局面遽然擴大到整個中國大陸之後，他日益感到他的意志已不能像在延安時代那樣馳騁自如。而且他更感到：這種失控是由於他的政權已從農村取向轉變為城市取向所造成的。他本來便討厭城市取向的幹部，現在他更把他們看成是使他的意志不能自由發揮的主要障礙，「資產階級混入黨內」的觀念便這樣形成了。毛澤東對於城市的恐懼不安，下面這個頗具象徵意義的真實故事可為說明：

毛澤東在萬歲聲中走進北京城。記得進城那天，毛澤東一腳車上一腳車下，對周恩來說：「進城趕考去！我們決不當李自成，我們希望考個好成績！」（《走下神壇的毛澤東》，頁八六。並可參考薩斯伯里的訪問，見《新皇帝》，頁九）

然而事實證明，這一場考試，毛澤東是澈底的失敗了。

一九九三年十月二十日

在榻上亂天下的毛澤東
——讀《毛澤東私人醫生回憶錄》

一、李志綏《回憶錄》的史料價值

李志綏著《毛澤東私人醫生回憶錄》是最近轟動一時的作品。這個轟動起於美國，因為原書是先以英文本問世的。我所讀的也是英文本。由於「人間」編者索稿，我才知道此書中文版已同時由時報文化出版公司刊行。中文本大體上是英文本的回譯，除了作者書首「致謝」一節外，無太大的出入。中文本有一最大優點是英文本所缺少的，即一切中文的人名、地名、專名具在，毋需查證。英文本因為完全沒有中文字彙，許多不常見的名稱在引用時便無法一一還原了。

這部《回憶錄》從中文初稿的撰寫到英文譯本的出版，先後醞釀了五、六年。我對此書的內容早有所聞，故出版後即快讀一遍。現在讓我先簡略地評估一下此書的史料價值，然後再把它和我以前關於毛澤東的評論聯繫起來。我過去先後寫過〈從中國史的觀點看毛澤東的歷史位置〉（收入《史學與傳統》，時報文化，一九八二）和〈打天下的光棍——毛澤東一生的三部曲〉（見《中國時報．人間》，一九九三年十月二十三～二十六日）兩文，都是從歷史的角度分析毛澤東的生平。我在作歷史分析時，儘量保持客觀冷靜，但是我也不可能完全掩飾我的憤怒。不論毛澤東的主觀願望如何，近三、四十年來中國的災難，他個人所負的責任比任何人都要大。幾千萬中國人的死亡、無數家庭的毀滅、整個中國社會生機的長期斲喪、中國現代化的進程一再延阻，都是在他當權的二十七年（一九四九～一九七六）中造成的。而主要關鍵則是他夜夜不寐，「浮想聯翩」，設計出一個比一個更荒謬的「亂天下」的方案，並通過他所擁有的絕對權力和所當披靡的堅強意志，貫澈到底。讀史者如果面對著這樣血淚凝成的人間悲劇而竟然絲毫無動於衷，那便只能說他是別具一副心腸了。最近讀到《紐約書評》上梅兆贊所寫的關於此書的一篇有分量的評論，評者也自始至終不能壓抑他的憤怒。（見 Jonathan Mirsky，〈揭開惡魔的面具〉，刊於 *The New York Review of Books*，一九九四年十一月十七日出版）他在文末特別引用了哈佛大學俄國史名家派普思 (Richard Pipes) 對於列寧的譴責。派氏引亞里斯多德的話，說「只有愚蠢的人才能對於應該憤怒的事而不憤怒」。這使我想起孔子所謂「唯仁者能好人、能惡人」和程顥所謂「聖人之怒，以物之當怒」等語，足見東海西海，人心確然相通。我決不敢自居「仁者」或「聖人」，但也不甘作一個「愚蠢的人」。不過我寫此文，將儘量不讓情緒干擾我的歷史分析。

在我所讀過的一切有關毛澤東的回憶作品中，李志綏此書無疑是最翔實可信的一種。在毛澤東左右的人，如衛士長李銀橋、如最後入宮的孟錦雲、如寵眷不衰的張玉鳳（僅見散篇），都曾留下了一些記錄。但這些記錄大體上都是由別人訪談後寫成的，已不能算是第一手的史料。其中不但摻雜著太多的執筆人增添的水分，而且毫無例外地嚴守著「隱惡揚善」的原則。李志綏的前任御醫王鶴濱也寫了一本《紫雲軒主人——我所接觸的毛澤東》，但他下筆戰戰兢兢，唯恐「有損毛主席的偉大形象」，因此提供的史料也極為有限。

李志綏這部回憶錄是在美國寫成的，他已遠離中國的現實政治，超越了原來的御醫角色，故能取客觀的態度而暢所欲言。又由於他在毛澤東左右連續服務了二十一年（一九五五～一九七六），見聞廣博而確實，他所提供的第一手資料也比其他同類的記述更為豐富。但是我說作者能取客觀的態度，並不是說他完全沒有主觀，那是不可能的。這裡所謂「客觀」是指他寫此書時已擺脫了當年對毛澤東和共產黨的無保留的崇拜和服從，因此他不但能衝破禁忌、記錄了大量的事實，而且也不為自己的過去辯護。相反的，作者在書中隨處都流露出一種批判性的反思；這一批判的精神便是本書客觀性的保證。黑格爾在《精神現象學》中曾提出一個有名的論斷，即僕人眼中無英雄。因為僕人不把主人當作英雄來看待，他所見所聞無非是主人在飲食起居方面的日常生活。但是這個論斷用在毛澤東這一特殊人物的身上卻不能不有所修正。理由很簡單，四〇年代以後，由於毛在黨內已建立了絕對的權威，凡是進入他生活周圍的人，無論是侍衛、醫生、護士或其他僕役，從第一天起便都把他看作「偉大的領袖」。這一牢不可破的先入之見反而使他們看不清他在日常生活中的本來面目。即使在他死後，他們記憶中人的毛澤東仍然是「英雄」而不是普通的「主人」。上面提到的幾種回憶錄無不具此特色。李志綏此書的特殊史料價值便在這裡顯現出來了：他真正回到了醫生的崗位，而他筆下的毛也從「英雄」還原為一般的「病人」。正因如此，他的眼光和記憶才能遠遠超出英雄崇拜者的境界。

作者從英雄崇拜的迷夢中覺醒過來，退回到醫生的立場上來寫回憶錄，這一思想的轉換自然也帶來了一種新的主觀。這個主觀特別表現在作者的許多評論與觀察上面。作者雖說明他自一九五九年起便已開始認清了毛澤東的人的品質，並且產生了深切的憎惡，但是我相信這種認識在當時也許還處於一種朦朧的狀態。一九七六年毛死亡以後，作者因被視為汪東興派系中人而遭到無情的整肅，這無疑更加深了他對於整個共產黨體制的瞭解。至於此書中所表現的鮮明觀點恐怕是他一九八八年定居美國以後才完全形成的。我的推測不一定準確，但是無論如何，只要我們能分辨書中事實的歷史性和作者觀點的現實性，我們便可以安心地運用書中所提供的一切原料了。

本書英文版以《毛主席的私生活》為名，報刊在出版前的摘要也往往側重於毛的性生活方面。這是十分不幸的事。其實作者的態度相當嚴肅，並沒有渲染毛的風流事跡。關於這一方面，傳聞早已很多。薩斯伯里（Harrison E. Salisbury）寫《新皇帝——毛、鄧時代的中國》(*The New Emperors, China in the Era of Mao and Deng*, 1992)，訪問了不少深知內情的中外人士，已有大體可靠的記述。對於瞭解毛的歷史作用而言，這一方面的隱私也沒有重要的意義。但是本書寫毛及其寵幸的侍女卻可以幫助讀者認識毛的人品：他視女人為工具，正如他對待一切與他有過接觸的人一樣。這是他的冷酷而兼放縱的生命的一個環節。我們不能通過低級趣味來理解本書有關這一方面的敘述。

以上是關於本書的史料價值的評估，在結束本節之前，我要對中譯本提出一個質疑。我沒有功夫將譯本與原書詳細校勘一遍。但是我發現中譯本似乎有故意刪節之嫌。姑舉兩例以明之。第一、英文原本提到斯諾時曾記載毛懷疑斯諾是美國中央情報局的特務。（頁一〇六）中譯本漏掉了這一句極重要的話。（頁一〇〇）第二、原書有一九五九年五月鄧小平折腿住北京醫院和女護士懷孕的一段故事。作者並說明資料來源直接出於中央保健局局長史書翰。（英文本，頁三二四—三二五）中譯本則把這段記述完全刪落了。（頁三〇一）這一刪節顯然是故意的，但未加以說明，違背了譯文須「信」的基本要求。我不想追究這一刪節的責任在誰，但是我必須說明：這一發現使我對中譯本失去了信任。如果不與英文原本對勘，我是不敢以中譯本為根據而有所論斷的。這不能不說是中譯本的一大遺憾。李志綏的回憶錄寫得很謹慎，大體上做到了忠於親見親聞的事實。所以書中所記與其他同類作品，大端吻合。讓我再舉一個例子。一九七六年的春節，中南海有放鞭炮之舉，後來引起了毛澤東慶祝周恩來之死的傳說。這件事是毛澤東本人提議的，至少當時在場的張玉鳳和孟錦雲都如此說。（張說見她的〈毛澤東晚年二三事〉，收在《毛澤東軼事》，湖南文藝出版社，一九八九年二月，頁二二三—二二四；孟說見郭金榮《毛澤東的晚年生活》，教育科學出版社，一九九三年一月，頁六〇）但是在李志綏的《回憶錄》中，放鞭炮慶春節是張玉鳳的主意。（英文本，頁六一〇；中譯本，頁五八四）這兩個不同的記載在表面上是互相衝突的。但是我們試將這三個人的說法加以細心排比，便可以重建當時的情景。根據孟的口述，毛說放鞭炮這句話時，只有孟和張玉鳳兩人在場；根據張的記述，她是傳達毛的這一意旨的人；根據李的回憶錄，他僅知道張玉鳳向衛士長張耀祠（中譯本誤「祠」為「詞」）提議要熱鬧熱鬧，於是打破了中南海不許放鞭炮的禁令。很顯然地，李因為不在現場才把放鞭炮的責任誤歸於傳話人了。當然，這裡也還存在著另一可能性，即這個主意原出自張玉鳳，不過得到了毛的同意。「四人幫」被捕後，張和孟都畏禍而故加掩飾，因此才異口同聲地說此議是毛主動提出的。但無論如何，這個例子說明李志綏的記載是可信的，他儘可能地報導親見親聞的事實，而不肯妄加推測。所以我希望中譯本再版時，能把漏譯的部分都增補上去。

二、「談笑風生榻上居」

現在讓我根據李志綏《回憶錄》所提供的線索補充並發揮一下我以前對毛澤東的觀察，但是我所運用的史料則將不限於此書。《回憶錄》對毛澤東的「床」有特筆描寫。他記第一次的印象，說：

這時毛正睡在床上，上半身靠在床頭的枕頭上。他那張大木床，有一個半普通雙人床那樣大。這是中南海的木匠為他特別製造的。床內側占床三分之二都堆滿了書。

他睡的地方，只占床外側三分之一。外側床頭床尾的兩隻床腳，用木塊墊高，這樣外側高出有四吋。據衛士長李銀橋告訴我，這個辦法是防止毛翻身時，掉到床下。但是過了這幾年以後，我更加深入瞭解了毛的內幕，才知道這樣的安排與他的性生活習慣有密切的關係。（見中譯本，頁七六—七七；與譯文不同之處是根據英文原本增改的，見原書，頁八〇）

但下面只談這張床和毛澤東的政治生涯，不及其他。這一段描寫引起了一個值得特別注意的問題：為什麼所有寫到毛的日常生活的人都不約而同地要提到他的「床」？李銀橋從一九四七年起便是毛的衛士，他告訴我們：

毛澤東對床鋪是很講究的，他說過：「人生命的三分之一是在床上度過，我在床上的時間可能更多些，所以一定要搞舒服。」

毛澤東講這個話，並不是他睡覺多。……他在床上時間多是因為他有躺在床上讀報

看書批閱文件的習慣。（見權延赤《走下神壇的毛澤東》，臺北，曉園出版社，一九九一，頁一〇〇）

王鶴濱醫生在一九四九年初次進入毛在中南海的起居室時，也同樣對他的床發生濃厚的興趣。他在下午三點多鐘走進臥室時，毛「穿著毛巾布睡衣，向右側臥在床上，手持著翻卷的線裝書正在閱讀著。」（《紫雲軒主人》，中共中央黨校出版社，一九九一，頁二九。參看頁三四）不但毛左右的人所見如此，外面偶一入宮的訪客也無不對這張床留下不可磨滅的印象。王若水回憶道：

一九五七年四月，我隨同鄧拓和幾個《人民日報》編委到毛的寓所。毛就在臥房裡接見我們，穿著睡衣，半躺在床上。那一次，陳伯達、胡喬木、周揚都在座。每人都衣冠楚楚，正襟危坐，和毛的不拘禮節形成了強烈的對比。劉邦見酈食其時，坐在床上，讓兩個女子伺候洗腳。毛澤東似乎有點劉邦之風。（見王若水〈僕人眼中的

偉人〉，《明報月刊》，一九九三年十二月號，頁二二）

李銳記他對毛的臥室的初次觀感如下：

一九五八年一月南寧會議後，回到北京，一個夜晚筆者奉召去到他的住所。寬大的木床上，有半邊堆滿了線裝書，主人則靠坐在另半邊。房中有一邊牆被書架遮住，全是古籍。秦城憶舊時曾有七絕記此印象，頭兩句是「一牆古籍半床書，談笑風生榻上居。」這不能不使他的思想受到一定的局限，產生某些不良的影響。（《毛澤東的早年和晚年》，貴州人民出版社，一九九二，頁三九）

王若水和李銳都是有文史修養的人，他們的觀察角度自然與醫生和衛士不同，因此特別注意到古籍對毛的影響問題。

上引資料已足夠說明毛澤東的統治和他那張特製的木板床是緊密地連在一起的。他不但在床上看書、批閱文件，而且也在床上會見部下、討論並決定政策。但是我之所以不憚其煩地敘述這張床則是因為它是毛統治二十七年間中國一切禍亂的主要發源地。從百家爭鳴、反右、總路線、大躍進、人民公社、土法煉鋼到文化大革命，包括其間許多數不清的細節，大致都是毛在床上「浮想聯翩」中醞釀出來的。所以他曾對李銳說：他自己常常上半夜和下半夜互相打架。（前引書，頁一三七）李志綏更指出了一個重要的心理和生理的事實：毛在政治上占上風時，身心都健康，但一旦在政治上自覺不能得心應手時便臥床不起。一九五六年中共「八大」作出了「反個人崇拜」、「反冒進」等一系列不利於他個人自由揮灑的決議。自十一月中的八屆二中全會以後，他有很長的一段時期過著「榻上居」的生活，除了大小便以外不下床。但是他並不是閒著的，他在積極地策劃著下一步的政治反攻。（見英文本《回憶錄》，頁一九七；中譯本，頁一八五）一九五七年五月，鳴放出軌，毛的最初估計錯誤了，他又一天到晚臥床不起，而且患上了感冒。這時他極為憤怒，重新策劃怎樣對民主黨派人士進行報復。（同上，頁二〇〇；中譯本，頁一八九）

更有趣的是毛還在這張床上施展國際權詐。一九六三年中共和蘇聯的關係陷入低潮，毛用假裝病將不起的方式試探蘇共的反應。他先在李志綏和貼身衛士面前預演了幾次，用毛巾被蓋在身上，詐作呆滯、痛苦之狀，然後召蘇聯大使到床前，認真表演了一番。（英文本，頁一〇五；中譯本，頁一〇〇）李志綏大概不知道，毛的詐病是效司馬懿的故智。當年司馬懿為了鬆弛政敵曹爽對他的戒備，見客時詐作病篤狀，談話也故意錯亂其辭。後來曹爽果然由此而作出錯誤的判斷，終為司馬懿所制。這個故事最早出於裴松之注《三國志．魏書．曹爽傳》所引〈魏末傳〉，具有小說性質，未必是信史。但後來流傳甚廣，以致《晉書．宣帝本紀》也加以採用。至於毛之最初接觸到這個故事，我相信是由於熟讀了《三國演義》，其中一〇六回便是〈司馬懿詐病賺曹爽〉，而不是來自正史。但是赫魯曉夫畢竟不是曹爽，俄國文化中雖有權詐，也與曹操、司馬懿的那一套不同科，毛的表演究竟收到了什麼效果便很難說了。（《赫魯曉夫回憶錄》關於毛澤東的部分並未提及這件事。見《毛澤東軼事》，頁二九三—三一一）這一詐病的舉動又為毛澤東的「古為今用」增加了一個實例。王若水疑心他有意學劉邦的倨傲，李銳深信中國古籍對他曾發生過影響，都是有根據的。

毛之以夜作晝、起居無常、以及「談笑風生榻上居」等特殊生活方式具有深刻的象徵意義。他的衛士認為這種不規律的榻上生活是「二十年戰爭生活」所「形成的習慣」，因此改不過來。(《走下神壇的毛澤東》，頁一二〇）這只說對了一部分，更重要的則是他自覺地堅持「造反」或「革命」的生活風格，不肯受世間任何禮法所拘束。這一點，他的衛士也隱約看到了：

毛澤東從來不肯束縛自己的個性，不願事事循規蹈矩。他在生活中總是離不開種種美妙的想像和追求，若是有人要毀掉他那美妙的想法和追求，他就會發脾氣，不留情面地給予懲罰。(同上，頁六九）

但是李志綏下面的觀察則更為深刻，他說：

毛將時間表和規則、禮節和儀式都看作是控制他的手段，因此拒絕遵循。他以使人捉摸不定為得意。他每次散步時，回程一定走另一條路；他決不重蹈舊跡，走回頭路。無論在私生活或國家事務上，他都永遠要追求新的、未經考驗和未曾試過的東西。（英文本，頁一二一）

這一觀察有力地支持了我以前關於毛的論斷。我在〈打天下的光棍〉中指出：毛雖然打下了天下並且擁有超過了傳統皇帝的絕對權力，但是他始終不甘僅僅認同於皇帝，而堅持繼續「造反」或「革命」。這正是他為什麼晚年特別強調自己要做「馬克思加秦始皇」的根本原因。他把馬克思放在第一位、秦始皇放在第二位，可見在他的心目中「造反」或「革命」比「做皇帝」更為重要。毛在生活上一切反常便是這一心理的直接反應。

三、拒絕常規化：「一朝權在手，便把令來行」

革命領袖或造反光棍所擁有的是韋伯所謂奇里斯瑪 (charisma) 式的權力。這種權力如果要取得合法性和永久性最後必須經過一個轉化的程序，即「日常規範化」(routinization)。

以中國打天下的光棍而言，在他打天下時，他的奇里斯瑪式的權威常常發揮巨大的、甚至決定性的威力。但在既得天下之後，他本人往往也願意放棄奇里斯瑪以換取長期統治的地位。這是中國朝代興亡史上「高皇帝創業垂統」的通常模式。劉邦平定天下之後，要叔孫通為他訂朝儀，然後才知「皇帝之貴」，便是權力日常規範化的一個重要象徵。更重要的是隨他打天下的「從龍之士」普遍地渴望著奇里斯瑪的常規化，因為只有如此他們才能合法地獲得「輔治」的權力和身分。一般老百姓則尤其期待著奇里斯瑪的常規化，在真命天子坐龍庭之後，日常生活中有了比較合理的秩序，他們才可能有好日子過。所以中國史上幾個長治久安的統一王朝如漢、唐、明、清在創業之後都以建立制度為首務，也都給老百姓一段「休養生息」的時間。韋伯特別指出：奇里斯瑪的日常規範化必不可免地要和傳統進行一定程度的聯盟，這是唯一的出路。因此常規化的具體結果是奇里斯瑪的原有的革命性將逐漸喪失，以至完全放棄；換來的則是一個合法的秩序。（以上所論見 Max Weber, *Economy and Society*, edited by Guenther Roth and Claus Wittich, University of California Press, 1978, Vol. II, pp. 1121–1133；參看 Vol. I, pp. 246–249）

韋伯的分析是根據以往歷史的事例，在他所見到的歷史上，還沒有打天下的光棍堅決拒絕奇里斯瑪常規化的例子，因此他的討論僅止於此。在這一點上，毛澤東可以說是「史無前例」的，連希特勒、斯大林也都捨棄了絕大部分的奇里斯瑪以換取常規化的獨裁權力。如果通過韋伯的觀點，我們可以說毛的晝夜顛倒的「榻上」生活是他不肯放棄奇里斯瑪權威的一種最明白的表示。毛當然不知道奇里斯瑪這個奇怪的名詞；在他的詞典中，奇里斯瑪是以「革命精神」的名目出現的，而他自己則是「革命精神」的化身。毛的政治本能是極其敏銳的，他深深地瞭解到，一旦常規化之後，原來屬於他個人的革命權力便將轉化為屬於國家的合法權力，從此他便再也不能神出鬼沒地暢所欲為了。所以李志綏說他視一切時間表、規則、禮儀等為「控制他的手段」，確是一針見血的觀察，甚至中共中央為他個人的安全所設立的保護規章，他也看作是限制他的自由，並因此而一再地大發雷霆。這一點在李志綏《回憶錄》和《走下神壇的毛澤東》中都有詳細的記載。

總之，拒絕奇里斯瑪權力的日常規範化是一九四九年以後毛的整個生命中的核心問題。抓住了這一核心，毛在一九四九～一九七六年間的每一個重大舉動無不可以得到順理成章的解釋。全面的研究一九四九年以後毛的政治發展必須另有專書，這裡姑且略舉一二要點作為示例。據李志綏《回憶錄》（頁一八〇—一八一），毛在一九五六年已向李提到要辭去國家主席，「退到第二線」。（按：編者注則指出，薄一波聽毛說退居第二線是在一九五四年夏天，見英文本，頁六四五。）毛表面上以健康為理由，但實際上是吃不消天安門的慶典、接見外國使節呈遞國書、國宴等等拘束性的儀式。同時國家主席只是一個禮節式的職位。《回憶錄》更推測毛也藉此來考驗劉少奇、鄧小平等人對他是否忠誠。這些說法並不是沒有根據，然而終不免尚隔一間。

事實上，國家主席的職位自始便和他個人的奇里斯瑪式的權威是衝突的，前者只能使他的奇里斯瑪一步一步地走向日常規範化。他的政治本能很快便告訴他，長此下去，他勢必將成為一個有名無實的傀儡主席，這是他決不肯做的。用他自己的話說：「不願犧牲真我，不願自己以自己做傀儡。」（見《走下神壇的毛澤東》，頁七三）我相信這是為什麼他早在一九五四年便已動念要辭去這個職位。但辭去國家主席決不是「退居第二線」，相反地，他正是要爭取第一線的領導權。在他的想像中，無論是國家機器或黨組織都是為一個更高的目的服務的，這便是他所謂的「革命」。他要通過不斷的革命來實現澈底改造中國的偉大夢想。另一方面，他從革命的經驗中又深刻地認識到，革命非有「權」不可，因此他常引用「一朝權在手，便把令來行」這句俗語。（見李銳，前引書，頁三一一）但此「權」並非國家機器和黨組織所擁有那些日常運作中規範性的權力，而是超越一切常軌、決定根本方向的革命大權。這種「權」便只能來自他個人所獨具的奇里斯瑪式的革命權威了。文革期間流行的「大海航行靠舵手」那首歌可以算是毛時代最有代表性的狂想曲。國家機器和黨組織則都只能配合毛的那些隨時變幻無方的曲調旋轉，因而必須不停地改弦易轍。這自然是事實上辦不到的，一旦國家機器和黨組織在運作上滑離了毛的「革命」軌道，或妨礙了他的奇里斯瑪權威的自由揮灑，那便變成他所謂的「兩條路線的鬥爭」了。

四、繼續「以鄉村包圍城市」

一九四九年以後中共的國家機器和黨組織基本上是照抄列寧－斯大林體制。這是中共最初存在的合法根據。無論毛的內心如何想法，他都不能不「一邊倒」，接受蘇聯的模式。

但是一九五六年赫魯曉夫公開清算了斯大林的「個人崇拜」以後，中共也召開了八大，制定了「集體領導」、「反個人崇拜」等新的路線以為響應。八大的新黨章甚至刪去了七大黨章中「毛澤東思想」的字樣。（此事亦見李銳，前引書，頁三一四）毛在當時還沒有和蘇聯決裂的本錢，因此他也不能不表示支持。但毫無可疑，他已深深地感到這是常規化的「集體」對他個人的奇里斯瑪提出了正面的挑戰。他必須奮起應戰了。李志綏《回憶錄》特別記載了毛的私下談話，並指出此後毛的一切政治行動，從大躍進到文化大革命，都是為了推翻「八大」的一切決定，直到一九六九年的「九大」才告落幕。（見英文本，頁一八二－一八四；中譯本，頁一七三－一七五）這一段記載和觀察具有很高的史料價值；只有李志綏當年所處的特殊的觀察角度和他今天所達到的反思深度才能使他看清這一關鍵性的歷史時刻。

毛的革命領袖的合法根據是由共產國際（事實上即是斯大林主義）提供的；他在黨內的領導地位的確立則主要是憑藉著農村邊緣人集團的支持。但是中共與莫斯科的聯繫則不能不通過城市邊緣人集團的代表（主要是知識分子）。毛在長征以後雖然制服了城市邊緣人集團，但仍然不能不在許多方面借重他們。因此毛與莫斯科以及黨內許多領導幹部一直是處於既依賴又不信任的緊張狀態。（詳見〈打天下的光棍〉一文）一九四九年入城以後，這種緊張更加深了，因為城鄉力量在中共政權中的比例發生了一升一降的急遽變化。毛的奇里斯瑪權威源於不斷在農村進行「造反」和「階級鬥爭」，尤其集中地表現在「以鄉村包圍城市」的游擊戰爭上。但入城以後，一般黨內幹部顯然認為「造反」、「鬥爭」基本上已成過去，今後主要的任務當然是穩定秩序和建設經濟了。秩序和建設當然要求常規化。所以從中共全國政權開始之日起，常規化便已嚴重地威脅著毛個人所擁有的奇里斯瑪的權威。據黃克誠回憶，一九四九年他在天津工作，毛曾問他今後城市工作的主要任務是什麼？黃毫不猶豫地答道：「當然是發展生產。」毛說：「不對，主要任務還是階級鬥爭，要解決同資產階級的鬥爭問題。」（引自李銳，前引書，頁二一九）這段對話極富於象徵意義。這裡已埋下了他對國家機器和黨組織越往後便越不信任的種子。所以文革開始之後，他在一九六六年十月的中共中央工作會議上說：「十七年來，有一件事我看做得不好。原來的意思是：考慮國家的安全，鑒於蘇聯斯大林的教訓，搞了一線二線，我處在第二線，別的同志在第一線。現在看不那麼好，結果很分散。一進城，就不那麼集中了，有相當多的獨立王國。……引起我警惕。」（葉永烈《陳伯達》，香港，一九九〇，頁三一四）這是他發自內心的話，恰好證實了上面的分析。

毛對於斯大林的壓迫一直是敢怒而不敢言。（關於毛與斯大林的關係，可看薩斯伯里《新皇帝》第十、第十一章的敘述。）斯大林逝世在他自然是如釋重負，而且斯大林的錯誤公開暴露之後更滋長了他的不可一世的自負。（參看李銳，前引書，頁三一四）但是赫魯曉夫批判「個人崇拜」和中共「八大」的隨聲附和卻觸動了他的忌諱，激起一種兔死狐悲的共鳴。在他看來，這是新一代的共產國際和黨內城市取向的領導集團裡應外合來向他進攻。他不能不認真地考慮怎樣反擊的問題了。

以李志綏《回憶錄》為基本材料，再參考其他有關文獻，我們可以清楚地斷定：一九五六年赫魯曉夫批判斯大林的「個人崇拜」和中共「八大」所制定的路線是中共黨史上最重要的關鍵之一。從這時起，毛才下定了決心，要憑他個人的奇里斯瑪的革命權威把整個局面扭轉過來，一方面與蘇聯進行抗爭，另一方面制服中共的國家機器和黨組織。毛是一個深沈陰鷙的人，從不打無把握的仗，他當然不會過早的暴露自己的意圖。他需要通過長期精密的戰略部署才能實現他再一次的「革命」雄圖。從一九五七到一九六六年，十年之間他的雄圖畢竟一一展現了。這一次的「革命」對象已從黨外轉向黨內，但是他的基本戰略依然未變，即繼續以「鄉村包圍城市」。這是一九五八年以來「資產階級就在黨內」的提法的主要意義。

五、個人權威的基礎：群眾運動

現在我們要進一步說明他個人的奇里斯瑪的性質和基礎。首先必須指出，毛並不認為他個人所擁有的那種神奇的精神號召力（即奇里斯瑪）是和斯大林的「個人崇拜」屬於同一性質。李志綏下面這一段觀察也相當準確。他說：

> 毛相信群眾需要一個偉大的領袖，只要領袖出現在他們的面前，便會產生激動群眾、轉化群眾的效應。但是毛又需要一種幻覺，即群眾熱望他的領導是完全出於自動自

發的。這樣他便不用耽心人家說他自己在主動地搞個人崇拜了。（英文本，頁二七三）

這是一九五八年九月毛偕張治中巡行安徽的事。李志綏接著記錄了張治中怎樣善解毛意，說毛是中國的列寧，而不是斯大林。中國人民對他的熱愛完全出於內心，不能自已，決不同於「個人崇拜」。結果是毛在合肥受到三十萬群眾的夾道歡迎，高呼「毛主席萬歲」、「人民公社萬歲」、「大躍進萬歲」！（頁二七三－二七四）這時毛正在全面發動群眾，大搞人民公社、大躍進、全民煉鋼，並且嚴厲批評周恩來、陳雲領導的國務院的工作，說他們兩人「離右派只有五十米」。（李銳，前引書，頁二四二）他的奇里斯瑪已開始發揮威力，打亂了國家機器的運作。

由此可見毛的奇里斯瑪的真正基礎是「群眾運動」。儘管他的「偉大領袖」的形象最初是黨的宣傳機器硬製造出來的，但這個形象既出現之後，它便有了自己的獨立生命。毛便利用這一形象不斷地加強和擴大他的奇里斯瑪的威力，其方式則是隨時利用機會，並且儘可能撇開國家機器和黨組織，突然出現在群眾的面前。群眾在神秘、驚喜、激動種種複雜感情的交織之下，他的「形象」便愈來愈高大了。一九四七年夏天在陝北、一九五三年春天在武漢黃鶴樓、一九五八年八月在天津正陽春飯館，他都有意地利用這種方式去製造群眾的狂熱。（可參看《走下神壇的毛澤東》，第八章和《紫雲軒主人》〈被困黃鶴樓〉一節）一九六六年七月十六日，他在武漢游長江，五千人伴游，十萬群眾在兩岸歡呼，更顯然是向黨組織顯示他的奇里斯瑪的威力。（見《陳伯達》，頁二八三。按：李志綏其時在北京，未親見此事，故書中無描述。可見他下筆很謹慎。見英文本，頁四六三。）關於毛刻意要撇開黨組織，以個人的身分去接近群眾，我們還可以另舉一個有力的證據。一九五六年以後，毛對於在天安門慶典中接受群眾歡呼已不感興趣。（見李志綏《回憶錄》英文本，頁一八一）這是由於慶典中的群眾都是由黨組織安排好的，不足以表現他們對毛個人的愛戴。但是一九六六年他發動了文化大革命，從八月到十一月的三個月間，他先後八次在天安門廣場接見紅衛兵，總人數在一千一百多萬。（見《陳伯達》，頁三二七；李志綏《回憶錄》，頁四七一）原因很簡單，這些群眾都是響應他個人的感召力而來的，他們不但不是由黨發動的，而且正是他藉以鬥垮黨組織的主要力量。

李志綏說他需要一種幻覺，即人民群眾對他的狂熱是出於真心的擁戴。這個看法自然是合乎事實的。但是在毛本人的心中，這恐怕不是幻覺而是真實的信仰。他自信已找到了澈底改造中國的道路，可以把人民帶進一個比天堂還美妙的人間新樂園。通過詩的想像，他構造了一幅誘人的然而也是十分朦朧的人間樂園的圖像。只要大家都聽他的話、讀他的書、照他的指示辦事，這個理想社會便必然會在中國實現，雖然他對時間表的擬定，時長時短，拿捏不準。這個堅強的信念也是他的奇里斯瑪的一個重要的組成部分。否則我們無法想像他何以能如此悍然不顧一切的蠻幹到底了。「信仰的奇里斯瑪」（"the charisma of faith"）原是宗教上常見的現象，其來源在「上帝」。教主自信與上帝已合而為一，信徒也以此看待教主，因此從這個信仰中發展出來的奇里斯瑪才具有無窮的威力。（關於這一點，可參看韋伯，前引書，第一冊，頁五六八）毛的奇里斯瑪顯然具有濃厚的宗教性格，但已不是傳統的宗教，而是澈底俗世化了的宗教——共產主義。毛相信，他在思想上已與馬克思主義合而為一，是後者的最新化身；因此他自己即是上帝。（這是他早年所謂「己即神」，見李銳，前引書，頁五三）在現實世界中，他則與人民群眾合而為一。（用盧梭的觀念說，他是「群意」"general will" 的化身。）不但他自信如此，他的信徒們也這樣信仰他，至少這樣說。這兩重「合一」便是他的奇里斯瑪的精神泉源。在宗教史上，「信仰的奇里斯瑪」最能感召虔誠的教徒，但是卻最容易引起知識人或學者的懷疑。一旦它不得不借重知識的力量時（如歐洲中古教會因常規化而不能不吸收希臘哲學），信仰的強度便不可避免地要開始降低。毛一貫反知識分子，其根源即在此。因為智性的懷疑足以動搖他的奇里斯瑪的信仰基礎。另一方面，他也不信任照章辦事的一般幹部，因為他們是日常規範化的推動者，其結果將導致他的奇里斯瑪的消解。一九五八年在成都，他在李志綏面前流露出對黨內領導幹部的不滿。他說這些人有自卑感，見到知識分子便低頭。（《回憶錄》英文本，頁二三四）很顯然的，他最不願意看到知識分子和幹部的聯手。也就在同時，他批評了斯大林「技術決定一切，幹部決定一切」的說法，而代之以政治思想決定一切，群眾決定一切。（見李銳，前引書，頁二四二）這當然只能是他的奇里斯瑪中的兩個「合一」了。

六、反現代的「否定意志」

最後，讓我再引一段李志綏對毛的速寫：

毛從來沒有向我提過「現代化」這個名詞。他不是一個現代的人。相反地，他常常談到使中國富起來，重回到原始的光輝。他是一個反叛者和偶像破壞者，因此敢於改造中國，壯大中國。他要建築屬於他自己的萬里長城。但是他自己的偉大和中國的偉大又是交織在一起的。整個中國都是他隨心所欲做實驗的地方。一句話，毛即是中國。任何人只要可能威脅到他的地位或與他持不同的看法，便會引起他的疑心。他處置敵人是決不手下留情的。他統治下的人民的生命是不值錢的。（英文本，頁一二四—一二五）

這番話也說得非常有分寸，句句都可以找到大量的事實作根據。我想略作引申，以結束這篇文字。

我特別重視毛絕口不言「現代化」這一事實。李志綏由此而推斷他不是一個現代人，也是毫無可疑的。我想這件事的重要性主要在於反映了毛對於現代世界的驚人的無知。這個無知表現在一九四九年以後他的所有的決策上面，從人口問題、大躍進的畝產萬斤和土法煉鋼到文化大革命中的許多「最高指示」都是明證。他之不具備起碼的現代知識尤其集中地暴露在他關於共產主義理想社會的種種描繪上面，這是他的奇里斯瑪中的信仰核心，特別值得研究。他的思想基本上未出康有為《大同書》的範圍，有時甚至還倒退到漢末張魯的「義舍」、「義米」等簡陋的教團組織上去了。一九五八年十月山東范縣搞了一場三年過渡到共產主義的方案，訂下了畝產兩萬斤糧食的指標，還附上一首「吃喝穿用不要錢」的順口溜。任何稍有現代常識的人都只能把這件事當作笑話看。但是這位「偉大的馬克思主義者」竟作了如下的批示：

此件很有意思，是一首詩，似乎也是可行的，時間似太匆促，只三年。也不要緊嘛，三年不成，順延也可以嘛。（引自李銳，前引書，頁二四八—二四九。關於《大同書》及張魯「義舍」等材料，也見同書，頁二四四—二四八）

舉此一例，即可見毛的知識和思想究竟達到了什麼樣的程度。我並無嘲笑毛之意。特別是我記起了七〇年代海外的中國知識分子，包括許多著名的學者和科學家，對毛的「遠見」曾經怎樣崇拜過、歌誦過，我更不能對毛加以譏評了。我故意不提大陸上的知識分子，因為他們不但沒有說話的自由，而且也沒有沈默的自由。

毛雖然屬於「五四」的一代，但是他和「民主」與「科學」是無緣的。「五四」對他的衝擊大概有兩個主要方面：第一是反西方的民族意識；第二是反傳統的激進意識。在馬克思主義傳來之後，他又獲得了「階級鬥爭」的觀念，這是和他的生命本質最相契的東西，故更能一拍即合。但是真正要瞭解「階級鬥爭」的觀念則必須對西方文化史、思想史、社會史有基本的知識。這卻是無法苛求於毛的。所以他只能通過「造反有理」四個字來重新闡釋「階級鬥爭」。（參看李銳，前引書，頁一一八—一一九）這也是很自然的事，因為他所繼承和發揚的正是中國社會邊緣人的造反傳統。這是「馬克思主義與中國革命實踐相結合」的確切涵義。

宋江在潯陽樓題反詩，其〈西江月〉上半闋云：「自幼曾攻經史，長成亦有權謀。恰如猛虎臥荒丘，潛伏爪牙忍受。」毛晚年雖然批宋江，但這幾句詞卻不妨借來為早期的毛寫照。他蓄志造反，故於歷史上的權謀詐術研究得十分透徹，確已達到出神入化的境界。但是他在「五四」時代所吸收的只有一連串的「反」或「否定」的思想，其中完全沒有正面的成分。這一點最能解釋為什麼一涉及理想社會的建設，毛的思想竟顯得那樣淺薄。他在「反」的方面的成就和他在「正」的方面的幼稚形成了最強烈的對照。像這樣集正、反、淺、深於一身的矛盾結合在中外歷史上簡直找不到比他更極端的例子。所以我在〈打天下的光棍〉中說他是黑格爾所謂的「否定意志」（"negative will"），只有在不斷的破壞活動才能肯定自己的存在。現在我還要補充一句，「否定意志」所追求的永遠是普遍性、抽象性的東西，而一切實現了的事物則都是特殊性、具體性的，因此又轉而成為否定意志破壞和消滅的對象。（詳見 Hegel's, *Philosophy of Right*, tr. by T. M. Knox, Oxford University Press,

1967, p. 22）正因如此，毛所愛的「人民」、「群眾」、「國家」、「民族」也都是抽象的而不是具體的。李志綏說他缺乏人的感情，從不知愛、友誼、溫情為何物。（英文本，頁一二〇—一二一）這也恰好可以證實他是「否定意志」的化身。李志綏所指的是具體的人，而具體的人對於毛則只有工具價值。所以，他對身邊的人常不忘施小惠以籠絡之，而對出生入死數十年的老同志則稍有疑忌便不惜加以摧殘，而且毫不手軟。「否定意志」以破壞為業，絕不能容忍秩序，從私生活到天下大事無不如此。這是毛澤東在榻上亂天下的終極原因。

一九九四年十二月十五日於普林斯頓

霸才無主始憐君
——談周恩來

化骨揚灰散作塵，一生伴虎有餘辛。
先機抱器歸張楚，晚節藏鈎賺大秦。
始信秀才能造反，更無宰相解安民。
萬千寒士應垂淚，誰為神州護早春。

周恩來死在一九七六年一月，火化後骨灰遍撒在中國大陸，據說這是執行他的遺志。上面引的一首律詩便是我在那個時候寫的，曾以「觀于海者」的筆名發表在香港的《明報月刊》上。不久，徐復觀先生來信告訴我說，《大公報》中的人曾向他探詢這首詩的作者是誰。這大概是因為他們感覺到詩中對周恩來流露了一點同情的意思。但在那個時代，毛澤東仍然是「神」，而中共黨內的人竟對詩中「伴君如伴虎」的譏諷視若無覩，可見他們在私底下已非常不滿於毛的專橫。一九七三～一九七五年，我在香港住了兩年，聽到不少大陸內部的消息，大致都是說，知識分子自所謂「文革」開始以來，遭到有史以來從未有過的踐踏和迫害，而周恩來則在最困難的情況下盡最大的力量保護了其中一部分的人。所以我這首詩基本上是為大陸知識分子「代言」的，詩末「早春」兩字出於費孝通〈知識分子的早春天氣〉一文的「今典」。我記得當時李璜先生也有一首七律刊在《明報月刊》上，同寓有惋惜之意。開始兩句似是「畢竟狂瀾挽不回，遽憐遺蛻化飛灰」；結句是「早識權奇是亂媒。」其餘的已忘了。李先生二〇年代初是和周恩來在巴黎針鋒相對的政治敵手，他的感慨自是發乎內心。

從大是大非的立場說，李先生「早識權奇是亂媒」之句，我不但同情而且同意。馬克思主義思潮自十九世紀晚期以來便席捲了歐洲，然後又通過日本而傳到了中國，成為好幾代知識分子的「鴉片」，流風餘韻，迄今猶在。在政治社會秩序比較上軌道的國家，這種批判思潮未始不可發生提撕精神、激動社會良心的積極作用。但在動亂之邦，這種純否定的激進思路最後勢不免導致「火延崑岡，玉石俱焚」的大悲劇。一九一七年的俄國和一九四九年的中國便是兩個最明顯的史例。以前許多知識分子激於道德熱情，很容易接受社會主義是「歷史的必然發展」的預言，因此俄國和中國的「革命」都被解釋成由「客觀的社會條件」所造成。用共產黨的慣用語說，即所謂「歷史潮流是不可抗拒的」。近十餘年來，由於共產主義的破產，西方史學家開始從不同的角度研究法國革命和俄國革命的過程，從而得出與以往大不相同的結論，有人甚至提出法國革命是否必要的問題。無論如何，有一重要的新論點出現在法、俄革命史的研究上面，值得注意。即激進思潮並不是全由於客觀歷史的需要而產生的。相反的，激進思潮與社會現實之間往往是脫節的，它的成長和發揚主要由激進知識分子在他們自己的小圈子中相激相盪所造成。（可參考 Richard Pipes, *The Russian Revolution*，一九九〇年出版。此書〈知識分子〉一章所引資料及其與法國啟蒙思潮的比較，頗有啟發性。）

以上一段話旨在說明周恩來當年在巴黎發展中國共產黨組織的背景。一九二〇～一九二三年之間，中國有一、兩千青年在法國參加「勤工儉學」的計畫。這些青年中頗多家境貧寒，甚至與父母關係很緊張的，因此到法國去找出路，並藉此獲得「留學」的資格。但他們多不通法語，在法國既不能「勤工」，也無從「儉學」。他們之中有不少人事實上是流落在巴黎，成為「忿怒的一群」。在第三國際暗中支持之下，周恩來發展組織自然便以他們為主要爭取的對象。中共早期的成員出身於「勤工儉學」的，占了相當高的一個比例。這些人離開了中國，又未接觸法國社會，但激進的思想和情緒則在他們的圈子內不斷滋長，這和十八世紀的法國激進分子、十九世紀末至二十世紀初俄國激進分子，先後如出一轍。其中最大的差別在於法、俄兩國的知識分子在思想上自有長遠的傳統，而二十世紀早期中國激進派則間接摭拾了一些西方觀念，便遽奉為「放之四海而皆準的真理」而已。

周恩來的組織能力和靈活手腕早在巴黎時代便已充分顯露，即使是他的政敵也不能不承認。(可看李璜《學鈍室回憶錄》，第四、五、六各章) 但以思想的成熟、對中國和世界的歷史與現狀的認識、以及對中國前途的設想而言，他的水平和當時中國一般二十歲左右的知識分子也不過在伯仲之間，未見有所超出。終其一生他也未曾以識見過人著稱於世。

事實上，他既已信仰共產主義，又受黨與第三國際的約束，便已不可能再有個人的見解。這正如中古時代天主教的神職人員一樣，既不可能對「上帝」發生任何懷疑，也不敢對教廷的決策表示一絲一毫的異議。我們首先必須著眼於此，才能開始瞭解周恩來在中共歷史上所扮演的角色。

最近幾年來，評論周恩來的人似乎越來越多，大致有兩極化的傾向。一方面，直接間接受過周恩來的「保護」的人，尤其是仍然認同於中共所領導的「革命」的人，對他是肯定的、讚揚的。一九八〇年八月鄧小平對意大利記者法拉奇的談話可為代表。他強調周恩來是「同志們和人民很尊敬的人。」對於周在「文革」期緊緊跟隨著毛澤東的表現，鄧小平這樣為他辯護：「他處的地位十分困難，他說了好多違心的話，做了好多違心的事。但人民原諒他。因為他不做這些事，不說這些話，他自己也保不住，他不能在其中起中和作用，起減少損失的作用。他保護了相當一批人。」從受過他保護的鄧小平的立場上說，這樣的評價可以說是很持平的。但另一方面，從否定中共「革命」的立場上出發（這樣的人現在多來自大陸內部），論者對周恩來則毫無恕辭，認定他是「逢君之惡」、「助紂為虐」的

「佞臣」。（事實上，一九七四年「批林批孔」中不少文章說孔子是「巧偽人」，即是影射周為「佞臣」，不過用意不同而已。）這一道德判斷也有大量的事實為根據。

這種兩極化的評價恰合於古人所謂「仁者見仁，智者見智」，其間無調和的餘地，也不必調和，每個人儘可依據自己的觀點而選擇其中之一。我雖是學歷史的人，但對於中國傳統史學中褒貶觀點並無興趣。下面只想扼要地談談周恩來為什麼會落到鄧小平所說的「處的地位十分困難」的情況，以致於非「助紂為虐」不可。

我在去年為「人間」所寫〈打天下的光棍——毛澤東一生的三部曲〉一文中，已指出中共主要是由兩派「邊緣人」所構成的，一派來自城市，一派來自農村。這裡讓我再補充一下我的論點。所謂「邊緣人」是指中共黨內大多數的成分而言，並不包括初創黨時的少數領袖，如陳獨秀與李大釗。事實上，第三國際最初正是要陳、李這一類有聲望的人出面領導，才能有號召力。但通察中共黨史便可發現，黨內領導權是逐步向邊緣移動。陳獨秀在武漢以後便遭貶斥，李大釗如不先死也決無倖理。及至中共在城市暴動一再失敗，「革命」基地轉移到江西，領導權便更進一步從城市邊緣人轉入農村邊緣人之手了。這兩派邊緣人當然不可能是絕對的涇渭分明：城市知識分子也有出身農村的，農村邊緣人也有受過城市教育的洗禮的。但「革命」的重心究竟放在城市還是農村則是兩派分野的一條主線。三○年代中期以後，特別是中共進入陝北以後，兩派爭論基本上已成過去，中共已只能在農村中謀生存與發展了。這時城市邊緣人已不得不受農村邊緣人的支配，莫斯科的影響雖未中斷，卻已相當遙遠而微弱。正是在這一情況下，周恩來見機最早，向毛澤東全面輸誠，其象徵意義是非常重大的。

周恩來到延安以後便已澈底認識到：中共要想奪取全國政權，只有走毛澤東所規劃的「鄉村包圍城市」的路線。所以他臣服於毛，也許真是「心悅誠服」。至今中共黨內的意見仍認為毛在一九四九年以前「完全正確」，一九五六年以前大體上還算不錯。（例如李銳〈關於毛澤東功過是非的一些看法〉一文，收在《毛澤東的早年與晚年》一書中，貴州人民出版社，一九九二）說穿了，他們推崇毛的只有一件事，即打下了江山。甚至所謂「民主人士」中的老一輩人，包括梁漱溟在內，都對毛五體投地。其原因也在於他們對國民黨政權雖十分不滿，卻始終無可奈何。想不到毛竟能奇蹟般地完成這一「大業」。（可看戴晴、

鄭直淑〈毛澤東與梁漱溟的歷史公案〉，收在《毛澤東軼事》中，湖南文藝出版社，一九八九）

古人說，「君以此始，必以此終」，人在什麼地方成功，最後往往會在什麼地方失敗。中共靠毛澤東「得天下」，但也因毛澤東而終不能「治天下」。進城以後，城市邊緣人和集中代表了農村邊緣人的毛澤東便開始同床異夢了。周恩來和劉少奇、陳雲等人當然嚮往著蘇聯革命後所實施的經濟建設，但毛澤東卻仍陶醉在「打天下」的境界之中。（他駁梁漱溟「得天下易而治天下難」之說，特別強調「治天下固然難，得天下也不容易啊！」這是他們兩人一九五〇年第一次的談天，毛的心態已不可掩。）在第一個五年計畫實施之後，毛已不能忍耐「英雄無用武之地」的寂寞。他後來評《水滸》說，上了梁山泊，晁蓋便被「架空」，這種感覺大概在一九五六年便已浮現。他仍然要繼續「革命」，不能過正規化的日常生活（這正是韋伯所說的"routinization"）。這樣一來，周恩來便首當其衝。李銳說：

毛澤東終於把對他的個人崇拜當作他的理想社會的實踐手段之一。他不滿意周恩來主持的國務院的工作，特別不滿於一九五六年的「反冒進」，決定自己到前臺來親自抓工業、抓經濟，從而領導一場「大躍進」。（前引書，頁三一五）

對毛的「個人崇拜」早已起於延安時代，這是城市分子向毛臣服的一種表示，劉少奇首先提出了「毛澤東思想」的說法；一九四三年中共政治局又正式賦予毛以「最後決定之權」。毛的「絕對權威」已無人能違抗了。我清楚地記得，一九四九年五月間，我在上海讀到《大公報》上王芸生在北平所寫的一篇報導，說周恩來在一個集會上講話，強調人必須在政治上、思想上不斷追求進步，即使是毛主席也還沒有達到「爐火純青」的地步。但三天以後，王芸生立刻再發一則電訊，更正三天以前的報導，說周氏的原話是說只有毛才達到了「爐火純青」的程度。王芸生是最著名的記者，當時正取媚新政權惟恐不及，他不可能會鬧這樣大的錯誤。這篇講話，到了一九七八年十月才刊在《人民日報》上，題為〈學習毛澤東〉，原文也許已動過手術，但大旨確在說明毛澤東不斷在追求進步，至少可證王芸生的最初報導是正確無誤的。這個故事頗足說明周恩來為什麼對毛不得不百依百順。那時剛剛入城，周恩來也許想向外界表示一下他們的「黨內民主」，但黨內立即有了反應，也許是毛本人不悅，也許是左右諂媚之人的挑剔。終於逼使周不得不趕快否認對毛說過稍有「不敬」的話。城市邊緣人此時已挽不回鄉村「光棍」的強橫霸道了。經過這個風波，再加上一九五六年「反冒進」遭到毛的指斥，周恩來已嚇破了膽，從此「南人不復反矣」。

一九七八年我在北京參觀「歷史博物館」，其中有一個展覽是說明周恩來對毛澤東怎樣的無限忠誠和愛戴。展覽的文字說：毛在西柏坡時，有一次決定第二天到某一地方乘船，周則在當天晚上先到那隻船上，親自坐一坐毛明天要坐的椅子，看看有否舒適，是否安全。最後我又讀到毛的一個衛士記載：毛在一九四七年渡黃河時，周搶先在浮橋上走了一個來回，也是為了證明浮橋是不是穩當。這正是孟子所謂以「妾婦之道事君」，哪裡有半點「宰相」的體統？但我們也許不能用儒家的觀點來苛責於周，也許在周的心中，他已打定主意作「革命的螺絲釘」了。這裡面的分寸，只有周本人才知道，甚至連他自己也未必清楚。

周恩來作了二十七年的國務院總理，相當於古代中國的「宰相」。但是他在這二十七年中完全沒有施展自己抱負的可能，他所能做的是在毛澤東一而再、再而三闖下大禍之後，慢慢收拾殘局，但表面上他還要跟著一起闖禍，並鼓其如簧之舌極力說明毛的「禍」闖得好，正是「人民」所需要的。如果以傳統的「宰相」來衡量他，他如何能望王安石、甚至張居正於萬一？如果以西方的政治家來衡量他，他又何曾有半點足以稱道的「政績」？然而在他來說，這確確實實是「非不為也，乃不能也」。他所處的是「亂世」、所事的是「暴君」，空具一身才能而無所展布。「霸才無主始憐君」（溫庭筠〈過陳琳墓〉句），大可以借以詠周恩來了。所以，將來在中共的歷史上，他的地位還會在鄧小平之下，因為後者畢竟開創了自己的時代。

一九九四年六月二十四日

談魯迅與周作人

對於「五四」以來的新文學我是門外漢，至於更遲一點的所謂「革命文學」我更是連面也沒有見過，所以我是完全沒有資格談現代文學的。現在忽然心血來潮想談談魯迅和周作人兩兄弟則是從中國傳統所謂「知人論世」的觀點出發，與文學藝術都無關係。孟子說：「讀其書，不知其人，可乎？是以論其世也。」我明知這是一個非常陳舊背時的觀點，但我是讀舊歷史出身的，結習難除。好在用新觀點講這兩個人的，特別是魯迅，今天觸目皆是，也用不著我來湊熱鬧。

首先我想說的是這兩兄弟同時在現代文壇上各擅勝場真是一大佳話。中國文學史上當然也不乏前例，如建安時代的曹氏兄弟、北宋的蘇氏兄弟、和公安三袁之類。但這畢竟是數百年才得一見的。

更奇的是這兩兄弟的結局卻有天淵之別，魯迅成了革命的「聖人」，周作人則淪落為人人不齒的「漢奸」。這卻在中國文學史上找不到前例了。其實兩人的升沈榮辱不待蓋棺便已論定。早在三〇年代，青年人受左傾思潮的影響，已把魯迅捧到了九天之上，而把周作人踐踏在腳下了。所以魯迅死了，當時青年人便不許周作人寫關於魯迅的文字，落伍甚至反動的周作人怎麼配談偉大的魯迅的學問呢？

如果今天我們撇開政治恩怨，實事求是地研究周氏兄弟的成學過程，我們會承認他們之間終是所異不勝其所同。他們中外文學書都讀得多，而且範圍也很相近。看他們的小品雜文便可見他們在明清掌故、小說、筆記、野史等方面，都涉獵得很廣。他們也同受教於章太炎的門下，雖未傳章氏的專門絕業，但國故學的常識都十分豐富，而且品味很高。他們文筆都洗練警拔，那是不必說的，儘管因性格不同而有刻削與淡雅之別。在他們兄弟未反目之前，兩人的思想也並不差得那麼遠，所以有時同用一個筆名，外人也難以分辨。現在《魯迅全集》中，便難保沒有誤收周作人的文字在內。

他們兄弟最後榮辱分途也許是性格不同和時代風氣所共同造成的。魯迅激烈而倔強，「橫眉冷對千夫指」不失為忠實的自畫像。這種性格一旦捲入激進思潮之中便不免要一洩千里了。周作人至少在早年和中年的文字中都表現了一種平淡和有節制的傾向，但生在亂世而變幻無端，弄得不好便會轉為與世浮沈了。周作人也未嘗不罵世、未嘗不暴露黑暗，但寫的東西較多含蓄，缺乏刺激性，激進者讀來總嫌不夠味道。二十世紀上半葉中國的多數年輕讀者似乎都不大能欣賞「哀而不傷」、「怨而不怒」的境界了。

我很喜歡魯迅早期的作品，那些文字都是詛咒黑暗的，但含有一種深沈的力量。我想這也許因為它們所體現的是一種「無我之境」，借用王國維的話說。魯迅「有我之境」的作品都不是我所能欣賞或瞭解的。一類是出於個人恩怨而刻毒咒罵的文字，如罵章士釗、罵「正人君子」陳源教授、罵梁實秋等。魯迅在這裡顯出了睚眦必報的面目，不是使人畏懼，而是使人厭鄙。而且他毫無認錯的勇氣。例如梁實秋用「褒貶」這個動詞，他卻譏笑梁實秋，又褒又貶，根本不通。後來雖經梁實秋指出這是北平土語，他卻裝作未見，置之不理。即使他不懂北平話，難道太炎門下連複詞偏用也不知道嗎?另一類更可怕，那是他自居左翼大宗師的文字。他罵徐懋庸、罵「四條漢子」之類本屬狗咬狗的東西，是非曲直外人無從判斷。不過我讀了總不免要聯想到假洋鬼子不許阿Q革命的故事。魯迅自己也經常扮演假洋鬼子的角色。有一群所謂「托派」的青年相信他正直無私，曾寫信求他主持一點公道，他的回信冷酷殘忍到簡直令人難以想像。這真正是他說的「痛打落水狗」。《新月》雜誌因為批評國民黨而遭到麻煩，他不但沒有表示任何一點聲援和同情，反而冷嘲熱諷，意思是這些軟骨頭的小資產階級也配反抗嗎？

魯迅早年的骨頭是很硬的，但不知怎的，晚年緊跟黨的路線以後，頗有點欺善怕惡的氣息。在三〇年代他罵的對象都是比較安全的，最奇怪的他罵日本卻罵得很少，至少不成比例。也像阿Q一樣，他只摸小尼姑的臉，連小D也不大敢惹。從作品看，似乎有兩個不同的魯迅，到底哪一個是真呢？還是魯迅也會變呢？

最難解的還是魯迅死後忽然變成了偉大的思想家。最初魯迅眼中的中國無論過去、現在、和未來都是一團黑暗，除非讀外國書，變成了外國，中國將沒有光明的一天。最後他終於在蘇聯那裡看到了光明。難道這就是他成為偉大的思想家的所在麼？他「痛打落水狗」

和「即以其人之道還治其人之身」的思想確有了偉大的傳人，這當然也是他贏得這個稱號的另一根據。在我看來，魯迅是二十世紀中國否定意識的化身，思想云乎哉！

周作人則是另一個典型。我對於他接受偽職一事倒並不覺得需要特別加以責難，何況最近大陸有關的討論已指出這件事是中共地下黨奉命促成的。但這種事口說無憑，如何認得真？這是他不及其老兄練達之處。周作人的最大失策是晚年寫了一本《知堂回想錄》。他本來給人的印象是沖和淡雅，上面已說過了。在《回想錄》中他依然想保持這個公共形象。對於下水和後來入獄的事，他也一再表示一種不屑置辯的態度，並且引倪雲林的話，「一說便俗」。但他的「不說」是假的，以致在《回想錄》中一說再說。譬如他為何被日本人看作是「反動老作家」，甚至是奉命至北平作抗日的地下工作的。國民黨判他坐了一千一百五十天的監牢，他憎恨國民黨政權是人情之常。但他寫出獄以後的心情竟是興高采烈地「迎接解放」，那就未免是媚世違心之言了。他難道完全不知道，在他受審期間，左派報刊對國民黨施多大的壓力，惟恐法院判他無罪釋放？一九四六年十月十二日傅斯年給胡適寫信，特別警告他不能再說「我與周作人仍舊是朋友」之類的話，因為上海《文匯報》與左派小報都「嚷成一片」，以此為攻擊胡適的口實。最不可恕的是他也落井下石，隨聲附和地痛斥胡風。他還向中央表功，說他曾托王古魯勸胡適不要走，他也同樣勸過史學家陳垣。但陳留而胡去，可見還是援菴老人眼光遠大云云。看到這些文字，我感覺周作人的淡雅恐怕也是平時無事裝出來的，遇到考驗就原形畢露了。

魯迅幸而死得早，變成了「革命聖人」；周作人不幸而活得太長，竟應驗了他所引的「壽則多辱」那句古語。他們兩兄弟都精明得很，並不是沒有看到「身後是非」的問題。但是「知及之，仁不能守之，雖得之，必失之。」這也是命運對於個人的作弄。總之，周氏兄弟在二十世紀中國文學史上必然占很高的位置，這是可以肯定的。但是後人若懷著什麼其他不可告人的目的把他們捧得太高（魯迅）或貶得太低（周作人），恐怕都會得到相反的效果。

談郭沫若的古史研究

一、古史研究與想像力

郭沫若最早是以《女神》詩集蜚聲於中國文壇的。對於新詩，我完全沒有評論的資格。但是看到我所喜歡的《死水》詩人聞一多對《女神》的高度禮讚（見〈女神之時代精神〉和〈女神之地方色彩〉兩文），我深信郭沫若在新詩上的造詣必是非常卓越的。我也讀過他的自傳和雜文，對他的汪洋恣肆的文體更有深刻印象，不過我在這裡要談的並不是新詩人郭沫若，而是古史研究者郭沫若，雖然這兩者之間是密切相關的。

郭沫若在一九三〇年發表了那部著名的《中國古代社會研究》的論文集，其中〈卜辭中的古代社會〉一文最受時人重視。這篇文字一方面運用了卜辭史料，一方面又參考了早期人類學（摩爾根《古代社會》）的觀念，在當時確使治中國古史者為之耳目一新。但這篇論文的基本根據則取之於王國維的《殷周制度論》。王氏是以卜辭治商史而創獲最多的人；這篇震撼一時的論文則融會新舊史料，提出了一個系統性的歷史觀察。他認定殷、周之際，表面上只是一家一姓的興亡，而實質上則是「舊制度廢而新制度興；舊文化廢而新文化興」。所謂「新制度」主要即指由嫡庶之分而衍生的宗法、封建等禮制；由男女之別而衍生的「男子稱氏，女子稱姓」和同姓不婚等禮制。在後一項中，他特別引卜辭以證商人祭法是「先王、先公、先妣皆有專祭」。這裡王氏雖未用「母系社會」的概念，但其涵義已呼之欲出。郭沫若便從這裡引出了商代是「母系中心的氏族社會」的理論。根據馬克思主義的歷史觀，王國維所謂「殷周之際」的「大變革」在郭沫若便順理成章地解釋為從原始共產社會進入奴隸制時代了。

稍知學問甘苦的人大概都可以看出，郭沫若寫這篇文字時，在古代研究上還談不到有什麼深厚的功力。他是憑著他的聰明，以四兩撥千斤的巧勁，把王國維的創獲挪為己用。

換句話說，他是借王國維的功力為自己的功力。《中國古代社會研究》一書當時頗有開風氣之功，但無論是整體的論斷、史料的根據或局部的考證都存在著許多問題。所以後來他自己也承認「實在是太草率、太性急了」（見《十批判書》中〈古代研究的自我批判〉章）。而且王國維寫《殷周制度論》時，安陽考古發掘尚未開始，故王氏所強調的殷、周之際的種種變革後來已因大批新卜辭的出現而有點站不住了。（可看胡厚宣《甲骨學商史論叢》和陳夢家《卜辭綜述》最後一章的第一節）尤其應當指出的是王氏寫《殷周制度論》，是「於考據之中寓經世之意」，即對於民國初年社會現實的改造有所主張。這一點是我近來讀到他在一九一七年九月十三日給羅振玉的信才知道的。（見《王國維全集．書信》，中華書局，一九八四）這樣看來，王氏最初論旨已頗涉主觀，郭沫若在這個基礎上加以推衍，並寓以另一種「經世之意」，自不免失之更遠了。

但是郭沫若在《中國古代社會研究》撰寫的前後確已開始全力投入甲骨和金文的研究工作。幾年的努力使他在這兩方面都取得了引人注目的成績。他雖然沒有正式受過清代「小學」的專門訓練，但由自修得來的古文字學知識，根據楊樹達的估計，這「固非一般淺學後生所能及」(見《積微翁回憶錄》,上海古籍出版社,一九八六,頁三六七)。郭沫若以新詩人一變而為甲骨、金文的專家,大家都說他聰明絕頂。他的聰明自是不在話下,其實他以殷契周金治史正得力於他是詩人。甲骨、金文在門外漢看來好像是一個字一個字地辨識出來的,非日積月累不能為功。事實上治此學的人在具備了關於古史和古文字學的基礎知識之後,最重要的是要有豐富的想像力,把初看毫不相關的東西聯繫起來,從而展示出全新的意義。所以在這一方面有特殊成績的現代學人都有很高遠的想像力,而且從他們的成學過程看,其發展往往是飛躍式的。如王國維一九一二年東渡日本後才開始讀《說文》、治清代小學書,並研究三禮注疏,但四、五年間便已大成。《殷卜辭中所見先王先公考》、《殷周制度論》等都成於一九一七年。陳夢家發現他早期在羅振玉《殷虛書契考釋》上所作的箋注還有不少「懸空設想而不甚確鑿的推測」(見陳氏《殷虛卜辭綜述》第二章)。其實這便是王氏的想像力在開始馳騁的表現。王氏治卜辭主要是為了連繫各種文獻以考古史,不僅在一字一句之間,因此想像力更為重要。由他釋出的新字不過十幾個,然而都是考古史上的最關鍵的字,如「王亥」的發現即是一例。郭沫若研究卜辭基本上追隨著王國維的道路，又有王氏的典範在前，更易著力，因此他也能在幾年之內達到飛躍的階段。行內的人大致都承認：郭沫若在甲骨和金文上的功力決不足和王國維相比，更沒有後者在經史上的深厚造詣，然而他談言微中，往往有之，其才智誠有過人之處。其實如果我們認識到詩人的想像力在古史研究上的無比重要性，那麼對於郭沫若在這一方面的成就便不會特別感到驚異了。史學和想像力之間的關係現在越來越受到史學界的注意。一九八〇年牛津大學史學教授 **H. R. Trevor-Roper** 作退休演講，便以「史學與想像力」（*History and Imagination*, Oxford: Clarendon Press, 1980）為題，指出沒有想像力的人是不配治史的。他是研究歐洲近代史的人，尚如此立說，古代史的空白點更多，那便更需要高遠的想像力來填補了。郭沫若擅於想像，而時有妙解，我不妨舉一個人人都能理解的例子為證。一九一七年王國維曾跋在保定發現的「商三句兵」，此三器分別銘祖、父、兄三世，每器上有好幾個名字，都是直書而並列的，但第三器父與祖同列。其人皆以日為名，如「祖日丁、祖日乙」、「父日癸、父日辛」、「兄日戊、兄日壬」之類，王氏斷定為殷制。郭沫若受此銘的啟示，竟聯想到《大學》所引「湯之盤銘」上去。他在《燕京學報》上發表了一篇短文（〈湯盤孔鼎之揚搉〉），說「苟日新、日日新、又日新」的原文當是「兄日辛、祖日辛、父日辛」。或又因兄、祖、父三名並列於一器，而上端稍有泐損，《大學》的作者遂誤讀「兄」為「苟」、「祖」為「日」、「父」為「又」，把原銘改造成一句道德的訓誡。當時吳其昌讀此文，大為佩服，以郭釋殆不可易。其實這只是一個永遠不能證實、也無從否證的猜測，但是他從想像力而生的巧思也由此可見其一斑。（此文後收入《金文叢考》）說到這裡，我要特別指出一個有趣的現象，即現代以甲骨、金文治古史而卓然有成者頗不乏詩人出身。王國維不但在三十五歲以前專門研究哲學和文學，而且在古典詩詞方面也有過人的造詣。他在現代可以說是第一流的古典詩人。繼郭沫若之後，聞一多和《新月》詩人陳夢家也是從新詩人一變而為甲骨、金文的研究者的。這個現象決不是偶然的巧合，詩的想像和史的想像之間似乎存在著一道互通往來的橋樑。

二、拿點「東西」來「打」胡適

郭沫若為什麼會走上古史研究這條路呢？據我讀他前後各種著述所得的印象，其中一個最主要的動機是他立意要打倒胡適，並取而代之。胡適先以倡導白話文運動而「暴得大名」，稍後又以《中國哲學史大綱》一書而占據了中國文史學界的中心地位。「五四」恰好是一個人才輩出的時代；在胡適那一代之中，才氣和中國舊學都和他不相上下的人所在多有。其中頗有些人對胡適是既妒羨又不服氣的。試舉一個有趣的例子。一九二〇年郁達夫從日本回國，道經北京，寫了一封信給胡適，用一種非常曲折的方式表示很仰慕他，希望能有會面的機會。信的結尾寫道：

我的信的最後的目的，已經說出了，你許不許我，我也不能預料。然而萬一你不許我的時候，恐怕與我的 dignity（尊嚴）有些關係，所以我現在不能把我的名姓同我的學籍通知你。你若說肯寫回信來，約我幾時幾日在何處相見，請你寫下記好 address（地址）就對了。（見梁錫華選注《胡適秘藏書信選》，《續篇》，臺北，遠景，一九八二，頁九四二—九四四）

最妙的是信尾署名是“James Daff Yowen”。毫無可疑，Daff 便是「達夫」，Yowen 則是他的本名「郁文」。可惜胡適在這一年沒有寫日記，我們已無從知道這件事的下文如何，但郁達夫的企羨、自負、矜持等等複雜的心理在這封隱名信中顯露無遺。由於胡適在當時已成為許多青年學生的一個偶像，郁達夫雖然也渴望和他見面，卻又怕胡適僅僅把他看作一個普普通通的仰慕者而置之不理。兩年以後，胡適為了英文翻譯的問題在《努力》上對郁達夫說了一點輕視的話，終於損害了他的「尊嚴」，並激怒了全部創造社成員，包括郭沫若、成仿吾在內。《胡適的日記》一九二三年五月二十五日條記云：

出門，訪郭沫若、郁達夫、成仿吾。結束了一場小小的筆墨官司。

指的便是這件翻譯的公案。郁達夫是一個性情中人，事後對胡適似乎已不存太多的芥蒂。郭沫若則不然，他對胡適妒羨之心最切。一九二三年十月十三日郭沫若在「和解」之後邀胡適、徐志摩吃飯，酒醉之後，聽說胡適曾欲評《女神》，細讀了五天，不禁大喜，竟抱住胡適接吻。關於這一幕，胡適和徐志摩的日記中都有記載，可見郭沫若內心深處也是十分看重胡適對他的評價的。但是他後來在《創造十年》中追敘這一段交往卻對胡適作了極其輕薄的描繪。

郭沫若和郁達夫在性格上截然不同，後者確是一個浪漫的文人，率真而放達。郭沫若早期作品雖也富於浪漫的色彩，但其人則極有城府，力爭上游的慾望特別強烈。聞一多對羅隆基曰：

> 歷來干祿之階不外二途，一曰正取，一曰逆取。脅肩諂笑，阿世取容，賣身投靠，扶搖直上者謂之正取；危言聳聽，譁眾取寵，比周謾侮，希圖倖進者謂之逆取。足下蓋逆取者也。（見梁實秋《談聞一多》，臺北，傳記文學出版社，一九六七，頁一〇四）

郭沫若則是「正取」、「逆取」，交互為用，因時因地因人而異。魯迅罵他是「才子加流氓」，其實並不完全中肯。說穿了，他只是不甘寂寞、怕落人後，同時更恥居人下。一九五〇年一月二日曾琦在胡適的紐約寓所中談起了郭沫若。胡適的記錄如下：

曾琦、劉東巖兩先生來談。曾君見郭沫若的〈斯太林萬歲〉詩，因說：「郭沫若是無行文人，他從前想加入少年中國學會，我已推薦他了，但李石岑等人不贊成。後來我介紹他與宗白華通信，沫若有一封信上說：

慕韓（即曾琦）與太玄（即周無），望之如天上人。我乃墮於污泥之中而不能自拔。……此信見《三葉集》。可見沫若是慣做阿諛文字的。」

曾琦的回憶不但生動地刻劃出郭沫若不甘寂寞和恥居人下的性格，而且也使我們知道他的「正取」手段早在「少年中國學會」時代（一九一九年「五四」以後才正式成立）便已有精彩的表演了。但是我引曾琦的話，並不是要對郭沫若的「文人無行」加以道德的判斷。我只是想藉此指出，連曾琦、周無在他眼中都「望之如天上人」，那麼胡適豈不更當在

「三十三天之上」了嗎?這就難怪胡適對他略假辭色，他便情不自禁地「遽抱而吻之」(徐志摩語)了。

但郭沫若終不甘久居人下，因此在北伐時期他加入了共產黨，走上了「革命」的道路。這正是所謂「逆取」。寧、漢分裂以後，「逆取」之路走不通了，他亡命日本，於是開始了十年的古史研究。

郭沫若這時已是一個馬克思主義者，他的古史研究在理論上完全依附於恩格斯的《家族、私有財產和國家的起源》，並通過恩格斯而接觸了摩爾根的《古代社會》。他自己也公開承認他的工作是把恩格斯的理論引申到中國古史研究上來。如果他的《中國古代社會研究》中只有唯物史觀，而沒有卜辭、金文，其書縱使能憑著他的文名而暢銷一時，卻不會受到學術界的注意。但郭沫若畢竟聰明過人，他看準了他必須在考證工作上打一場硬仗才能在主流史學界取得真正的發言權。因此他選擇了甲骨、金文的考釋，這是最適於詩人想像力馳騁的領域。尤其他念念不忘要取代胡適的領導地位，更非走這條路不可。因為他知道胡適的學術聲望不僅來自提倡白話文學，而且更由於《中國哲學史大綱》的示範作用。

甲骨和金文自羅振玉、王國維以來特別成為一時的顯學，卻恰好在胡適的研究範圍之外。所以我們不能不承認，郭沫若的選擇是非常聰明的。

郭沫若研究古代中國從一開始便擺出一副和胡適對壘的姿態。他在《中國古代社會研究·自序》上說：

胡適的《中國哲學史大綱》，在中國的新學界上也支配了幾年，但那對於中國古代的實際情形，幾曾摸著了一些兒邊際？社會的來源既未認清，思想的發生自無從說起。所以我們對於他所「整理」過的一些過程，全部都有重新「批判」的必要。

他要打倒胡適，奪取學術界的「支配」地位，在這篇〈自序〉中已和盤托出了。但是我們怎麼能確定他治古史的一個主要動機是要與胡適爭名呢？關於這一點，他在一九五二年《金文叢考》的〈重印弁言〉中留下了直接的供證。在這篇親筆墨書的文字中，他寫道：

但在這裡，我想附帶著敘述兩件我自己的心理過程：一件是我所懷抱的挑戰意識，另一件是我所冒犯的沈溺的危險。

我要向誰挑戰呢？我準備向搞舊學問的人挑戰，特別是想向標榜「整理國故」的胡適之流挑戰。……

胡適之流，代表買辦階級的所謂「學者們」，在當年情況，更自不可一世。胡適曾大言不慚地這樣說過：「今年（一九三六年）美國大選時，共和黨提出格法諾・蘭登來打羅斯福——有人說：你不能拿沒有人來打有人。我們對於左派也可以說：你不得拿沒有東西來打有東西。只要我們有東西，不怕人家拿沒有東西來打我們。」這位標準的買辦學者，你看他是怎樣盲目而無知，因此，我就準備拿點他們所崇拜的「東西」來「打」這個狂妄的傢伙。結果呢？我們今天也已經看得清楚，那自稱「有東西」的傢伙究有的是什麼東西了。

一九五二年當然是郭沫若躊躇滿志、意氣風發的時刻。胡適已流亡在紐約，而他卻是中共科學院的院長，不但取代而且遠遠超過了胡適從前在中國大陸學術界的地位，因為胡適一直是被人公開攻擊的，即使晚年在臺灣也不例外。至於〈弁言〉中所說的「沈溺的危險」則是指他考釋甲骨、金文幾乎到了流連忘返、「玩物喪志」的地步。然而他在結尾時滿懷感激地說：

是時代拯救了我，是毛澤東主席所領導的人民革命拯救了我，使我臨到了沈溺的危境，而沒有遭到滅頂之災。

這就說明他的古史研究只是手段，而不是目的。這一篇短短的〈弁言〉透露出他不但以「逆取」而奪得了學術界最高的名位，而且還深知怎樣以「正取」來長保此名位。這更是胡適所望塵莫及的了。

不過郭沫若在這裡不免有點過於得意忘形，他在痛罵胡適「盲目而無知」的時候竟暴露了自己的「盲目而無知」。他引胡適那一段話見於胡適一九三六年十二月十四日給蘇雪林的一封信。（見《胡適秘藏書信選》，頁九九二）蘇雪林把這封信發表在武昌出版的《奔濤半月刊》創刊號上（一九三七年二月），被郭沫若看見了，一再引為口實。

我記得以前他至少已痛罵過一次，這大概是第二次「梟首示眾」了。該死的「買辦學者」胡適，原信竟滿紙英文。原文是這樣寫的：

> 今年美國大選時，共和黨提出 Governor Landon 來打 Roosevelt，有人說："You can't beat somebody with nobody"。我們對左派也可以說："You can't beat something with nothing"。只要我們有東西，不怕人家拿「沒有東西」來打倒我們。

胡適也許因為"nobody"和"somebody"在原文是雙關語，即有「微不足道之人」和「重要的人」的涵義，無法直譯成中文，因此才照引原語。這一點關係不大，姑且放過。妙的是郭沫若把 Governor Landon 譯成了「格法諾．蘭登」，硬把當年共和黨的總統候選人 Alfred M. Landon 改了名字。（蘭登當時是堪薩斯州的州長，所以報刊上以 Governor Landon 稱之。）中國學人不通英文毫不可恥，且可免「買辦」之嫌。但郭沫若是譯過英文詩的人，而且為了英文翻譯的問題還和胡適打過筆墨官司，自負對英文的理解能力未必在胡適之下。現在為了指斥胡適「盲目而無知」，又自作聰明把胡適原文中的英文一一譯成中文，然而竟把"Governor"這樣一個最普通的字音譯為「格法諾」。譯者的詩人想像力誠然可驚，但卻遠遠不是我們普通讀者所能想像的了。如果當年胡適讀了這篇〈弁言〉反問這位「中國科學院院長」：「難道『格法諾』也是你的『東西』之一，拿來『打』我胡適這個『狂妄的傢伙』的嗎？」我不能想像郭沫若究竟會怎樣回答。

由於郭沫若治古史別有目的——政治的和個人的，因此他對同行的學術評價並沒有任何客觀的根據，往往隨個人好惡和政治氣候而變動。甲骨和金文的研究本屬於高度專門性、技術性的學問，自清末以來早已形成了一種比較客觀的傳統，研究者的成績照理說應該是相當確實的。例如甲骨研究的「四堂」（羅雪堂、王觀堂、董彥堂、郭鼎堂）便是學術界所公認的。郭沫若研究卜辭自開始到抗戰時期，曾一再推崇董作賓（彥堂）在斷代方面的「輝煌功績」。尤其是在他編《卜辭通纂》的期間，董作賓曾提供他安陽新出土的卜辭拓本。但一九五〇年二月，他寫《十批判書．改版書後》，僅僅因為董作賓不同意他的殷代是奴隸社會說，便直斥董氏「假充內行」、「無知」了。他真為魯迅「一闊臉就變」的詩句添了一個最生動的例證。一九五三年九月二十三日楊樹達在日記中寫道：

郭沫若來書……云董某妄人，其說未可盡信。記《卜辭通纂》曾言讀董斷代研究例，拍案叫絕，今乃斥為妄人，鼎堂真妙人哉！（《積微翁回憶錄》，頁三七三）

楊氏這裡用了「妙人」兩字，真令人回味無窮。

胡適對於學術的態度恰好和郭沫若形成了有趣的對照。胡適對於郭沫若其人自然毫無好感。抗戰以後，他們兩人在政治上已完全處在敵對的立場上。一九四七年二月二十二日胡適「給王雪艇的信」上說：「聽說郭沫若要辦七個副刊來打胡適。」（見胡頌平《胡適之先生年譜長編初稿》，第六冊，臺北，聯經，一九八四，頁一九六〇）但同年五月二十二日，胡適為中央研究院第一次院士選舉「人文組」擬提名單，在「考古及藝術史」項下寫了下列四個名字：

董作賓，郭沫若，李濟，梁思成。（《胡適的日記》手稿本，第十五冊，臺北，遠流出版公司，一九八九）

這四個人都在一九四八年三月二十七日當選了。胡適親筆提名郭沫若為第一屆人文組考古門的院士候選人，這件事是我以前完全不知道的。可見胡適仍然承認郭沫若在甲骨、金文研究上的客觀成就。

這不僅是胡適和郭沫若個人之間的對照，而且也反映了多元的自由主義和一元的馬克思主義在學術觀點上的基本分歧。

三、「太平《覽》、《記》分明在，莫道人間總不知！」

郭沫若古史研究的最後結晶是《十批判書》和《青銅時代》，但前者更為重要，因為那是一部有計畫、有系統的著作。出版以來，《十批判書》所引起的注意也遠在《青銅時代》之上。一九五〇年以後，他事實上已無時間也沒有興趣從事嚴肅的古史研究了。我們只要翻一翻一九六一年出版的《文史論集》，便可以瞭解他在十年之中實在沒有什麼研究成績。至於文革後期出版的《李白與杜甫》，那是和章士釗的《柳文指要》屬於同一性質的作品。如果將來有人寫一部《中國曲學阿世史》，那麼這兩部書都必將在其中占據著非常顯著的地位。但在這裡我就不必浪費筆墨了。

《十批判書》從中國古代的社會結構和發展開始，然後比較全面地「批判」先秦各家的思想。不用說，在他的心目中，這部書已正式宣判了胡適《中國哲學史大綱》的死刑。所以他在〈後記〉中有時指斥別人「仍在梁（啟超）胡（適）餘波推蕩中」，有時則乾脆宣布「今天已不是梁任公、胡適之的時代」。其絃外之音是很清楚的。

那麼《十批判書》在學術上的價值究竟如何？我們能不能撇開一切成見對它作一個比較客觀的評估呢？先後瀏覽所及，我認為齊思和在《燕京學報》第三十期（一九四六年六月二十四日出版）所寫的一篇簡短書評是最值得特別向讀者介紹的。現在讓我把它的要旨摘錄於下：

郭氏為當代大文學家……近十餘年來更由文學而究心古代文字，由文字而研究古代社會制度，近更由制度而推究古代思想，亦多所創獲，有盛名於當世。然郭氏本為天才文人，其治文字學與史學，亦頗表現文學家之色彩。故其所論，創獲固多，偏宕處亦不少，蓋其天才超邁，想像力如天馬行空，絕非真理與邏輯之所能控制也。如此書置自我批判於孔子批判之前，且以自我批判起，以自我介紹終，無不表現文人自誇心理也。

此書既專為研究古代思想而作，若以哲學眼光觀之，則遠不如馮友蘭《中國哲學史》創獲之豐，思想之密。……吾人閱畢郭氏之書，頗難得新見，而郭氏之所矜為新見者，如以孔子為亂黨，亦多非哲學問題。且多有已經前人駁辨，而郭氏仍據以為事實者（如佛肸招孔子事）。故是書於先秦諸子之考證，遠不及錢穆《先秦諸子繫年》之精，論思想則更不及馮友蘭氏之細，二氏書之價值，世已有定評，而郭氏對之皆

甚輕蔑，亦足見郭氏個性之強與文人氣味之重矣。（頁三一一）

齊思和是戰國史專家，早年在哈佛大學攻歐洲中古史與美國史。他既不追隨胡適、傅斯年的史料考證學派，也不曾參加顧頡剛的疑古辨偽，更不是中國文化本位論者。當然他也不相信馬克思派的唯物史觀。他只是一個受過現代學術訓練的史學家。更重要的是他和任何政治黨派都無關係。所以他寫這篇書評雖不能說完全沒有成見，但至少對郭沫若不存在著個人好惡的問題。他斷定《十批判書》在思想上缺乏馮著《哲學史》的深度，在考證上不及錢著《諸子繫年》的精到，是相當公允的。

但是齊思和沒有細校《十批判書》和《諸子繫年》兩書在考證上的異同，他也不可能想像以郭沫若當時的「盛名」竟會大量抄襲《諸子繫年》的考證。這一竊案是我在一九五四年以兩書互校後發現的。這篇〈「十批判書」與「先秦諸子繫年」互校記〉現已重加修訂，收入我的《猶記風吹水上鱗》一書（臺北，三民書局，二〇〇二，四版）。但最近我無意中發現〈互校記〉中有一矛盾現象，使我不得不重新檢查資料。不料檢查的結果，我更進一步認識到郭沫若不但抄襲，而且抄襲得十分匆促而粗糙。讓我把檢查的結果簡略地報告如下。

〈互校記〉引《十批判書》中關於稷下的考證有下面這一段：

所謂「稷下」是在稷門之下，稷是齊國國都的西門。劉向《別錄》云：「齊有稷門，齊之城西門也。外有學堂，即齊宣王所立學宮也。故稱為稷下之學」（《太平御覽》卷十八益都條下所引）。（見《十批判書》訂正本，群益出版社，一九五〇，頁一五九）

我引《先秦諸子繫年》的文字如下：

稷下者，《史記．田齊世家》（集解）引劉向《別錄》云：「齊有稷門，城門也。談說之士期會於稷下也。」原雙行夾注云：《太平寰宇記》卷十八益都下引《別錄》云：「齊有稷門，齊之城西門也。外有學堂，即齊宣王立學所也，故稱為稷下之

學。……」（見《諸子繫年》商務版，一九三五，頁二一五—二一六；香港大學出版社增訂版，一九五六，頁二三一—二三二）

兩相對照，《十批判書》所引劉向《別錄》之文出於《太平御覽》卷十八益都條下；而《諸子繫年》雙行夾注所引《別錄》之文則出於《太平寰宇記》卷十八益都條下。兩文基本相同，卷數與條目亦同，應出同一史源，但卻有《太平御覽》與《太平寰宇記》之異。最初我以為必是我抄錄時的筆誤，把《十批判書》中的《太平寰宇記》誤寫成《太平御覽》了，因為後一書是沒有行政地理的分類的。但是我再次檢查《十批判書》時，《太平御覽》四個字竟赫然在目。這個事實簡直連我也難以接受了。我雖然明知郭沫若引《別錄》此段必是從《繫年》轉手而來，但我想他轉引時至少曾核對了原文。因此我在過錄《繫年》和《十批判書》時，竟未一字一句的對校，這是我的疏忽。陳垣告誡初學即對這一點反覆叮嚀，所謂「引書非親睹不可也」（見陳智超編注《陳垣來往書信集》，上海古籍出版社，一九九〇，頁六八八）。我確實沒有料到他抄襲得如此匆促，連書名都沒有看清楚。《諸子繫年》

引原文云：「外有學堂，即齊宣王立學所也」。《十批判書》竟擅易下半句為「即齊宣王所立學宮也」。郭沫若在這裡不但膽大妄為，而且改得不通了。一句之中何能「學堂」、「學宮」重沓混用？且文獻中亦從無「稷下學宮」之稱。《諸子繫年》下文引徐幹《中論》有「稷下之宮」四字，郭沫若也襲用了，或因此而發生錯覺。我為此特別查證了《太平寰宇記》(嘉慶八年重校刊本，卷十八，葉五下)，《諸子繫年》所引不誤，郭沫若抄《繫年》時才出現了異文。這恐怕是他有意無意之間企圖掩飾抄襲之跡而有此英雄欺人之舉，不能完全歸之於抄襲時的匆忙和粗心了。我又檢查了《十批判書》的其他版本，發現至少一九五四年人民出版社的重印本（頁一五三）仍襲沿著這個錯誤。一九八二年《全集》本則已將《太平御覽》改正為《太平寰宇記》(頁一五六）了，然而「即齊宣王所立學宮也」的誤句卻依然原封未動。《全集》本的編輯在郭沫若死後，我們現在還不能判斷是他自己生前已發現了書名錯誤？還是《全集》的編者代他校改的？無論如何，由臆造的不通之句的存在，我們可以確定他至死也未「親睹」他所轉引的《太平寰宇記》。郭沫若之所以如此大膽抄襲，以致連《太平御覽》和《太平寰宇記》都不加分辨，而且還公然改易文句以欺人，正是因為他自負是古史「權威」，相信讀者決不敢懷疑他的論據。即使像我這樣懷疑的讀者，也完全想不到他竟會妄誕至此，所以兩次都被他瞞過了，可見陳垣論考尋史源的兩句金言：「毋信人之言。人實誑汝。」確顛撲不破。但是史料具在，學術欺詐終究不能行之久遠，我寫此節竟，忍不住要套用兩句舊詩說：「太平《覽》、《記》分明在，莫道人間總不知！」

其實《十批判書》大量襲用《先秦諸子繫年》的考證，今天在大陸學術界也已是公開的秘密了。我最近讀到羅義俊的《錢穆傳略》，收在《晉陽學刊》編的《中國現代社會科學家傳略》第十輯（太原，山西人民出版社，一九八七）。其中論及《諸子繫年》時說：

《先秦諸子繫年》並非全無可商榷之處，但這決不掩其為近代學術史上的名作，「劃時代的巨著」。學術界特別是治先秦諸子的至今猶受其惠，郭沫若的《十批判書》在史料上得益於《先秦諸子繫年》者就甚多；可以說，至今仍沒有一部相同類型的著作能夠代替和超過它。（頁三〇八。按：這篇〈傳略〉是邵東方先生為我費心找到的，特此致謝。）

但是郭沫若對於一部「得益甚多」的書不但在《十批判書》的正文中隻字不提，而且還特別在〈後記〉中「對之甚輕蔑」，這就構成學術上最嚴重的抄襲罪(plagiarism)了。王國維認為戴震「自視過高，鶩名亦甚」，竟至掩襲全祖望、趙一清的《水經注》成績，因此十分沉痛地說：

> 凡此等學問上可忌可恥之事，東原胥為之而不顧，則皆由氣矜之一念誤之。至於掩他人之書以為己有，則實非其本意，而其跡則與之相等。平生尚論古人雅不欲因學問之事，傷及其人之品格。然東原此書方法之錯誤，實與其性格相關，故縱論及之，以為學者戒。當知學問之事，無往而不當用其忠實也。(〈聚珍本戴校水經注跋〉，收在《觀堂集林》卷十二)

但戴校《水經注》一案，情形十分複雜，因此胡適化了二十年的時間，要為戴氏作平反，其案迄今未定。郭沫若在學問上的造詣固不足以望東原的項背，但「可忌可恥之事，胥為之而不顧」則超出東原遠甚，且不待蓋棺，即已論定。所以我覺得王國維這一段評論如果移用於郭沫若的《十批判書》，倒是天造地設，一個字都不必改動。「當知學問之事，無往而不當用其忠實」——這是我們從郭沫若的古史研究中所能得到的最珍貴的教訓。

一九九二年八月十六日於普林斯頓

補注：董作賓在一九四八年二月二日從芝加哥寫信給胡適說：「春間中研院選院士，您必出席，關于考古學方面，希望您選（梁）思永或（郭）沫若，我願放棄，因為思永是病中，應給他一點安慰，沫若是院外人，以昭大公，這是早想托您的。」（見耿雲志主編《胡適遺稿及秘藏書信》，黃山書社，一九九四，第三十七冊，頁六九九）此函至少說明一九四九年以前的中國學術界仍有獨立於政治以外的客觀標準。這和一九五〇年郭沫若斥董作賓「假充內行」和一九五三年罵他是「妄人」，形成鮮明的對比。

試論林語堂的海外著述

海外熊林各擅場，王前盧後費評量。
北都舊俗非吾識，愛聽天橋話故鄉。

——陳寅恪

一九四五年秋，陳寅恪在倫敦醫治眼疾，旅居英國的熊式一贈他英文小說《天橋》，陳氏題二絕句答謝，上面所引的便是第一首七絕。陳寅恪這首詩寫得很得體，讓我略加解釋，作為這篇短文的楔子。

第一句「海外熊林」，熊在林前，這是因為詩是贈給熊式一的，不能喧賓奪主。從前林琴南七十生日，康有為贈詩祝壽，破題第一句「譯才並世數嚴、林」便引起了林琴南的不快，因為詩是專門為他寫的，卻把嚴復的名字放在他的前面。陳寅恪當然熟悉這段掌故。「王前盧後」是初唐四傑王勃、楊炯、盧照鄰、駱賓王。杜甫〈戲為六絕句〉所謂「王、楊、盧、駱當時體」，便已排定了「王前盧後」的次序。但是盧、駱的年輩長於王、楊十歲以上，所以楊炯才有「媿在盧前，恥居王後」的話，表示他不敢居盧之前，也不甘在王之後。這是「王前盧後」四字的出典。陳詩第三句之下自注「林著瞬息京華」，即指林語堂的*Moment in Peking*；第四句自注「天橋在南昌城外」，指熊式一寫的小說是以江西南昌城外的天橋為背景。陳和熊都是江西人，所以說「愛聽天橋話故鄉」。

這首詩在字面上幾乎句句偏向熊式一，「費評量」更像說熊和林真是高下難分。但是稍懂舊詩體製的人一定不難看出，這首詩通篇借林語堂來襯托熊式一，越是對熊式一恭維便越顯得林語堂在海外文名之隆遠在其他中國作家之上。這是毫無可疑的。

林語堂在美國的成名之作是一九三五年出版的《吾國與吾民》。自此以後他差不多每年都有新作品，包括論著（如《生活的藝術》）、小說（如《瞬息京華》，也譯作《京華煙雲》），和編譯（如《中國與印度的智慧》）。我沒有深入研究過他的英文作品，小說則只讀過一本《京華煙雲》。所以嚴格地說，我是完全沒有資格討論「林語堂與東西文化交流」這樣廣大的題目的。但是由於在美國教書的關係，多少也接觸到他的一些論著和編譯。現在只就我所知道的這一部分略作整理，談談他向西方世界所介紹的中國文化。

中國文化的範圍太大了，任何人也不可能全面掌握，勢必有所取捨。在取捨之間我們所看到的不但是作者自己的學養，而且也是他的人生觀、世界觀、和時代背景。林語堂自然也不例外。這裡有必要略略追溯一下他的學養、性格和背景，因為他和今天在西方成長起來的華裔作家不同，是在中國學術界和文學界已經建立起基礎以後才向西方開拓疆土的。所以林語堂在《吾國與吾民》、《生活的藝術》中所刻繪的中國也反映了三〇年代一部分中國知識界的文化取向，而不能完全看作他一個人的獨特見解。他在三〇年代創辦的《論語》、《人間世》等文學刊物曾在中國風行一時，而《吾國與吾民》和《生活的藝術》便正是這兩個刊物的風格的延續，不過更為深細化、系統化罷了。我們只要把他早期的英文論著和他的中文文集（如《翦拂集》、《大荒集》等）對照著看，便可以發現兩者之間的密切關係。所以我要特別指出，林語堂在英文作品中所表現的關於中國文化的觀點代表了當時中國知識界的一種流行的傾向。

林語堂最初是準備從事學術專業研究的，他在德國萊比錫 (Leipzig) 大學的博士論文是關於中國語音學的。這和當時中國「以科學方法整理國故」的風氣有很大的關係；語言學是現代的科學研究，但同時又是清代「漢學」傳統的延長。當時瑞典高本漢 (Bernhard Karlgren) 的古音研究正風靡著中國的學術界，許多中國學人都對西方新興的語言學發生了濃厚的興趣。甚至在中國已享大名的新文學家如劉半農，也在中年以後決心負笈巴黎，攻讀語言學的博士學位。林語堂早年在語音學的研究方面有相當高的造詣，他的《語言學論叢》一書可證。胡適一九二八年在上海寫〈入聲考〉一文，第一個便向他請教。胡適在一九二八年十二月七日的日記中寫道：

> 約了林語堂來談。我把我〈與夏劍丞書〉稿請他指教。他贊成我的大旨，認為不錯。我請他帶回去批評。

語堂近年大有進步。他的近作，如〈西漢方音區域考〉，如讀珂氏（按：即高本漢）《左傳真偽考》，皆極有見解的文字。

一九二九年一月十五日又記：

下午去看林語堂，談入聲事，語堂對於我的〈入聲考〉大體贊成。他指出戴東原《與段若膺論聲韻》一書中有許多暗示很同我接近。……

林語堂早期經歷過一個「漢學」的階段，並且在這一方面有很好的成就，這一點是很重要的，可以使我們瞭解他中年以後的轉變。一九三四年他的《語言學論叢》出版時，他便和「漢學」告別了，也和學院生涯脫離關係了。他早年研究語言學是受了當時學術風氣的影響。但是他的性情屬於自然活潑的一派，不願為「漢學」的清規戒律所束縛，更不能長期忍受其枯燥和瑣碎，所以終於捨去不顧，轉而提倡幽默，歸宗於晚明公安三袁以至袁枚的文學性靈說。這一轉變使他的性情和學問融合為一，他真正找到自己了。就這一點說，林語堂和袁枚最為相似；袁枚生在乾嘉漢學的盛世，也深知考據家法的甘苦，但他不甘依附時尚，終身以詩文自娛，充分表現出一種自由獨立的精神。

但是林語堂發現晚明小品文特別合乎他的口味也得力於時代的潮流。自白話文流行以來，公安三袁和袁枚的文學理論和作品便受到新文學家的重視。周作人甚至把新文學的起源直接追溯至晚明的公安派。當時文壇有所謂「京派」與「海派」的分別，「京派」的人往往說，北平的作家提倡晚明小品，上海的作家便隨風跟進。這主要便是指周作人和林語堂兩人而言。這種說法自然是一種門戶的偏見，不過周氏兄弟在中國文學方面的造詣畢竟很深厚，周作人的作品中涉及明、清文集、筆記者尤多，三〇年代林語堂建議重刊《袁中郎集》，寫序的便是周作人。以林語堂與周氏兄弟交往之密，如果說他受到了周作人的影響，那也是毫不足怪的。

林語堂以幽默的筆調寫小品、散文，並進而欣賞明清文人生活中的閒情雅趣，在當時也有反潮流的意味。二、三〇年代的中國新文學早已走上泛政治化的道路，大體上以「救國」、「革命」為主流，這不但和「五四」初期周作人等提倡的「人的文學」背道而馳，而且也取消了文學本身的自主性。這正是林語堂所譏刺的「方巾氣」。其實中國傳統文學理論雖以「載道」派占上風，文學作品中描寫日常生活中情趣的也無代無之。即以被梁啟超稱之為「愛國詩人」的陸放翁，也並不是首首詩都寫「上馬能殺賊」。《紅樓夢》中香菱談詩便特別欣賞他的「重簾不捲留香久，古硯微凹聚墨多。」當時文壇上厭惡開口「救國」、閉口「革命」的也大有人在，如周作人、徐志摩、梁實秋、沈從文等都可以包括在內。他們未嘗不關心中國的命運，不過不喜歡動輒作大言壯語而已。從語言學家轉變為文學家的林語堂也屬於這一路，與新「載道派」的文學主流──尤其是「革命文學」格格不入。所以我說林語堂在文學上屬於反潮流的一派。不過這個反潮流在過去幾十年大陸所編的現代文學史上往往不見記載罷了。

以上所說的主要是關於林語堂在現代中國文學和思想方面究竟應該怎樣定位的問題，弄清楚這個背景是很有必要的，因為他在美國所介紹的中國人的性格、文化和生活藝術，基本上便是他在《論語》、《人間世》這些刊物中所提倡的東西。我們必須記住，他的第一本英文書——《吾國與吾民》——是一九三五年在上海寫的，因此我們也必須從當時中國的處境去瞭解此書的旨趣。《吾國與吾民》和《生活的藝術》兩書中的觀點固然是林語堂個人的，但這個觀點也代表了中國精神世界的一個向度。

《吾國與吾民》在一九三五年出版後立刻成為暢銷書有主觀和客觀兩方面的原因。主觀的原因自然是來自書本身的吸引力，這一層下面再說。客觀的原因則是當時一般美國人渴望對中國有較深入的瞭解。三〇年代是日本侵華最瘋狂的時期，繼掠取東三省之後，日本又進逼華北。美國在太平洋彼岸的利益受到莫大的威脅，而關鍵則是中國。一九三一年（即日本奪取東三省的一年）賽珍珠的《大地》(*The Good Earth*)在美國不脛而走，正是因為它符合了美國人想認識中國的普遍要求。但《大地》寫的是農村逃荒的故事，而且其中荒誕可笑之處甚多（如書中主角王龍是民國時代的農民，卻仍要妻子纏足）。美國人，特別是知識界，更想知道的是關於中國文化和生活的一種宏觀。《吾國與吾民》應運而出，恰好補上了這一空白。

前面已指出，《吾國與吾民》是林語堂從他的特殊觀點對中國的文化和生活所做的整體性概括。作者並不從正面落筆；他寫的是一個側影，然而卻相當完整。更重要的是他對中國並不是一味頌揚，而同時也有很銳利的批評，特別是在政治方面。這樣的寫法正合乎美國人的口味，遠比歌誦中國文化如何悠久、博大、精深更能取信於讀者。林語堂雖然經過了「五四」的洗禮，但他並沒有走上激烈的反傳統的道路。他在中國編寫的《子見南子》劇本，確曾引起山東人的強烈抗議。其實這也不過是把孔子「人化」，未出「幽默」的範圍。在《吾國與吾民》中，他對儒家、道家、佛家都有討論和分析，但仍然是由側面下手，褒貶兼施。通體而觀，他似乎更欣賞老、莊的自然，於儒家則大致推崇其中庸之道。有些關於儒、道對比的話說得很尖刻，然而也妙趣橫生。例如他指出，所有中國人在成功時都是儒家，在失敗時則都是道家。中國人身上的儒家永遠在奮進不已，而他身上的道家則在一旁觀賞和微笑。所以中國士大夫在做官時喜歡說道德、講仁義，但下臺以後則作詩，往往寫出很優美的道家詩篇。英國的韋爾斯 (H. G. Wells) 也說過中國人靈魂中有儒、道、土匪三種成分，但不及林語堂說得那麼透闢。

《生活的藝術》可以說是《吾國與吾民》的一個續編，前者包羅萬象，後者則深入人生理想和生活中的閒情逸趣。我覺得《生活的藝術》更能表現林語堂自己關於中國文化的取向。他在中國所提倡的晚明和清代文人的生活情調在這本書中得到一次較有系統的匯集和整理。這裡不可能也無必要介紹這兩部暢銷書的內容。但是我們不妨指出作者的思想傾向。他在《生活的藝術》中譯介十六世紀屠隆的〈冥寥子遊〉時，曾有一條小注說：屠隆和同時代的徐文長、袁中郎、李卓吾等作家一向都沒有得到中國正統的批評家的充分承認。這條注可以說明他雖不反傳統，卻反正統。就這一點而言，他的傾向大致和胡適、周作人等相同，而和魯迅的激烈反傳統有別。「五四」以後，中國新文化陣營中有反正統和反傳統兩大流派，我們不能不加分辨。

林語堂根本不承認「正統」的觀念，他不喜歡宋明理學便出於反正統的心理。但是他對理學家也並非一筆抹殺，所以依然能欣賞程明道「雲淡風輕近午天」的詩和程伊川讀《論語》那種手舞足蹈的境界。總之，對於儒家，林語堂僅取其合乎「情理」的一面，而排斥其不近「情理」的部分。所以他特別用英文 reasonableness 來譯「情理」兩個字。這也恰好是周作人的看法，周氏認為「中國有頂好的事情，便是講情理，其極壞的地方便是不講情理。」林語堂不承認「正統」，即因其不合情理。三〇年代初國民黨正熱衷於「統一思想」，這是要建立新的「正統」。林語堂反正統的心理大概淵源於此。他終其身都是一個自由主義者、個人主義者，因此他向西方讀者介紹中國文化也偏重在個人自由的一面。

無論我們是否同意他的中國文化觀，我們都不能不承認林語堂在英文著作中所講的正是他一貫相信的東西。他的態度是很認真、很懇切的，雖然他的筆調有時不免出之以嬉笑怒罵。中國有不少衛道之士，特別是革命的左派，常常信口開河，說林語堂的英文作品都是為了迎合美國讀者的口味而特別設計的。我敢斷言，這是不實的誣詞。林語堂雖以英文寫作見知於世，但他卻是極少數不媚外、也不為西方文化所震懾的中國作家之一。他在《吾國與吾民》中，開宗明義便對西方的「中國通」(Old China Hand) 痛加鞭撻。在《生活的藝術》中，他也反覆表示不肯奉西方的觀點、理論為無上律令。但他的著作之所以能為西方讀者所接受、所欣賞，則是由於他對西方的文學、藝術以至日常生活都具有豐富的知識。無論是介紹一個中國的人物或觀念，他都往往能左右取譬，使西方讀者就其所已知而推至其所不知。一個最有代表性的例子是他在《蘇東坡傳》(*The Gay Genius, The Life and Times of Su Tungpo*）中介紹東坡的性格和成就時，竟一連串引了五、六個英、法的文學家和畫家作為說明。懂得西方但又不隨西方的調子起舞，這是林語堂在西方傳播中國文化獲得成功的一個最重要的條件。

林語堂在美國始終保持著一個自由作家的身分，和學院中人很少交往。他的暢銷書也沒有受到漢學界的重視。但他有兩部英文著作對美國的漢學研究發生過影響，即上述的《蘇東坡傳》和《中國新聞輿論史》（*A History of the Press and Public Opinion in China*）。後一部書是一九三六年由芝加哥大學出版的，寫的時候他還在上海，這是他繼《吾國與吾民》之後在美國發表的第二本書，但與幽默、閒適的人生情調毫無關係，而毋寧一部相當嚴肅的學院式的作品。他為什麼會選擇這樣一個題目呢？這當然和他當時在中國爭取言論自由有密切的關係。正如他在此書的導論中所說的，他所關心的是中國史上清議與權威之間的鬥爭，而這一鬥爭則是民主在中國的發展的一大關鍵之所在。在這一問題上，他的觀點和胡適最相近，認為中國史上爭自由的傳統為現代民主提供了思想上的基礎。《中國新聞輿論史》分為古代與現代兩部分，但古代部分較疏闊，近代部分則因有戈公振的《中國報學史》

等為基礎，眉目較為清楚。書中介紹了南宋周麟之〈論禁小報〉，這是有關中國報紙史料較早而且較詳細的一件文獻，是胡適在一九三三年十二月十八日最先發現的。我猜想林語堂引及此文或許與胡適有關。這部《中國新聞輿論史》在五〇年代前後還是美國大學中關於中國近代史的指定參考書之一。今天不少人談中國的「公共空間」問題，此書仍有可以借鑑之處，因為近幾十年關於報業史的專題研究雖增加了不少，卻仍沒有一部英文的通論取它而代之。

林語堂寫《蘇東坡傳》多少帶有一點自我認同的意味。東坡的「嬉笑怒罵皆成文章」和「一肚皮不合時宜」大概都是他所能認同的；東坡的曠達不羈、自然活潑，和「幽默」的品質更是他所特為欣賞的。據洪煨蓮先生告訴我，這本書出版時（一九四七）不能暢銷，關鍵在於書名的"Gay"字引起了誤會。四、五十年前的美國社會還很保守，許多讀者都望"Gay"而卻步。若在今天，此書也許反而會因誤會而暢銷了。但在漢學界，這部書的生命力則是所有林語堂著作中最為旺盛的。九〇年代在美國出版的有關蘇東坡的專著中，這本書還是必備的參考書之一。它是一部最生動有趣的傳記，這是今天的西方專家所依然承認的。一九七八年日本的宋詩專家合山究將此書譯成日文《蘇東坡》，並詳加注釋，更增加了此書的學術價值。和一切暢銷書一樣，林語堂那些轟動一時的英文作品今天已少有人問津了。反而是他的研究性的著作和翻譯（特別是《浮生六記》的英譯），雖然投射的範圍有限，卻在繼續細水長流。得於此者失於彼，天下事往往如此。

林語堂成名於抗日戰爭的前夕，一九三七年戰爭爆發時，他已寓居紐約。他的家喻戶曉的名字使他在美國取得了為中國說話的權利。從一九三七年到一九四五年，他在美國著名的報刊中發表了無數文字，爭取了廣大的西方讀者對中國的深厚同情。在太平洋戰爭發生之前，他和胡適是國際宣傳戰線上的兩個尖兵，一個用舌，一個用筆，都激起了巨大的迴響。胡適在全美的巡迴演說甚至引起了日本的抗議。據一九四〇年十月三十一日《紐約時報》的報導，東京對於美國政府縱容胡適大使到處演講，甚為憤慨，認為胡適正引導著美國走上戰爭。林語堂在《紐約時報》、《時代週刊》及其他重要雜誌上的抗日言論也發生了同樣的作用。這是功在國家，決不容埋沒的。如果林語堂沒有寫過那些暢銷書，他便不可能在國際宣傳方面作出這樣輝煌的貢獻。

但是從四〇年代起美國的左派和中國的左派已開始合流，胡適和林語堂所代表的自由主義的思想傾向成為他們攻擊的主要目標。一九四七年三月，聞一多曾記述了他和一個美國人的談話：

外國的朋友的確很想瞭解中國。譬如今天來看我的另一位美國朋友對我說，我來到中國，為的要看看活著的中國人民。他說現在在美國替中國說話的有三個人，一個是落了伍的胡適之；一個是國際文藝投機家林語堂；一個是傷感的女人賽珍珠。他們的文章，都不能表現中國的真實。他說他每回讀到林語堂的文章，描寫中國農民在田裡耕作時如何地愉快，以及中國的刺繡、磁器如何地高貴……他就很生氣地把這位林博士的著作撕毀了擲到牆角裡去。我聽到這裡，感激地向他伸出手來，我說：你是我所遇到的少有的美國人。

聞一多本來是一個造詣很高的詩人和學者。自從他的正義的火氣被人有計畫地挑撥起來之後，強烈的政治情緒便淹沒了他的理智，說出來的話極盡激昂慷慨之能事，而完全不顧事實。例如他是研究過唐代詩人的生活的，但是在情感衝動的時候，他竟會說：中國古代的藝術家都是奴隸，王維在《唐書》上就沒有他的傳，因為他是奴隸。聞一多不可能不知道《舊唐書．文苑傳》和《新唐書．藝術傳》中都有王維這一事實。但是為了政治，他就顧不得事實了。同樣的，他也不可能不知道林語堂在戰爭期間曾為國家大聲疾呼的事實，何至於面對著一個詆毀林語堂的美國左派，竟如此地感激涕零呢？自一九四七年以後，在國內外左派聯手之下，「國際文藝投機家」這頂帽子便扣在林語堂的頭上了。

美國文藝界對林語堂不是沒有批評，但那是屬於文學和思想層次上的，與政治上的偏見無關。我在胡適的日記（一九四三年一月十日）中便發現了下面這條記載：

> (Arthur) Train 對我說：「有人問林語堂何以不能代表中國作家？」他問我的意見。我說，「前幾天 Charles Merz 對我說，林語堂好像總不會成熟 (mature)。這話似乎有理。」

從日記前後各條判斷，Arthur Train 當時大概是美國國家藝文院 (National Institute of Arts and Letters) 的執行秘書。這一年該院選外國的「榮譽院士」(Honorary Associate)，林語堂未能入選，故與胡適有這一番問答。這當然代表了美國文藝界主流中一部分人對林語堂的評價，至於是否恰當，則必須作更深入的研究，現在還不能輕率地下結論。我在這裡僅僅抉出這一條史料，供研究者的參考而已。

一九九四年九月十五日於普林斯頓

補注：本文為一九九四年十月《聯合文學》承辦的「紀念林語堂百年誕辰學術研討會」而作。會後承高克毅先生來信見告，洪煨蓮先生所說《蘇東坡傳》在美不能暢銷的原因恐不可信，因為“gay”這個英文字指「同性戀的男人」在一九四七年還沒有十分流行。又，關於林語堂早期研究歷史語言學 (Philology)，除了可能受國內「整理國故」的影響外，也和他在哈佛大學的治學經驗有關係。一九一九年十月二十七日林語堂寫信給胡適說：「哈佛很注重 Philological side，博士學位必定要讀幾科的古文或是方言的歷史。我現在專門 German Philology。」（見《胡適遺稿及秘藏書信》，第二十九冊，頁三〇一）據同一信，林語堂當時也選修白璧德 (Irving

Babbit)的課，而白璧德則視歷史語言學為最大的敵人。白璧德因為受了梅光迪、吳宓等人的影響，對胡適頗有誤會。林語堂對此似感不安，因為他雖不贊成白氏過分守舊的傾向，但也肯定白氏的持論不無見地。(見林氏一九二〇年四月十三日致胡適函，同上，頁三一三—三一五)也許林氏的同情主要是在新潮流的一邊，因此最後選擇了歷史語言學的道路。關於白璧德與哈佛的歷史語言學的對立狀態，可參看 Thomas R. Nevin, *Irving Babbit: An Intellectual Study*, The University of North Carolina Press, 1984, pp. 14–17.)

一九九五年三月三十日補記

香港與中國學術研究

——從理雅各和王韜的漢學合作說起

香港與中國學術的研究是一個值得思索的問題，但是我們一向沒有嚴肅地對待過它。由於香港是殖民地，一直是中國恥辱的象徵，中國學人對這塊地方自然形成了一種牢不可破的成見。一九二七年初魯迅到香港去講演，住了三天，大概經驗不太愉快，恰好這一年的六月香港大學正式宣布要創辦中文系，港督金文泰大概受了當時北京「以科學方法整理國故」的影響，因此也發表了談話，希望港大也參加「整理國故」的努力。於是魯迅寫了一篇〈略談香港〉的雜文，極盡嘲弄的能事。魯迅是在思想上為「革命派」知識分子定調子的人，從此以後，香港的國學研究便被看成帝國主義加強殖民地統治的一種操縱之術了。一九三五年胡適到香港來接受榮譽學位，其實是香港大學有意向他請教怎樣改革中文教學。

胡適自然也願意借此機會推廣白話文運動。後來許地山到港大任教便出於胡適的推薦。但胡適在香港公開講演，一方面批評廣州的讀經政策；另一方面又表示希望「香港成為南方的一個文化中心」。更不巧的是其中還有「香港最高級教育當局也想改進中國文化」這樣一句錯誤紀錄（原話是「改善大學裡的中國文學教學」），終於引起廣州軍政當局的憤慨，也激起了中山大學一些舊派教授的嚴重抗議。可見一直到抗日戰爭的前夕，國內學術界是不肯承認香港在國學研究上有什麼貢獻的。這種評價在當時也不算全無根據，三〇年代中國學術的主流當然不在香港，不過由此而形成的輕視的態度則雖在時移世易之後仍不能盡改。

如果我們不從中國的觀點出發，而採取世界的眼光，那麼我們必須指出：香港在早期世界漢學史上實曾發出過奪目的光芒。英國傳教士理雅各 (James Legge, 1815–1897) 在旅居香港的三十年間（一八四三～一八七三），先後完成了《四書》、《五經》的英譯；這是漢學史上值得大書特書的一件大事。一八七三年理雅各回國的前夕，著名的學者王韜曾代香港教會同人寫了一篇贈別的序文，讓我們摘引一段原文如下：

先生不憚其難，注全力於十三經，貫串考覈，討流泝源，別具見解，不隨凡俗。其言經也，不主一家，不專一說，博采旁涉，務極其通。大抵取材於馬、鄭，而折衷於程、朱；於漢、宋之學，兩無偏袒，譯有四子書、尚書兩種。書出，西儒見之，咸歎其詳明該洽，率為南針。……余獲識先生於患難中，辱以文章學問相契合。所謂知己感恩，兼而有之者也。

這段序文，說理雅各譯經，漢、宋兼採，確是事實。這是因為道光、咸豐以下，漢學已盛極而衰，理雅各的譯注始能不為漢學一派所囿。他在香港期間所譯注的《中國經書》(*Chinese Classics*)五大冊，自行世以來即已成為西方有關中國學術的經典作品，至今不能廢，所以一九六〇年香港大學又刊行了新版。

寫贈別序文的王韜（一八二八～一八九七）在香港的漢學史上同樣是一位重要的人物。他從一八六二年到一八七三年和理雅各合作了十一年之久，後者的譯注——特別是《詩經》和《左傳》兩大卷的英譯——得力於王韜的研究和協助至大，序文中所說：「識先生於患難中」、「知己感恩，兼而有之」都是實錄，而且包含了一段離奇曲折的故事。王韜是崑山附近的新陽人，早年隨父旅居上海，道光二十九年（一八四九）入英國教會辦的墨海書館中做文字工作，以維生計。咸豐十二年（一八六二）他回崑山探親，到上海後，滿清政府忽然派人逮捕他，罪名是私通太平軍。但英國人保護了他，把他藏在領事館中至五個月之久。最後，因為理雅各知道他的學問很好，決定私人聘請他為譯經的助手，同年的十月英國駐上海領事館秘密安排他偷渡到香港，這樣便開始了他和理雅各十一年的學術合作。

清政府逮捕他的罪名──私通髮匪──現在已證明確屬事實了。一九三三年北平故宮影印了一份黃畹上李秀成書的原稿，當時轟動了史學界。經過許多專家反覆考證，「黃畹」即王韜，字跡也一致。王韜原名利賓，字蘭卿，道光二十五年（一八四五）中秀才（已在光緒二十七年編刊的《崑新青衿錄》中發現）。故宮黃畹書末有「黃畹蘭卿印信」，更可證即王韜的化名（「畹」、「蘭」出於《離騷》：「余既滋蘭九畹」之句。他的表字很多，幾乎全與「蘭」字有關），所以王韜可以說是第一個因政治迫害而求庇於香港的大陸學人。

理雅各和王韜的合作頗能說明香港在中國學術研究方面所發生的重要功能。第一、香港自始便為中西學術文化的溝通提供了最理想的地點。理雅各如果不到香港，他便不可能直接接觸到當時中國經學研究的最新成果，他的譯注的學術價值將不免大為減色。另一方面，王韜到香港以後，接受了西方算學和天文學的新知識，這對於他研究春秋時代的曆法和日蝕有莫大的幫助。他在這一方面的新貢獻，後來得到日本專家如新城新藏的表揚。第二、香港雖然是殖民地，但是它的法律制度是相當健全的。學術自由因此受到確實的保障，由於政治原因不能在大陸存身的學人往往可以在香港繼續他們的研究工作。王韜不過是最早的一個例子。一九四九年以來，香港作為中國學術研究的避風港，其價值是無可估計的。第三、香港在文化上誠然自始便有保守的傾向，以致為魯迅所輕鄙。魯迅談到香港「振興國粹」並引述報上所載「賴太史」、「金制軍」（即港督金文泰）的演說時，流露出的深惡痛絕的情緒，正如他一向對待「正人君子」一樣。其實在今天看來，香港在日常生活中一直與時俱新，然而對於古老傳統卻沒有發展出一種「除惡務盡」的態度，這恐怕正是香港的文化潛力的所在。王韜在香港的經歷使他成為中國近代主張革新的先驅之一。然而他雖遠遊了英國和歐洲，但並沒有對中國文化傳統失去信心。他在牛津大學講演，最後引陸象山的話，說東海、西海各有聖人，其心同其理同。在他看來，孔子的「仁道」仍是人類精神所能達到的最高境界。從這一點看，孫中山也是香港傳統的產品，他雖是革命家，但也依然尊重中國的主流文化。

香港對於中國學術研究的最重要的貢獻自然是在最近四十年間。法律對於自由的保障和社會對於學術的支持在此發揮了決定性的作用。無論就學術人才的質或量而言，還是就研究傳統的深厚而言，一九四九年時香港都遠不足以望中國大陸的項背。當時從大陸流亡到香港的學術人才寥寥無幾，他們都生活在極端艱困之中，根本談不上有什麼研究的客觀條件。在五〇年代初期，除了香港大學中文系具備了現代學術研究的規模以外，其餘流亡學人所創辦的私立書院都在生存線上掙扎。新亞書院由於錢穆先生個人的號召力，較為人所知，但社會人士的實際援助還是十分薄弱的。這主要是因為香港的社會和經濟尚未發展到轉型的階段。五〇年代末期以來，香港的經濟開始起飛，社會也在迅速蛻變中，於是才有建立第二間大學的構想和實現。早期流亡學人所創始的若干教學和研究集團至此獲得了穩步發展的機會。

正如二〇和三〇年代香港大學加強和革新中文教學一樣(見上引魯迅和胡適),六〇年代以來香港增建新的大學和學院也說明香港行政當局對於社會、經濟、文化的變動十分敏感。從英國人一方面說,他們當然主要是重視怎樣有效地維持殖民地的秩序。但是這個新的教育政策也充分反映了香港社會本身的新發展。英國人在其本土一向密切注視社會變動,他們的立法便隨時相應於社會變遷而更新。所以一部英國近代社會史也就濃縮在一部英國近代立法史之中。香港的教育立法的沿革正是英國本土傳統的引申。中國人文學術的研究從五〇年代初的冷落,到五〇年代末的突飛猛進恰好是香港社會發展的一個側影。除了政府對各大學的經常性的撥款以外,我們尤其應當注意工商界人士和私人基金會對於各大學中的中國學術研究的種種支持(包括文物藝術方面的研究在內)。一百多年前,理雅各譯注中國經典,只有一位私人朋友曾給予一次贈款,他聘請王韜為研究助理的費用則出自他個人的薪水。甚至三〇年代初香港社會也還沒有「稽古右文」的力量。香港社會的現代轉化,嚴格地說,是最近三、四十年才發生的。這是從中國傳統民間社會逐漸向現代公民社會(civil society)的一種轉化。我們討論香港在中國學術研究方面的貢獻決不能忽略這一社會轉化的背景。在過去三、四十年間，香港不但培養了不少中國人文研究方面的後起人才，而且也從四面八方吸引了大批已卓然有成的學人，如果採用國際性的眼光，我們恐怕不能不承認：香港在中國文、史、哲各領域內的整體貢獻，在世界範圍的「漢學」中，占了一個相當高的比例。以人口的比例而言，香港的成績更可以說是驚人的。

然而與理雅各、王韜的時代不同，最近三、四十年中，大陸上國學研究的舊傳統已中斷，代之而起的是粗糙的政治意識形態。因此大陸對於香港（以及海外）所能提供的主要是原始資料，特別是新發現的考古資料，而不是學術研究的成果。這樣看來，新的歷史情況也給香港的中國人文研究規定了一項新的任務：怎樣使香港成為大陸通向世界的一個學術和思想的港口，香港存在的意義似乎不應長久停留在自由貿易港口這一點上。

香港因托庇於殖民地統治之下，倖免於二十世紀以來歷次革命暴力的摧殘。中國傳統民間社會轉化為現代公民社會的軌跡竟在這個角落裡首先出現。中國人文研究的成長也是香港社會轉化的一個組成部分。這恐怕不能不說是歷史對於現代中國的一種深刻諷刺。

一九九七將是理雅各和王韜逝世的一百週年。他們兩人同死在一八九七年已是一個歷史的巧合，而他們逝世的一百週年竟恰逢一九九七更是巧合中的巧合。他們的合作象徵了中國學術研究在香港的開始，而且是十分光輝的開始。我們當然期待著這一光輝在整整一個世紀之後繼續放射，而不是熄滅。

《二十一世紀》編者原注：

*本文原為作者在一九九二年十月三日被授予香港大學名譽博士頒授典禮上的英文講詞，作者嗣應本刊編者之邀以中文全面改寫，在本刊發表。我們向作者謹表謝意。（香港中文大學《二十一世紀》，一九九三年六月號）

記艾理略與中國學社的緣起

一九九四年一月二十七日〈中央日報副刊〉上登載了我的朋友沈君山先生的一篇訪談，其中涉及「普林斯頓中國學社」的緣起。君山聽來的故事太戲劇化了，與事實稍有出入。我是一個學歷史的人，必須對事實負責，所以決意寫此短文，作一簡單的說明。

一九八九年天安門屠殺之後，普林斯頓大學創立「中國學社」，確是起於一位美國朋友捐贈了一百萬美元。這位朋友便是艾理略 (John B. Elliott) 先生。他是美國企業世家（並不是猶太人），普林斯頓大學一九五一年級的校友。我和他相識並不是因為同在雜貨店買煙絲。他仰慕中國文化，愛好中國藝術，收藏了不少書畫。畢業以來他一直是普林斯頓大學中國研究和葛思德東方圖書館的「護法」(patron)，前後大大小小的捐贈已不計其數。

我第一次遇見他是在一九八六年春夏之交前任校長的宴會上。他誠懇地向我表示，如果我到普大來，將來有什麼研究計畫或購置重要圖書，他一定儘量幫忙籌款。當時他是東亞學系的顧問委員會主席，每年開會時我們都有機會閒談，但私人間極少過從。一九八九年五月下旬，天安門情勢緊張，中共動武迫在眉睫，大家在電視上看到那種如火如荼的場面，無不深為感動，更無限焦慮。普林斯頓幾位中國學人來和我商量，是否應該有所表示。最後我們決定在《紐約時報》上刊登一個全版面的廣告，警告中共當局無論在任何情況下不得用武力鎮壓和平請願的學生和人民。大家推我寫這篇文字的初稿，我雖然從無興趣參與任何政治運動，但激於當時形勢，無法推辭。文件寫成後，立即碰到廣告費的大問題。《紐約時報》全版廣告費是四萬五千美元。我們多方捐募，最後還缺少五千元。有一天艾理略先生恰好到東亞系，看見我進進出出打電話，神情匆迫，忍不住問我何以如此一反常態。他知道內情後，立刻慨然承擔了不足之數。這是他和天安門事件發生直接關係之始。

「六四」屠殺之後，我先到西岸參加學術會議，會後又到臺灣大學演講，這都是早已決定的活動，儘管我當時情緒低落，但已不能臨時爽約。我到臺北的第二天便接到校方的電話，說艾理略先生不聲不響地跑到校長室，捐出了一百萬美元，其目的是為了照顧「六四」後逃亡出來的中國知識分子，特別是青年學生。艾理略一生與政治無交涉，他平生慷慨好施都是在藝術、文化、學術方面。這次捐款也完全沒有政治動機，他不過是想為逃亡的學人和青年學生創造一個學術環境，使他們可以暫時棲止，繼續學業而已。所以「中國學社」自始即是一研究團體，普林斯頓大學也不可能支持一個政治組織。學社中人的政治活動都是個人的事，而且也不允許在校園之內進行。這是美國的自由傳統，即學術與政治之間有一道明確的界線，但有些習慣於從政治眼光看待一切的現代中國人則未必能認識到這一點。又由於艾理略先生最初捐款時不肯出名——這是他的慣例——因此「普林斯頓中國學社」的來源曾引起種種無謂的猜測。好在校方的紀錄具在，不難查明，關於這一點也就不必多說了。現在「中國學社」雖已離開普林斯頓大學，成為一個獨立的團體，但其宗旨仍然不變，艾理略先生也繼續為它費心費力。

去年（一九九三）艾理略先生六十五初度，他把自己所收藏的中國書畫都寄存在普大藝術館中，大概準備將來捐贈給學校。東亞研究方面的同仁為他舉辦了一個祝壽活動，校長也親臨致賀詞。同仁們要我寫一首詩作為共同的賀禮。現在把這首詩抄在下面，以見其生平為人之大概及其與天安門悲劇的一段因緣：

壽翁今歲六十五，豪傑其人業則賈。戊辰初降馭飛龍，長入名黌跨神虎。高門奕葉能尊古，平生尚友圖書府。博濟豪施例隱名，藝苑文林及時雨。昔年招飲造庭廡，曾共阿母捉談麈。先意承志致親歡，若在漢朝以孝舉。神州奮起爭民主，獨夫一怒揮刀斧。寰球和淚看屠城，天安門前血漂杵。翁覩此景心惻楚，解囊百萬擲如土。上庠館舍妥安排，多士至今未失所。我嘗聞諸古人語，唯有仁者享天祜。佇待耄耋與期頤，一一奉觴歌且舞。

余友艾理略先生六十五初度，普林斯頓大學東亞研究同仁共謀祝嘏。余承命獻詞，因略就所知，敘其生平如此。「招飲」句亦紀實，陳淑平與焉，詩中特及之，從其意也。

詩中有幾句應略加注釋。他生在一九二八龍年，故云「馭飛龍」，「虎」是普林斯頓大學的校徽，故曰「跨神虎」。又其人事母至孝。其母生前我們曾去他家小飲，他真正做到中國人所說的「承歡」兩字。說他「若在漢朝以孝舉」決無誇張。他沒有學過中文，但此詩有英譯本，所以他完全看得懂。沈君山先生聽來的傳說雖然很有趣，並且精神上也未失真，然而畢竟近於古人所謂「傳言不實，流為丹青」。故我記其始末如上。

「六四」過後的浮想

「六四」一轉眼已是三年了，三年是一個不太短的時間，毋怪有些人說，現在大家已忘記「六四」了。說忘記，也不是沒有道理。好像這一年來，大陸已是一片天下太平——不，也許應該說是形勢大好——的景象：對內而言，政治安定了，經濟也沒有停滯，輿論尤其一律；在國際上，中共更顯得活潑之至，又從平靜後回到絢爛。總理、總書記、主席之流到處出訪，各國禮遇之隆、接待之嚴，都是前所未有的。即使偶有不識相的人提出什麼「人權問題」，應付起來也毫不為難。何況在這個問題上，中共已能反守為攻，前一陣子洛杉磯「動亂」，不是還向美國政府表示過「人權」的關懷麼？最近一個月來，國際威望更隨著試爆的原子雲向天空猛昇。在蘇聯解體以後，中共顯然已取代了它空出來的位置。美國帝國主義陶醉在「獨霸」的幻覺中還不到一年，想不到另一個社會主義超級大國又從東方的地平線上浮現了。真的，今天誰也不能否認中共是社會主義陣營的至高無上的領袖了。

不過，要說人們已完全忘記了「六四」，卻也未必盡然。有許多人不是忘了，而是從開始便沒有記住。據外國記者的報導，今年「六四」前後，天安門廣場戒備森嚴，但好像還是有人被逮捕，北京大學學生摔小瓶子的習慣好像也沒有完全忘乾淨。在海外，有中國人的地方大概也都有這種或那種紀念「六四」的方式。聽說連臺北也還有一個紀念會，而且到了二十多人。給我印象最深的自然是香港，幾萬人手持燭火遊行確是一個感人的場面，可惜我沒有親眼看到。總之，這世界太大了，幾個蒼蠅嗡嗡總是免不了的，但決不致影響到一片大好的形勢。

一心一意要搞「和平演變」的西方帝國主義分子也沒有忘記「六四」。這一陣子美國的報刊和電視還常見到有關「六四」的報導。美國公共廣播電臺還在「六四」前夕放映了一小時關於中國「和平演變」的紀錄片，其中有訪問中共中央黨校書記和文化部代部長的鏡頭。記者問到對於「六四」的定性將來會不會翻案，像一九七六年的「四五」一樣，這兩位都異口同聲而且非常堅定地說：決不會改變。他們那個真摯而誠懇的神氣使我不由得不相信他們的話就是「最後的審判」。對於我而言，他們的答覆比鄧小平「香港五十年不變」的保證好像還更可信賴，這也許因為我畢竟沒有見到鄧小平當時說話的表情。

說到「和平演變」使我想起了許家屯先生最近發表的關於「和平演進」的大文章。儘管英文都是一樣，但一字之異據說便可能讓中共最高領導人聽起來好受得多。恰好前幾個月，有一位剛剛從大陸出來的著名學者和我通電話時，也告訴我說，他寫文章如果遇到杜勒斯使用過的那句名言時，他會寫成「和平演進」而不是「和平演變」。這不但是英雄所見略同，而且更可以看出中國文字的妙用。在國民黨統治大陸時代，左派作家筆下總是以「伊里奇」代替「列寧」，「卡爾」代替「馬克思」，這就引不起檢查老爺的注意。所以現在以「演進」代替「演變」也可以說是故計重施。但我由此而悟到一個真理，原來中共自當權以來，最怕的就是一個「變」字。從前毛澤東和所謂「四人幫」時代也時時要防止「變修」，今天防止「和平演變」當然是怕從姓「社」變成了姓「資」。但是我悟到這條真理以後也免不了很納悶，因為共產黨明明是靠「變」發跡的。記得四十多年前，我讀了艾思奇的《大眾哲學》，那是一本徹頭徹尾講「變」的書，辯證法便是「變」的哲學。侯外廬等寫《中國思想通史》的漢代部分，提到董仲舒「天不變，道亦不變」那句話便罵得狗血淋頭，而且以後罵儒家罵了幾十年，這句話總是首當其衝。難道今天共產黨竟向儒家認同了麼？當然，這個疑問只能說明我畢竟是資產階級分子，不可能真正懂得無產階級的辯證法。共產黨在奪權的時候講「變」，當權的時候就得「防變」。辯證法是因時因地因階級而「變」的，所以有時候不變也就是變，有時候變也就是不變。

共產黨當然也永遠不會向儒家認同的。漢武帝要用「儒術緣飾吏治」，那是因為儒學在當時的學術界恰好占據著中心的地位。今天已是二十世紀的尾聲了，占據著學術界中心的當然是科學，儒學是連邊也沾不著了。如果漢武帝今天復活了，想來他也必然會用「科學緣飾吏治」，決輪不到儒術。共產黨據說是實行「科學的社會主義」的，所以北京政權今天「獨尊科學」是最為名正言順不過的事。而物理學則向來公認是科學的正宗。所以今天的物理學家，特別是戴著桂冠的，其地位之尊崇恰好和漢武帝時代的公孫弘相當，絕對有拜相封侯的資格。如此說來，「六四」前夕在北京召開的物理學大會竟是有偉大的現實意義的。漢武帝登基那一年便召開了一次大規模的儒學大會——那時叫做「召賢良文學之士」，不但領袖群倫的公孫弘參加了，甚至德高望重年已九十的轅固生也出席了，其隆重可想而知。如果在今天，這個大會也一定能轟動天下，成為新聞媒體爭相採訪和報導的對象，正像這次北京的物理學大會一樣。我這次深深為物理學大會圖文並茂的報導所吸引，幾乎忘記還有「六四」這樣一個節日了。

一九三四年五月，上海無線電播音，有人大講「儒術」，頗有粉飾太平或其他作用的嫌疑。這當然是因為那時還是舊中國，不懂得尊重科學。這件事引起了魯迅先生的譏刺。他寫了一篇雜文，題目便叫做〈儒術〉。文章的結尾說：

> 「儒者之澤深且遠」，即小見大，我們由此可以明白「儒術」、知道「儒效」了。

如果魯迅先生今天還活著，我想他的題目也許會改作〈物理術〉，文章也要改幾個字。他大概會說：

「物理學家之澤深且遠」，即小見大，我們由此可以明白「物理術」，知道「物理學的效用」了。

一九九二年六月十三日

「六四」幽靈在中國大陸遊蕩

——「六四」五週年紀念

「六四」屠殺轉眼已是五週年了。這五年之中，整個世界形勢發生了驚天動地的變化，中國大陸也出現了一些新的情況，在事過境遷五年之後，我們應該可以超越悲憤的激情，冷靜估計一下「六四」的意義。

一九八九年年底，從東德人民衝破柏林圍牆開始，東歐的共產政權一個接著一個倒了下去。一九九一年八月，所謂「社會主義祖國」的前蘇聯也在一夕之間自動崩潰了。從電視和報紙上看，這一連串的遽變好像是「六四」天安門事件的擴大和繼續。通過歷史的「後見之明」，我們現在清楚地看到：「六四」並不僅僅是中國大陸的一個偶發事件，而是具有世界意義的歷史大事。確切地說，天安門民主運動為世界共產黨體制全面崩潰的史劇揭開了序幕。因此當時東德和捷克的遊行群眾都一再引天安門以自壯。東德人民特別指責共產黨首領克倫茲在「六四」屠殺之後親往北京向屠夫們致敬，捷克的學生們更在中共使館前面示威譴責。戈巴喬夫曾親見天安門的一幕，故不敢用蘇聯駐軍助東德政府鎮壓群眾，柏林圍牆便是在這種情況下被突破的。這些事實都見於其時的電視和報紙，可以覆按。一九八九年天安門的民主運動在中國大陸雖以挫敗收場，但在全世界範圍內則敲響了共產體制的喪鐘。這是毫無可疑的。

這五年以來，中國大陸的許多微妙變化也是在「六四」的陰影之下出現的。在「六四」屠殺之後，中共當局曾一度試圖斫掉大陸上的鄉鎮企業和個體戶，以杜絕「亂」源。為中共政權的存在設想，這確不失為一條「釜底抽薪」的妙策，但終因地方抗拒，而且關係中央的稅收太大，江澤民和李鵬不得不知難而退。我曾一再指出，一九七九年以來中共所推行的新路線一直在「經濟放鬆，政治加緊」這一最高原則的支配之下。所以經濟上對外「開放」和封閉北京西單「民主牆」差不多是同時開始的。這條新路線是建立在下面這個假定之上：中共以往的錯誤僅僅發生在經濟政策上面，只要把「一窮二白」的局面改變成「讓少數人先富起來」，共產黨在中國的絕對權力仍將是無可動搖的。但事實證明，這個算盤打得太過如意，對外「開放」所引進的不僅是外國資金，而且也包括了外面世界的觀念和理想。一方面受到新觀念、新理想的刺激，另一方面眼看著「少數先富起來的人」的貪婪與腐敗，青年知識分子的義憤終於爆發了。這是天安門悲劇的真正背景。

「六四」以後，中共在政治上回到了原來的左傾道路，這正是黨內保守派（也就是左派）所期望的，但鄧小平的「開放」和「改革」政策也頓時陷入停擺狀態。這裡必須補充說明「六四」屠殺和黨內鬥爭的關係。從事後一切跡象觀察，天安門事件的逐步擴大顯然出於和平請願的學生的預想之外。十年「改革」期間，中共黨內一直存在著兩條路線的鬥爭。改革派所執行的是「經濟放寬」的路線，而保守派所堅持的則是「政治加緊」。由於「經濟放寬」最後無可避免地要觸及政治和法律的改革問題，保守派對此早已忍無可忍，所以他們在一九八六年扳倒了胡耀邦以後，很快便把矛頭轉向趙紫陽。早在八八年底和八九年初，改革派已陷入很深的困境。但是要澈底扳倒以趙紫陽為首的改革派則不是一件容易的事。從四月十五日開始的天安門學生運動恰好為保守派提供了一個最好的機會。保守派因此不惜用一切手段激怒學生，以擴大事件，最後逼使趙紫陽下臺。四月二十六日《人民日報》關於「動亂」的社論便是在這一設計下出爐的。兩害相權取其輕，在黨的存亡和人民意向之間，鄧小平當然毫不遲疑地選擇了暴力鎮壓。

「六四」屠殺必然引起國際的反響是鄧小平早已估計在內的，但其程度之強烈、範圍之廣遠、和持續之長久則決不是他所能預見的。這一反響的性質是相當複雜的，除了人人都看得見的道德和政治譴責之外，更重要的是經濟方面的巨大影響。國際企業界發現在中國大陸進行投資的風險太大，有的開始撤退，有的則裹足不前。大陸的市場經濟因此一度呈現出嚴重的危機。

然而「開放」和「改革」畢竟是鄧小平晚年政治生命的唯一歸宿，這是他無論如何也不肯拋棄的。何況對外開放的形勢已無從逆轉，即使他有此決心，也沒有力量可以重新關閉中國的大門了。從八九年到九二年，中共政權一直處於進退失據的困境。在政治上它依賴高壓以維持一種表面的「穩定」；在經濟上，無論是「改革」和「開放」都無下手處，大概是乘虛流入的臺灣和香港的資金幫助它渡過了最困難的關頭。（這一點未來的研究當可證實。）

中共黨內的保守派無疑是「六四」屠殺的最大受益者。他們雖無力回天，把歷史拉回五〇年代，但對於鄧小平的「開放」和「改革」則顯得十分冷淡。在他們重新占領的意識形態的領域之內，「政治掛帥」和「計畫經濟」的語言又開始回潮。江澤民和李鵬都已不加掩飾地倒向保守派元老的一邊。在萬般無奈的情況之下，鄧小平才不得不效毛澤東當年「赤膊上陣」的故智，而有所謂「南巡講話」。「南巡」突破了原先那種既不能退又不能進的僵局，並激起了近兩年來市場經濟的新高潮。

從以上簡略的分析，可見中共「六四」後所謂「三年治理整頓」根本只是一句空話。在最初三年之中，中共既談不上「治理」，也無所謂「整頓」；它所做的只有一件事，即在「草木皆兵」的心理狀態下防止一切可能發生的「動亂」。監獄中那些數不清的「動亂分子」便是「治理整頓」的唯一成績。此之謂「穩定壓倒一切」。

五年以來，中共的宣傳機器一而再、再而三地表彰自己鎮壓天安門民主運動的「勝利」。這實在是可笑而且可憐的事。以現代武裝部隊屠殺赤手空拳、和平請願的學生和市民，這樣的「勝利」也值得驕傲嗎？何況事實俱在，一九八九年北京學生最初不過是反對貪污腐化，並要求在經濟改革之外同時推動政治改革而已。只是由於保守派的不斷刺激，激進的口號才逐步相應而升高。八九年的天安門運動本質上只是一個自發的集體抗議，遠遠談不上是一場有組織、有計畫推翻中共政權的「動亂」。當時的學生和市民何嘗有意與中共「較量」勝負？但是如果認真地評估勝負，結論恐怕與中共官方的宣傳適得其反。「六四」的幽靈始終糾纏著中共不放，而且有越來越大的趨勢，因此只要稍有風吹草動（如最近黑龍江、南昌等地的工潮），中共當局便驚慌失措，「亡黨」、「亡國」的呼聲不禁脫口而出。八九到九二這三年間中共為「六四」的幽靈所脅制，對「和平演變」畏之有如蛇蠍，以致純經濟領域中的「治理整頓」也陷於僵局。這究竟是「勝利」呢？還是「失敗」呢？

最近兩年市場經濟的再度發熱更證明「六四」反彈力的強大。如果八九年的天安門運動是以和平妥協收局，那麼經濟改革、甚至政治、法律的改革到今天必已取得相當的成績，一個新的秩序大概已在混亂中逐漸出現。正由於「六四」屠殺，改革與開放都無法順利進行，所以鄧小平才不得不有「南巡」之舉。「南巡」透露了一個重要的事實：鄧小平改革與開放的權力基礎當時已不在北京而在沿海地區。這也是「六四」的一大後遺症。

但是鄧小平「南巡講話」以來所引起的變化與「六四」的關係則十分微妙，有略加檢討的必要。從一方面看，這兩年來大陸上所謂「全民皆商」的一股狂潮是中國史上前所未有的。其中知識分子「下海」尤其引起了國際的注視。很明顯的，在三年高壓之下，大陸上的人民忽然在極權的堤壩上找到了一個經濟的缺口，因此一衝而破，舉國奔騰。參加過八九年天安門運動的知識分子，包括出獄的和漏網的，也大批「下海」。他們不再正面與垂死的政治老虎搏鬥，而是採取迂迴戰略，利用經濟缺口去開闢活動的空間。我們都知道，極權統治之所以可怕主要由於它消滅了「黨」以外的一切社會組織，使「黨」的絕對權力直接控制到每一個家庭和個人。在二十世紀的一切極權國家中，中共把這種統治推行得最為澈底。從一九四九到一九七六年，中國人完全在這一極權的天羅地網的籠罩之中。（中共之所以能做到這一點，原因甚為複雜，此處不能詳說。）最具體的說明是「單位」取代了家、族、地域、職業、宗教或任何社會認同的實體。一個人離開了「單位」便等於不存在；而「單位」則是在「黨」的絕對控制之下。為了挽救「亡黨」的危機，中共開始了十年「改革」與「開放」，初步鬆動了極權體制，大陸上因此出現了一些「黨」以外的社會空間。但極權體制是只能緊，不能鬆的；一鬆之後便將一洩無底。這是「六四」的深層背景。從這一角度看，當時天安門的民主呼聲正反映了人民對於繼續擴大社會空間的深刻要求。現在經商狂潮席捲全大陸，開拓著日益增大的社會空間，使許多人能脫離「單位」的控制而獨立活動。這是以另一種方式繼承著五年前天安門的民主運動，其影響之大是難以估計的。報載江澤民對「六四」人士大批「下海」經商的現象，極為不滿。以政治敏感性而言，他究不愧為中共的總書記。

但是兩年來的經濟熱潮也引出了一個完全相反的觀點。根據這一觀點，「六四」屠殺已被事實證明是完全必要的，因為它帶來了五年的政治「穩定」，為經濟發展創造了條件。不但如此，由於一些「專家」的渲染，中國大陸近兩年的經濟成長被描繪為一種「奇蹟」，好像中國已是世界上成長率最高的國家。接著便是各國企業界爭先恐後向中共政權討好，以爭取在大陸投資的機會。中共幾乎在一夜之間變成了頭等經濟大國，並利用這個新身分在國際上擺出一副極其強硬的姿勢，決不容許西方國家以人權問題向它施壓力。它的國際盟友也為它作說客。例如新加坡的李光耀便曾警告美國柯林頓政府，不得向中共提人權兩字。他說，如果美國「干涉中國內政，那將是一個最大的錯誤」。在這一氣氛之下，甚至當年同情過「六四」的海外華人也開始改變他們的看法。

對於這個觀點，我們究竟應該怎樣看待呢？我想我們必須避免情緒的反應，更不可輕動「正義的怒火」。我們還是應該從事實入手。這裡有兩個關於事實的基本問題：第一、中國大陸的經濟是不是真的達到了起飛的階段？第二、中共政權是不是真的已取得了穩定的控制力量？這兩個問題的解答都很費筆墨，當然不是這篇短文所能為力的。然而事有湊巧，這一期美國著名的《外交事務季刊》（*Foreign Affairs*，一九九四年五、六月號）上刊載了兩篇重要的分析文章，恰好答覆了上述的兩個問題。第一篇是由何尼克（Richard Hornik）執筆的，題為〈戳破中國的肥皂泡〉。他是《時代》（*Time*）雜誌的資深記者，曾先後任北京（一九八五～一九八七）和香港（一九九一～一九九三）《時代》分社的社長。他的文章是根據在大陸、東南亞的訪問和已發表的經濟數據寫成的。據他的分析，中國大陸的經濟熱並不是「奇蹟」（miracle）而是「幻象」（mirage），因為北京根本沒有一個健全的金融和貨幣政策，足以適應自由市場的衝力。在大陸投資風險太大。一個東南亞銀行家私下告訴何尼克說：「中國根本不是一個可以投資的地方，我們自己決不把錢投進去。我們其實只是作橋樑引其他人去投資，因為風險是很高的。」所以何氏形容大陸今天的情形是「肥皂泡經濟」。

第二篇文章的作者是希戈（Gerald Segal），題為〈中國正在變形〉。他是國際戰略研究所的高級研究員和《太平洋評論》的編輯，最近出版了《香港的命運》專書。他指出北京早已失控，對沿海的地方經濟諸侯不再能有效地指揮和支配。地方主義的興起不但意味著中央與地方的爭執，也意味著地區與地區之間的衝突。而國際的經濟力量也在促使中國走向分崩離析的道路。所以他形容中國大陸已變成一團「混亂」（muddle）。他看出中央越來越弱，因此提醒研究中國的專家不要再把眼光集中在北京的政治，而必須轉移到各地區以至東南亞的發展上。有趣的是：希氏的見解和我一向的觀察不謀而合。一九九二年一月華府《國際經濟》（*The International Economy*）編者向我徵詢有關大陸未來演變的意見時，我的答案正是如此（見該刊一九九二年一、二月號）。我不是所謂「中國觀察家」，我的觀察是從歷史的直覺獲得的。但這一直覺現在已由希戈的論文證實了。

有了這兩篇翔實的論文，我們更可以看出近兩年的經商熱潮也是「六四」的一種變相延續。一方面，中共為「六四」的幽靈所困擾，五年來不敢作任何制度上的改變。另一方面，改革、開放的潮流不但不能逆轉，而且在最近兩年更破堤而奔。中國大陸上潛伏的危機一天天加深，中共因為害怕「亡黨」、「亡國」，一直採取拖與混的辦法。今天（五月十七日）美國兩家電視新聞（CBS和ABC）都報導了中共最近加緊鎮壓異議分子的舉動。王丹因為會見外國記者而再度被拘押，新疆的監獄裡關了大批不同政見者。而且據新疆囚犯說，中共處決政治犯已由公開改為祕密，監獄圍牆之內便是刑場。這些變本加厲的作法似乎並不能證明它的極權統治已如磐石之安。相反的，在「六四」幽靈越來越巨大的情勢之下，這種凶暴的表現只不過更顯示出中共內心的恐懼正在加深而已。

一九九四年「六四」前為香港《信報月刊》作

和平演變與中國遠景

二十世紀是中國的革命的世紀。革命起於內憂外患的交迫，其歷史的意義是必須受到肯定的。但是長期的革命——特別是暴力革命——也顯然帶來了經久不息的動亂和逐層深化的破壞。中國的現狀——兩岸三地——便是這樣造成的。今天二十世紀已進入了最後的十年，我們究竟應該怎樣估計中國的近景和遠景才算是比較符合實事求是的原則呢？

首先我們必須指出，自十九世紀中葉以後，中國歷史的進程已逐漸脫離了原來的軌道，而開始和整個世界史的發展匯流了。這一趨勢越到後來便越顯著。因此我們對二十世紀中國革命的認識絕不可能離開世界潮流的背景。

孫中山先生在十九世紀末葉首倡民主共和的革命，顯然是受到了十八世紀晚期美國革命和法國革命的啟發。這是中國人第一次自覺地企圖把整個國家的命運納入世界文化的主流之中。我們說美、法革命是世界文化的主流，這是有充分的歷史的根據的：民主、自由、人權、法治等不但是這兩大革命的主導價值，而且這些價值的遠源至少可以上溯到十七世紀英國的光榮革命。不但如此，自十九世紀以來，這些價值觀念已迅速地從英、美、法各國向全歐洲以及非西方地區擴散，而逐漸獲得世界上各地人民的接受。這是西方史上所謂「民主革命的時代」。孫中山先生早年正是承此革命的主流而起。

但是十九世紀中葉以後歐洲有社會主義革命潮流的興起。這一新潮流在歐洲雖曾激起波瀾，然終無所成；它最後是在具有長期專制傳統的俄國得到實現。這便是一九一七年俄國的「十月革命」。從此以後，美、法、俄三大革命同成為世人謳歌的對象，而中國知識分子由於救國心切，更是對最新的俄國革命發生了無限的嚮往。因此「五四」領袖之一的李大釗立即有〈布爾什維克的勝利〉一文，響應「十月革命」。「五四」以後短短三年之間，馬克思主義研究會終於發展成中國共產黨（一九二一）。中國知識分子最初同情於共產主義（或社會主義）的理想是不難理解的，他們當時受到俄國十月革命的誘惑也是出於十分純潔的動機。甚至自由主義者也不免認為社會主義代表著近代民主大潮流在經濟領域中的擴展。換句話說，在二十世紀四〇年代以前，中國知識分子中很有一部分人相信俄國革命是繼美、法革命而起的最新發展。

四十多年來中國大陸的歷史實踐證明：列寧—斯大林式的「無產階級專政」澈底毀滅了中國的民間社會，切斷了人民在生活上自作主宰的一切機能。直到八〇年代的改革和開放，中國社會才開始恢復了一線生機。然而這一點點生機在過去兩年半中又幾乎窒息得快要中斷了。此中關鍵則在私有財產的澈底廢除。自從社會主義的觀念流行以來，我們通常都以「公有財產」（或「國有財產」）和「私有財產」相對照，好像這是兩種同樣有效的財產占有的方式。而在中國傳統的語言中，「公」則必然在道德上「高」於「私」。所以，中共在土改之後很快便取消了「耕者有其田」的原則，更普遍地廢除了一切私人企業。但是四十年的實際經驗告訴我們：「私有制」的對面並不是「公有制」；所謂「公有」不過是一種語言的魔術。私有制消失了以後，一切財產和生活資料事實上都控制在一個擁有絕對權力的「黨組織」的手上。這個「黨」於是成為大奴隸主、大地主和大資本家的三位一體。

取代了個人私有制的不但不是任何意義下的「公有制」，而是一個最不合理、最不公平的「一黨壟斷制」。三百年前洛克便提出了「沒有私有財產便沒有公平」的論斷；但這一論斷的最深刻的涵義只有在經過了二十世紀共產黨的統治之後才完全顯示了出來。今天我們已真正懂得：私有財產的合法化是個人的自由和尊嚴的基本保證。公平的社會必須建築在人人有產的基礎之上。俄國革命以來，所謂「無產者的社會」在實踐中已一再被證明是一種政治的虛構。普通的人民誠然是人人無產，但是「無產階級先鋒隊」的大大小小的隊員們卻都能比照著他們的權力和地位享有社會上一切的財產——包括物質的和精神的。

從民主、自由、人權等現代的基本價值上看，俄國革命不但不足以上繼英、美、法的革命，而且恰恰是這三百多年來西方文化主流的一大逆轉。若更從公民社會的觀點說，法國大革命爆發在一個充分發展了的公民社會的基礎之上，革命的暴力雖在今天受到史學家的普遍批評，但並沒有摧毀法國的公民社會。而且從歷史的長程來看，革命的結果是加強並豐富了原有的公民社會。俄國革命則正好相反：它的公民社會十分微弱，遠不足以控制強大的專制國家。列寧的革命及其一黨專政的國家便是在這樣的社會基礎上出現的。俄國革命不但沒有幫助公民社會的成長，反而以暴力剷除了萌芽未久的公民社會。今年（一九九一）八月尾蘇聯保守派武裝政變失敗之後，一個莫斯科的居民在電視上高興地說：「俄國的公民社會今天獲得新生了！」這句話是對俄國革命的最深刻的評判。

中國的狀況與俄國為近，距西方甚遠；它只有民間社會，而談不到有公民社會。這個民間社會的特色是「天高皇帝遠」，專制不像帝俄那樣普遍而深入，階級分化更不像帝俄社會那樣尖銳，然而它的散漫鬆弛同樣使它不能有效地抵抗專制的權力。這種狀態可以在很大的程度上解釋中共為什麼能在中國建立起極權統治並扼殺民間社會至數十年之久。從現代的觀點看，傳統的民間社會自然有許多極不合理的成分，必須嚴加洗汰。但是這種洗汰只能通過漸進的方式，使民間社會轉化為公民社會，大致如日本所走的道路。過去幾十年間中共所作的，即使我們用最善意的解釋，也只能稱之為「揠苗助長」。民間社會被扼殺之後，一切經濟、文化、社會的活力也都跟著消失了，現代化根本無從開始。

今天蘇聯的極權體制已在一夕之間完全崩潰了。這一驚天動地的事實說明政治暴力無論如何壓不死俄國公民社會的殘留根荄。中國的民間社會也同樣是「野火燒不盡，春風吹又生」。大陸上的「十年開放和改革」已使民間社會開始復甦了。中國的現代化本繫於民間社會怎樣逐漸轉化為公民社會，一九八九年的民主運動清楚地顯示了這一轉化的契機。由於中共內部存在著一股巨大的保守勢力，他們寧可中國陷於萬劫不復也不肯失去可以世襲的「革命特權」，終於決定在天安門屠殺和平請願的學生和市民。這兩年多來，大陸陷入了一種兩頭蛇式的僵持局面：一頭是已復甦的民間社會向公民社會轉化，其勢已不可能阻遏；另一頭則是用赤裸裸的暴力堅持「專政」。蘇聯的崩潰尤其使中共的保守派驚慌失措，竟提出「反和平演變」作為他們的最高的政治綱領。另一方面，為了現實上的需要，改革派仍然不能拋棄「改革開放」的旗幟。所以中共黨內也形成了一個兩頭蛇式的僵局。正是這種僵局所造成的表面靜態才給人以「安定」的假象。

僵局是中國大陸的近景，那麼它的遠景如何？我們不需要辯證法的啟示也都知道社會是不可能完全靜止不動的，它每一分一秒都在「演變」之中。因此無論是為中共政權計還是為整個中國民族計，「和平演變」都是唯一的出路。時至今日，在世界新潮流浩浩蕩蕩的衝擊之下，沈湎在列寧－斯大林式的「專政」的迷夢中的人實在應該清醒了。當年陳獨秀和李大釗，為「布爾什維克的勝利」所誘惑，在中國創建了共產黨，他們的用心是值得同情的，但是他們用九州之鐵所鑄成的大錯則是無可辯解的。孫中山為了革命求速成而「聯俄容共」，他的動機更是無可非議的，然而這個大錯已記載在歷史上，也是抹不掉的。孫、李兩先生都逝世得很早，看不見這個大錯的嚴重後果。陳獨秀看清了這個大錯在中國所造成的災害，所以才有晚年的一番大澈大悟。他斬釘截鐵地告訴我們：

「無產階級民主」，不是一個空洞名詞，其具體內容也和資產階級民主同樣要求一切公民都有集會、結社、言論、出版、罷工之自由。特別重要的是反對黨派之自由。沒有這些，議會與蘇維埃同樣一文不值。

他又沉痛地說：

所謂「無產階級獨裁」（按：即「專政」的同義語），根本沒有這樣東西。即黨的獨裁，結果也只能領袖獨裁。任何獨裁制都和殘暴、蒙蔽、欺騙、貪污、腐化的官僚政治是不能分離的。

這是五十一年前說的話，今天已一一應驗在中共政權的身上。因此陳獨秀終不失為二十世紀中國的豪傑之士。任何稍有良知的中國共產黨人今天都應該仔細想想他的黨的創建者這一番反思之言。

由於歷史的因緣，臺灣和香港是中國僅有的兩個地域幸運地免於共產政權的蹂躪，因此還能比較完整地保存了民間社會的基礎。經過四十年的發展，這兩個地域的民間社會已相當成功地轉化為現代的公民社會。本文寫到這裡，恰好聽到了臺灣制憲國大代表全面改選的最後結果。這是中國人實行民主制度的一個新的里程碑。國民黨從「一黨專政」的模式逐漸轉化為普通的民主政黨是經過了一段曲折而艱難的歷程的。國民黨的轉化當然還沒有到達終點，但不可否認這是一個很好的開端。正因為國民黨有決心順應世界史的大潮流，尊重公民社會的集體意志，所以它才能在這次選舉中獲得了百分之七十一的選票。我們可以說，國民黨為中國的「和平演變」提供了一個令人興奮的範例。前幾個月香港的選舉，民主派人士獲得了壓倒性的勝利。這也是值得我們高興的，因為這一事實說明香港的公民社會已發展得相當成熟了。

中國大陸的民間社會中斷了三十年，當然不是短期內所能完全恢復的。而且從民間社會過渡到公民社會還需要通過一個歷史階段。但民間社會的全面復甦和公民社會的成長顯然在時間上可以是重疊的。和平演變無疑將加速公民社會成長的過程。只有暴力演變才會阻止這一過程，那是我們所最不願意看見的景象。等到兩岸三地都出現了公民社會，中國的統一便水到渠成了。

對於中國的遠景，我們還是有理由保持審慎的樂觀的。

一九九一年十二月二十二日

〈試論和平演進〉讀後

許家屯先生（以下簡稱「作者」）的〈試論和平演進〉一文，從初稿到三稿，先後醞釀了一年多的時間，至於思想上的準備自然為時更長，因此確確實實可以當得起副題中的「反思」兩個字。更重要的是作者的基本立場仍然是馬克思主義的；他所認同的也仍然是鄧小平所提出的所謂「具有中國特色的社會主義」。在這個大前提之下，我覺得作者的「反思」已達到了最大的限度。另一方面，我們從字裡行間可以看出，作者對於「六、四」現象雖未必同意，然而是同情的。他承認「六、四」是「全民性要求中國共產黨、中國政府實行全面的、深化的、政治的、經濟的改革」。這和中共政權今天仍堅持「六、四」是「暴民動亂」，顯然是大相逕庭的。尤其難得是他有勇氣指出，中國的「六、四」雖然受到外在的一定影響，但不是「主因」。他引用了「物必先腐，而後蟲生」一句成語，正符合中國人「嚴以責己」的一貫態度。關於東歐和蘇聯的體制的崩潰，作者說：「總之，其主要原因是列寧－斯大林的社會主義模式，不符合社會發展規律，今天它的退出歷史舞臺，是客觀規律的必然。」這裡所用「社會發展規律」和「客觀規律」兩個名詞都是馬克思主義的語言，我們不必接受，但這句話本身的真實性則是無可懷疑的。

作者全文的主旨是希望中共能大膽地引進資本主義的因素，繼續經濟上的改革和開放，不必過於耽心姓「社」的會變成姓「資」的問題。作者引羅斯福的「新政」為例，說明美國的資本主義曾大量吸收了社會主義的成分以挽救自身的危機。這自然是一個很有力的論點。我願意補充的是，西方社會在這一方面的自我調整遠始於十九世紀。勞動立法和福利政策在英國和歐洲大陸各國都是十九世紀下葉開始的。社會主義思潮本起於資本主義社會的種種不公平的現象，如恩格斯在《十九世紀英國工人階級的狀況》所描寫的。但是我們也必須知道，恩格斯寫這本書的資料大部分便來自英國議會為了勞動立法而進行的實際調查。作者在鄧小平最近南巡講話以後發表這篇文字，當然是希望對大陸經濟改革的再出發有促進作用。為了避免對中共內部的死硬派有所刺激，作者把「和平演變」改成了「和平演進」，這是作者的一種苦心孤詣。恰好一位最近從大陸來美的學者也告訴我，他以後寫文字涉及「和平演變」這一名詞時，將一律把「變」字改成「進」字。這一不謀而合恐怕還不僅僅是「英雄所見略同」；它反映了中國大陸上幾十年來「馬家店新名教」的勢力是多麼浩大。一字之差不但可以決定一個人的升沈榮辱，更可以左右整個國家的命運。

無論是「演變」還是「演進」，大陸以外的中國人無不願見中國能通過和平的方式重回到文明的正流。在「六、四」以前，我個人對於中國的開放和改革曾抱著審慎的樂觀，雖則我不相信鄧小平的「經濟放鬆、政治加緊」的如意算盤。「六、四」以後，我對中共政權已不存任何希望；我只好冷眼旁觀：「看你橫行到幾時？」無論中共用多少坦克車和機關槍來阻止「變」，十二億人的求生意志大概總不可能永遠被壓制下去。今天中國大陸的問題根本不是什麼姓「社」還是姓「資」的問題，而是共產黨唯恐失去政權的問題。當年抱著理想主義和正義感而參加共產黨的，如果他的良知未泯、理性猶存，今天不是靠邊站，便是流亡了。許家屯先生便是其中之一。「六、四」以後還能在中共黨內稱為當權派的，大概都是抱著這樣的心理：「天下是老子提著腦袋打來的，誰要敢來搶老子的天下，老子就要你的腦袋。」由於這個用腦袋拼出來的天下是在「社會主義」的口號之下取得合法性的，所以這個「社」姓是決不能改的。所謂「四項堅持」，說穿了也只有一項，即「共產黨領導」。鄧小平在十年改革中先砍掉了左臂胡耀邦，後砍掉了右臂趙紫陽。今天他想與虎謀皮，重振改革的旗鼓，我們在海外的中國人除了說一聲「祝你好運」外，別無他話可說了。作者這篇關於「和平演進」的大文寫得極盡其委婉體貼的能事，但是鄧小平真能聽得入耳嗎？那無數的「江山是老子打來」的「風流人物」能懂嗎？他們的「階級本能」——統治階級的本能——是極其敏銳的，他們不可能因為作者把「變」字換成了「進」字，便忽然「思想搞通」了。讓我們姑且拭目以待。

我尊重作者的信仰，不想和他辯論任何理論上的問題。而且對於作者的苦口婆心，我也是十分同情的。不過我願意指出一個歷史事實，即資本主義和社會主義在起源上是完全不同的。過去幾十年來，我們都說這是兩個不同的制度，好像我們可以根據自己的價值取向而任選其一。但事實上，資本主義是經過好幾百年在西方社會中自然成長起來的，並且其中包含著無數複雜的因素，包括市場、法律、殖民地擴張、宗教等等。歷史上從來沒有人提議說，讓我們建立一個新制度，叫做資本主義。所以馬克思雖寫了《資本論》，提到資本家，卻沒有正式用過「資本主義」這個名詞。法國史學家布勞岱爾曾清楚地指出了這一事實。社會主義則不同，它完全是一個人為的設計，其實也就是烏托邦。恩格斯所謂的「科學的社會主義」今天看來是比烏托邦社會主義還更要烏托邦。到了列寧－斯大林的手上它終於造成了人類有史以來所未有的大災害。關鍵便在於它在「無產階級專政」的暴力之下廢除了私有財產權。作者指出美國「新政」中含有社會主義的因素，這是正確的觀察。這是社會主義制度化的正常途徑。前蘇聯所實行的所謂社會主義是以暴力建立而永遠以暴力維持的一黨專政，直到它的滅亡為止。即使用最善意的說法，我們也只能說，這是現代一部分知識分子的狂妄，自以為可以「替天行道」，用人的智力創造出一個嶄新的社會，而以幾億以至十幾億人的生命作一場最大規模的社會實驗。今天俄羅斯及其他獨立國協的成員，東歐各國，還有中國大陸所面臨的改革困難都出於同一根源：用暴力沒收一切私有財產，集中所有生產資料和生活資源於一黨之手（美其名曰「集體所有制」）是輕而易舉之事；然而要想發展資本主義，重建私有制，卻無路可走。已集中的生產資料和生活資源怎樣才能還原給私人呢？共產黨本身已成為唯一的大資本家、大地主，它又怎麼肯吐出已到口的美食呢？私有產權不合法化則自由經濟、自由市場不可能發展，但一經合法化便等於宣告姓「社」的已改成姓「資」的，共產黨專政的基礎將馬上隨之而動搖，這又豈是政權在握的共產黨所能容忍？一九八九年以前改革所遇到的最大阻力便在這裡。今天大陸上所有的個體戶雖有私人財產，但這種私產是完全沒有法律保障的。如果有一天共產黨決定收歸「集體所有」，它的社會主義憲法是可以使它隨時沒收一切個體戶的私產的。所以從歷史起源看，資本主義和社會主義決不是兩個對等的事物。這不像東方文化和西方文化，兩者都是在長期歷史過程中自然成長起來的，我們可以把它們放在同一層次上加以比較，並互相截長補短。

最後，我想說，作者的「反思」和陳獨秀晚年的「反思」有驚人的相似之處。我這樣說是表示一種很高的敬意，這和中共提到陳獨秀必出之以輕鄙的口吻完全不同。陳獨秀在一九三八年也主張中國必須先補上資本主義這一課。一九四〇年他寫信給西流說，他「沈思熟慮了六、七年」，認為所謂無產階級民主其實在內容上仍然和資產階級民主相同，不過範圍更擴大了而已。如果放棄了民主，則所謂無產階級專政「必然流為史大林式的極少數人的格柏烏政制」（這些文字都收在《後期的陳獨秀及其文章選編》，四川人民出版社，一九八〇）。這一點也與作者不謀而合，作者說：「平等、自由、民主思想和民主政治體制，是資本主義在它發生、發展過程中……發展起來的，是人類的共同財富。在當代，如仍視其為資產階級所有，只能為資產階級服務，無視工人階級、中產階級使用它和資產階級鬥爭，維護和爭取自身利益的現實發展，不符合當前社會實際。」但是我必須補充一句，和作者一樣，陳獨秀至死仍是一個馬克思主義者，也沒有放棄社會主義的理想。我不相信作者曾讀過陳獨秀的晚年文字。他們的不謀而合，也許是由於他們最初同是抱著理想主義和正義感參加了共產黨的，但是他們的良知未泯、理性猶存，在殘酷的現實中覺醒了。因此，他們的「反思」也走上了同一條道路。

展望中國民主化的前景

——從「國家」與「社會」的關係說起

「國家」與「社會」，嚴格地說，都是西方近代史上出現的概念。如果我們用這一對概念來檢討中國的傳統情況，我們可以說：中國過去也有「國家」與「社會」的分別，但界線遠不若現代西方那樣清楚。這一歷史的背景對於中國現代的民主發展具有深遠的影響，不能不先作一簡單的說明。

社會是無所不包的，嚴格言之，國家也在其中，即社會中的政治系統。近來西方流行「公民社會」的觀念，好像與國家形成了對立的狀態。其實這是由於二十世紀出現了極權國家的原故。在共產黨統治之下，政治系統無限擴大，以至吞沒了整個社會，這才引起大家重新認識「公民社會」的重要。一九九一年前蘇聯的極權統治在一夜之間崩潰了。當時莫斯科的一個俄國人在電視前大聲喊道：「公民社會今夜在莫斯科再生了！」這個鏡頭生動地說明了「國家」和「社會」為什麼今天竟成為兩個敵對的觀念。但是在中國傳統中，國家與社會則主要是相連續，而不是勢不兩立的。荀子說：「儒者在本朝則美政，在下位則美俗」。這裡「本朝」即相當於「國家」，「下位」則相當於「社會」。然而儒家更重視「社會」，所以「移風易俗」成為師儒的最大的責任。「美政」的基礎正在於「美俗」。詩人如杜甫、陸游無不再三致意於「風俗」，更是中國傳統重社會尤過於國家之證。

中國過去一直是一個中央集權式的統一帝國，國家的力量確遠比社會的力量為強大。但是兩千多年中，中國仍然有一個民間社會的存在，雖不足與帝力正面抗衡，卻未嘗不曾為個人和私人團體提供了庇護之所。從長期的演變來看，中國傳統的國家與社會之間也存在著一種隱蔽的緊張：在野的知識人往往傾向於儒家與道家，即欲以社會的力量對抗國家的力量。而朝廷方面則陰尊法家，因為法家但知有國家而不知有社會。歷代帝王表面上固然都推崇儒學，究其動機則是為了籠絡和控制社會。中國專制朝廷不能與現代極權國家相提並論，它沒有消滅社會的野心，也沒有這種組織的能力。由於法家所倡導的國家權力不能深入社會，朝廷必須借重士人以增強其統治；明太祖「寰宇士大夫不為君用」的罪律最能說明這一問題。

這一緊張到了二十世紀從隱蔽轉變為公開；中國近代民主化過程的艱難恰和這一歷史背景有密切的關係。近代中國知識分子在接受西方民主觀念時所表現的開放胸襟是極為少見的。無論是早期的變法派或稍後的革命派，對於民主的原則都是全心全意接受的。我想這是因為他們深受傳統的薰陶，重視社會與人民遠過於國家與政府。更可注意的是清末民初之際中國知識分子中有許多人都為西方的無政府主義所吸引，並進而以先秦老莊與魏晉無君論相比附。甚至早期中國的共產主義信徒也往往誤以為共產主義的終極目的是無政府主義。他們所嚮往的是一個最自由、最平等、也最民主的烏托邦社會，而不是一個強大的國家。

但二十世紀的歷史又對中國提出了一個恰恰相反的要求，即為了救亡圖存，中國必須成為一個有組織、有力量的現代國家。用當時通行的名詞說，便是所謂「富國強兵」。這一要求則與兩千年統一大帝國的政治傳統一脈相承。由於二十世紀中國的政權一直都掌握在邊緣人集團的手中，知識分子永遠處於權力的外圈，其結果則是「國家」逐步吞蝕了「社會」。一九四九年中共極權體制的建立便是這一系列發展的最後歸趨。二十世紀前半葉中國民主化的努力至此已澈底失敗了。

今天已到了二十世紀的結尾，民主化運動在全中國的範圍內又重新整裝待發。我們展望二十一世紀，中國民主化的前景究竟如何呢？中國現在分成了三個地區，各有不同的情況，必須分別討論。第一是臺灣，這是中國民主化最有成績的地區。一九八七年國民黨正式解除了戒嚴令，開放了黨禁和報禁，臺灣才真正踏出了民主憲政的第一步。自一九二四年改組以來，國民黨以「革命政黨」自居，它的主要目的是要通過「一黨專政」來建立一個強大的國家。所以「國家至上」曾是它的最響亮的口號之一。所幸國民黨的「專政」，根據孫中山的理論，只是暫時性的，最後它必須「還政於民」，回到憲政的正流。國民黨並沒有消滅社會的終極企圖。但無可諱言的，在「專政」期間，國民黨曾以「國家」來壓制「社會」。今天國民黨以行動實踐了「還政於民」的諾言，這是一項最值得稱道的重大成就。而國民黨之所以能作到這一點，則顯然是因為臺灣的民間社會未經革命暴力的摧殘，四十年來這一傳統的民間社會已逐漸蛻化成現代的公民社會。這是臺灣民主化的基本動力。只要臺灣能循著現有的憲政軌道走下去，逐漸擺脫轉型時期的亂象，進入成熟和理性的階段，民主的前途應該是相當光明的。如果說，臺灣潛伏著什麼危機，這危機毋寧是在「國家認同」的上面。臺灣現在已是一個具有憲政體制的國家，這是和民主化的社會恰好相輔相成的。所以認同於這一性質的國家是符合臺灣最大多數人的最大利益的。相反的，如果臺灣今天爆發「國家認同」的危機，則災難性的後果可以立至。此中利害至明，但我們無法在這篇短文中一一指陳。

香港是另一個民主運動急劇發展的中國地區。和臺灣一樣，香港也是未經革命暴力摧殘的社會，因此也已具有公民社會的雛型。但是香港一直是英國的殖民地，不具備「國家」的條件。我們可以說，它是一個但有「社會」而無「國家」的地方。九七年以後，香港的民主化前途即將和中國大陸連成一體，因此更帶有高度的不確定性。不過香港社會的民主潛力仍不容輕視。今年六、四紀念日，香港還有四、五萬人參加遊行示威，這是令人起敬的壯舉。九七以後，即使中共極權國家的本質不變，它也未必敢輕易地用天安門屠殺的方式對香港人的民主要求橫加鎮壓。

最後讓我們對大陸的民主遠景略作推測。從世界共產黨政權的全面崩解，我們不難看到，以橫暴的國家權力來澈底消滅社會的空間終究是不可能的。中共最初三十年的極權統治確曾有效地摧毀了中國傳統的民間社會——其關鍵即在沒收一切私有財產和禁絕一切民間組織——然而其代價則是切斷了社會的一切生機。八〇年代以後中共的「開放」和「改革」是因為其政權也已到了不復能持續下去的境地。民間社會也像詩人筆下的草木一樣，是所謂「野火燒不盡，春風吹又生」的。「開放」、「改革」並沒有依照鄧小平的如意算盤進行——「經濟放鬆、政治加緊」。相反地，三十年來被歪曲、被壓抑的民間社會的生機很快地復甦了。社會的意識一旦重新抬頭，民主的要求便馬上跟著出現。所以在短短十年之間，大陸民主運動便從魏京生等少數知識分子的大字報發展為天安門前百萬群眾的和平遊行。但是大陸的民間社會畢竟是在再度萌芽的階段，而中共的極權國家雖已是強弩之末，卻仍有餘力足以暫時扼殺民主的幼苗。最近這一年來，由於市場經濟的遽速成長，中共政權基本上已失去了以前那種收縱自如的統治能力。今天大陸上，極權國家與再生社會兩股力量之間正處於一消一漲的關鍵時刻。極權國家的全面解體必在最後一個「強人」消逝之後，所以一場巨變的風暴正盤旋在中國大陸的上空。這場巨變的具體面貌此時尚無從預測，但無論如何，它將為民主運動提供一個新的機運。很可能的，大陸的民主化將與二十一世紀同時起步。

中國雖在目前分成三個地區，但這三個地區的民主化的命運卻是共同的、分不開的。臺灣的民主化開始得最早，基礎也最為堅實，如果運用得當，未嘗不能在全中國範圍內發生示範作用。但其先決條件是臺灣本身必須建立起一個穩定的新秩序。

總結地說，依照中國傳統的理論，社會與國家之間必須維持一種動態的平衡。這是和西方關於民主的看法相當接近的。但二十世紀的中國，國家與社會之間發生了過度的緊張，民主化因此而遭到嚴重的挫折。今天臺灣首先找到了重新平衡國家與社會的途徑，大陸則仍在探索的階段。二十一世紀的中國是否能走上全面民主化的道路，大體上決定於臺灣的民主發展能不能避免國家認同的危機，以及大陸的民間社會能不能轉化為現代的公民社會並從而制約國家的橫暴權力。中國作為一個現代化的國家必須擺脫傳統王朝的集權陰影；

中國作為一個現代化的社會則必須擺脫以往那種「一盤散沙」的格局。二十一世紀中國民主化的前途將繫於這兩個基本條件上。

本文撰於一九九三年

中國文化危機及其思想史的背景

自十九世紀中葉以來，在西方文化的巨大衝擊之下，中國文化發生了空前的危機。這一危機隨著中國近代、現代史的演變而一步一步地深化，一直到今天仍然在繼續之中。在這篇講詞中，我自然不能討論這個危機的全部發展的歷程。我想從中國知識人在各階段對於西方文化的理解和反響，以說明中國文化危機的性質及其發展的獨特形態。

我們今天回顧中國的文化危機，並不是專講歷史，而是同時對中國的現實進行反思。因為這個危機不但沒有過去，而且仍然更深刻地困擾著新一代的中國知識人。八〇年代中國大陸上的「文化熱」便是一個最有力的證明。

在過去一百多年中，中國知識人接觸西方文化的過程是從間接而逐步發展為直接，因此他們對於西方文化的認識也由淺入深、從局部到整體。相對地，由於對西方文化的理解和評價在每一歷史階段都有變化，他們對於中國文化的態度也隨之而異。我們可以把這一百多年的文化危機分成三個主要階段：第一、從一八六〇年代到一八九〇年代，可以馮桂芬（一八〇九～一八七四）和張之洞（一八三七～一九〇九）為代表。在這一階段，中國知識人震驚於西方的「船堅礮利」，主張儘量吸收西方的科學和技術，以補中國原有學術的不足。第二、從一八九〇年代到一九一一年的辛亥革命，可以嚴復（一八五三～一九二一）、康有為（一八五八～一九二七）、章炳麟（一八六八～一九三六）、劉師培（一八八四～一九一九）等人為代表。無論是主張君主立憲或民主共和，中國知識人都已認識到西方各國的富強不僅僅是在於科學和技術，而是由於它們有比較健全的政治體制。從反面看，這一對西方政治體制的肯定便顯示出中國知識人對於中國兩千年的王朝傳統已失去了信心。這是中國思想史上一個極不尋常的變化。第三、一九一七年文學革命和新思潮運動的興起（也可以簡稱為「五四」運動），中國知識人第一次公開地承認西方文化全面地優於中國文化，並且要以西方為模式來重新改造中國文化。胡適（一八九一～一九六二）、陳獨秀（一八七九～一九三九）、和魯迅（一八八一～一九三六）則是這一階段的代表人物。

以上的三個時期的劃分是從思想史的觀點出發的；這已是多數史學家所共同接受的常識。但是這三個階段並不是清清楚楚的，前一階段和後一階段往往是重疊的。例如馮桂芬在一八六一年所寫的〈采西學議〉（見《校邠廬抗議》）說：「以中國倫常名教為原本，輔以諸國富強之術。」這是第一階段的主導思想，一直延續到張之洞的「中學為體、西學為用」。但是張之洞的「西學」已不是馮桂芬所說的算學、重學、視學、光學、化學等科學和技藝，而擴大到「西政」。所以他在《勸學篇．序》中特別指出：「西學亦有別，西藝非要，西政為要。」在第二階段中，也有一些知識人的改革論超出了政治體制的範圍，而推廣到社會制度（如家庭）和儒教。例如譚嗣同（一八六四～一八九八）對三綱五常的攻擊，章炳麟對程朱理學甚至孔子本身的批判，都已為「五四」時期全面反傳統的運動開了先路。所以上面所說的三個階段又是有內在連續性的。

自康有為、嚴復以來，中國思想史上發生了一個驚天動地的大變化。關於這一點，現代的思想史家還沒有充分注意到。漢代董仲舒曾說過一句話：「天不變，道亦不變。」這是兩千年來中國上層文化的共同信仰。中國知識人雖然不斷地追求改善文化—社會—政治的秩序，但幾乎沒有人主張用一個全新的、澈底不同的秩序來代替現有的秩序。魏晉時期雖一度流行過「無君論」的激烈思想，但影響有限，而且時間不長，沒有發展成主流。總之，「變天」、「變道」的觀念在中國思想史上是不占重要的位置的。王安石（一〇二一～一〇八六）的「變法」代表傳統秩序中激進的一派。當時有人說他主張「天命不足畏」，但這可能是出於政敵的誣陷，他的著作中並沒有這樣的話。無論如何，他「變法」的根據仍然是儒家的經典，特別是他寫的《周官新義》。司馬光（一〇一九～一〇八六）是當時的保守派，他說：「治天下譬如居室，弊則修之，非大壞不更造。」這代表大多數儒家知識人的態度。在下層文化中，我們偶然會看到比較激烈的「變天」思想，如漢末黃巾有「蒼天已死，黃天當立」的口號。但多數民間反抗者的想法依然是「替天行道」。

從康有為、嚴復開始，中國知識人發現了西方的「道」；他們不但認識到西方的「道」和中國的「道」截然不同，而且還肯定西方的「道」比中國的「道」更為合理。嚴復在一八九五年〈論世變之亟〉中指出：西方的「自由」是中國所沒有的。由於這一根本的不同，許多其他的差異便隨之而出現了。例如「中國最重三綱，而西人首明平等；中國親親，而西人尚賢；中國以孝治天下，而西人以公治天下；中國尊主，而西人隆民……。」他又說：「嘗謂中西事理，其最不同而斷乎不可合者，莫大於中之人好古而忽今；西之人力今以勝古。」他在另一篇文章——〈原強〉中則強調：「從事西學之後，平心察理，然後知中國從來政教之少是而多非。」這是中國知識人第一次公開地以西方的「道」為根據來批判中國的「道」，所以我特別在這裡多引了幾句他自己的話。在這一時期（一八九五年前後）嚴復的主要觀念是「尊民叛君，尊今叛古」八個字，這正是上面所引的論點的一個總結。

但是嚴復在他的許多譯書中，還不肯完全承認西方的「道」是中國古代聖賢所沒有見到的。因此他常常引老子、莊子以及其他古人的話注解西方的觀念，晚年他注《老子》和《莊子》，也時時引西方的思想作比較。我們可以說，他傳播西方思想，仍然採取了一種隱蔽的方式，和傳統的經典注釋相去不遠。康有為更是如此。康氏寫《孔子改制考》，提倡民權、議院、選舉、民主、平等之類的新制度。這些明明都是西方近代的制度，但他卻偏說是孔子在兩千多年前的「立法」。他的朋友朱一新（一八四六～一八九四）早就警告他，

「公羊改制」的理論恐不免發展為「用夷變夏」，確是很有遠見的。康有為的「孔子改制」和「大同」學說都是在經典新解的外衣之下，以西方的「道」來代替中國原有的「道」。自此以後，中國知識人便走上了一條「向西方尋找真理」的路。

最有趣的是章炳麟、劉師培等人所主持的《國粹學報》（一九〇五年創刊）。從表面上看，「國粹」派是排斥西方文化，提倡中國「古學」的復興。但事實上，他們卻把近代西方文化中的許多價值和觀念都包括在中國「古學」之內了。例如民主、自由、平等、人權等，根據他們對於古代經典的新解釋（如劉師培的《中國民約精義》），早已是中國的「國粹」了。當時黃節還有一個說法，「國粹」不僅限於中國本土所已有的東西，即使是從外面傳入中國的東西，如果適合中國的需要，也是「國粹」的一部分。更重要的是「國粹」派研究中國古代的歷史和文化，所根據的主要是斯賓塞（Herbert Spencer）的社會進化理論。他們幾乎把這個理論當作絕對的真理，用以劃分中國史的階段。劉師培所寫的各種有關中國歷史、文學、倫理、地理等教科書完全依照當時西方的學科分類和研究方法。所以「國粹」派也是以掩蔽的方式，用西方的「道」來改造中國的「道」。

這種隱蔽的方式在「五四」前後終於完全放棄了。一九一七年以後，中國知識人在積極的方面從要求「民主」與「科學」發展到提倡「全盤西化」；在消極方面，他們則把中國文化的傳統看作是「現代化」的主要障礙，因此展開了全面反傳統的運動。中國文化的危機至此已完全暴露了出來，一直到今天還沒找到解決的途徑。所謂「中國文化的危機」是指知識人在「向西方尋找真理」的心態 (mentality) 之下，無法處理中國文化的傳統。他們為了趕快追上西方，於是不斷向西方搬取最新的、最激進的 (radical) 思想。但是在一套一套的西方思想都不能改變中國的現狀 (status quo) 時，他們便對中國文化的傳統越來越憎恨和輕鄙，因而反傳統的心理也越來越深化和激烈。這裡表現出中國現代知識人的一種急迫和焦躁的心情。康有為所說的「緩變不可，必當速變；小變不可，必當全變」，以及孫中山所說的「迎頭趕上」都是這一心情的具體表現。這種急迫感在辛亥（一九一一）革命之後愈來愈甚。一九一三年英國人莊士敦 (R. F. Johnston) 觀察中國知識人的思想狀態，曾有下面一段描述：

> 當我們歐洲人開始驚異地發現中國的社會和政治思想、中國的道德倫理、中國的藝術和文學都有崇高價值的時候，中國人自己卻開始學著把他們文化當中這些偉大的產品加以不耐煩的鄙視。……這是一個令人大惑不解的現象。(It is a bewildering phenomenon...that just when we Europeans were realizing with amazement the high value of China's social and political philosophy, her ethics, her art and literature, the Chinese themselves were learning to treat these great products of her own civilization with impatient contempt.)

這一觀察是在「五四」前好幾年，可見「五四」的反傳統運動不是偶然爆發的；它的根源早已潛伏在一般中國知識人的心中。一九一七年胡適從美國回到上海，他發現中國的教育、出版、社會習俗等一點也沒有進步，和他七年前離開時幾乎完全一樣。但是他又發現中國知識人的思想變化很大，康有為已被看作是一個太舊的人了。(〈歸國雜感〉)胡適的觀察無意中透露出一個重要的事實：中國社會現狀變得很慢，但中國知識人的思想卻變得很快。

社會現狀和思想脫節了。

在上面所說的第一和第二階段中，思想和社會現實還相差不很遠，所以第一階段馮桂芬等人提倡西方的科學和技藝，其結果是「自強運動」的早期工業建設（如造船廠、礦廠、鐵路、「官督商辦」的企業等）。第二階段康有為、章炳麟、梁啟超、孫中山等人提倡政治改革，其結果則是辛亥革命，中國兩千多年的帝國變成了亞洲的第一個共和國。但是在第三階段，中國知識人要改變中國的文化和社會，這卻不是短期內所能奏效的，必須有耐心作長期的努力。不幸中國知識人偏偏缺少耐心，仍然要走康有為所說的「速變」、「全變」的捷徑。文化危機便由此爆發了。

辛亥革命以後，知識人思想的激進化(radicalization)一天比一天快，所以「新」思想家不過兩三年便變成「舊」思想家了。試看胡適在一九一七～一九二〇年是中國最「新」的知識人，他所代表的是西方的自由主義。在這兩三年中，陳獨秀也是提倡英美式的民主、自由的人。但是一九二一年中國共產黨成立，陳獨秀在思想上已跑在胡適的前面，變成馬克思主義者了。他已拋棄了「資產階級的舊民主、舊科學」，追求「辯證唯物主義的新科學」和「無產階級的新民主」了。胡適在新一代的知識人的心中則已成為「守舊」、「落伍」的人了。在一九二七年以後，甚至國民黨的吳稚暉和胡漢民也說胡適是「反革命」了。從此以後，「革命」成為中國知識人心中一個最神聖的觀念；上帝、天、祖先、道德……都可以反對，但是沒有人敢反對「革命」。

思想的激進化導致革命的神聖化；革命則必須依靠暴力。只有革命的暴力才能掃清中國文化和傳統社會，然後再依照西方最新的「真理」在中國重建一個十全十美的社會。這是一九四九年中國大變革的思想背景。一九四九年以後，中國傳統的民間社會整個被革命暴力消滅了。私有財產權消失之後，現代的「公民社會」(civil society) 已沒有可能出現，因為「公民社會」只能在傳統民間社會的基礎之上才能逐漸地、自然地轉化出來。香港和臺灣在過去四十年間所經歷的社會變遷恰好可以說明這個道理。臺灣和香港是完全沒有經過「革命暴力」破壞的中國人的社群。中國傳統的文化價值在這兩個地方反而成為現代化的精神資源——如家族的關係、勤儉的習慣、知識的重視、教育的發展等等。更重要是知識人的思想在這兩個地區也沒有澈底的激進化；傳統的觀念和西方的文化價值互相接觸、互相刺激、互相融合。傳統的民間社會逐漸轉化為現代的公民社會。

相反的，中國大陸在一九四九年以後仍然沒有擺脫激進化的心態，因此反傳統的浪潮繼續增高，終至出現了所謂「文化大革命」。為什麼中國大陸會有這樣的發展呢？簡單地說，我想和「邊緣化」(marginalization) 有關。第一是中國在十九世紀中葉以後，忽然從東亞文化的「中心」變成了世界文化的「邊緣」。這是中國知識人在心理上所不能接受的客觀事實。為了重新回到「中心」，知識人不斷努力「向西方尋找真理」，因為他們深信，世界文化的中心已移至西方，只有從西方取得最新的「真理」才能使中國回到世界的中心。第二、中國知識人在現代也已從社會中心一步一步向邊緣移動了。一九〇五年科舉制度廢止以後，知識人已不能像傳統「士大夫」那樣穩居於社會的中心了。知識人的邊緣化使他們不再具有以前「士大夫」的社會責任感。他們急於改造中國社會，卻又看不見效果，於是越來越和社會脫節，只有一方面拼命向西方尋找最新、最激烈的思想來促進社會的變革，另一方面則全力攻擊傳統文化和社會以掃除變革的障礙。他們身在邊緣，因此可以絲毫不顧及思想的社會後果。第三、革命為中國原有社會中各階層——士、農、工、商——的邊緣人提供了進入社會中心的機會。所以，城市中不得志的知識人、市民、以及鄉村中無業的地痞、流氓等都湧進了革命的行列。中國現代革命的倡導者大致都是理想主義的知識人，但革命的果實最後卻毫無例外地落在各階層的邊緣人的手中。這些邊緣人肆無忌憚——「無法無天」，他們沒有現代的知識，不能進行建設性的工作，然而他們擅於製造混亂和破壞。因為只有在混亂和破壞中，他們才有奪取權力、占領社會中心的可能。激進的思想恰好成為他們最有力的精神武裝。

一九七九以後，中國大陸轉向了。這是因為不斷的破壞已使經濟陷於停滯，基本生存已成為嚴重的問題。但是以破壞中國文化傳統起家的邊緣人集團仍然不能認同於中國文化，也不能認同於西方文化的主流，於是在精神上形成了空虛的狀態。他們所提倡的「精神文明」只是一句空洞的口號，而沒有經驗的內容。在這種特殊情況下，新一代的知識人開始反叛。但這些青年人是在共產主義制度下成長的，反傳統的意識根深蒂固；他們也繼承了「向西方尋找真理」的「革命傳統」。因此他們一方面更猛烈地攻擊中國文化，一方面再向西方——這次又回到「五四」時代的西歐和北美的西方——吸取形形色色的新思想。《河殤》電視劇成為這一時期的象徵性的作品，文化的危機不是消解了，而是更加深了。

「五四」以來，中國激進化的知識人好像是上了飄流在太平洋的船，他們想遠離中國文化，卻無法離岸太遠；他們想飄向西方文化，但又一再迷失了方向。他們在海上飄泊，兩邊都不能著岸。這個文化危機成了中國人的最大的悲劇。

本文是一九九二年十月在日本橫濱的「漢字文化圈第三屆國際會議」上宣讀的

再論中國現代思想中的激進與保守

——答姜義華先生

姜義華先生（以下簡稱「作者」）〈論二十世紀中國的激進主義與保守主義〉針對我的〈中國近代思想史中的激進與保守〉提出了全面的質難。作者的態度是嚴肅的，論證是翔實的，使我不能不作一回應。但是我的回應只能是很簡略的。

首先我想說明，我的原文是根據一九八八年九月在香港中文大學的講詞修改而成的。講詞不能像正式論文那樣推理嚴謹，因而為讀者留下種種推測的餘地。這一點我是完全承認的。不過讀者如果不斷章取義，我想我的原有論旨還是很清楚的。我的主旨是指出中國近代思想史上一種主要的價值取向及其在二十世紀中國的變革中所發生的影響。中國近代的變革當然是由無數因素共同促成的，絕不能簡單地歸之於思想一端。但一個社會在某一時代的思想取向基本上支配著它的成員的整體行動，因此也是一種不容忽視的歷史力量。我說「整體行動」含有中國傳統語言中「時風眾勢」的意思，「時風眾勢」形成之後，儘管有許多個別成員反對或不贊成它，但對整個社會的動向已失去制衡的力量了。

作者對我的講詞似乎抱有一種深憂，以為我是在為保守勢力扶輪。所以他說：

> 這篇演說在海內外都獲得了一批響應者，一時間，呼喚保守主義，譴責激進主義，竟成了一股在學術研究與政治實踐中都頗有影響的思潮。

這段話實在未免太過恭維我的講詞了。這篇流傳極為有限的文字何曾有過形成「思潮」的光榮？至於說到它對中國的「政治實踐」「頗有影響」，這在我聽來簡直是天方夜譚了。我想這大概是出於作者因過於憂世而發生的錯覺。

正由於作者的過慮，因此他的論文全力闡明一個中心論點：即二十世紀中國現代化的挫折主要應歸罪於中國傳統中的種種保守的勢力。相反的，激進主義則是無罪的，因為作者根據魯迅的斷語，認定任何外來的主義也撼動不了中國的保守主義。在這一中心論點的指導之下，作者檢討了中國近百年來政治、社會、經濟等各方面變革的艱難歷程。

但由此可以看出，作者所討論的是和我的講詞屬於不同層次的問題。我所指出的是思想史上激進化的現象，而且重點是放在價值取向上面。這和中國社會上的保守力量多麼強大完全是兩回事情。從思想史的各階段說，由戊戌政變、辛亥革命、五四運動、到共產主義運動，激進主義一浪高於一浪，這是有目共睹的事實。我在講詞中已有說明，不再重複。我所指的當然是各階段的主流思想。一般而言，每一階段的主流思想都是由知識界領袖所倡導而引起知識分子——特別是青年一代的廣泛響應的。主流形成之後，它對實際的政治和社會運動往往發生規範的作用。因為從事實際運動的集團或個人，無論是出於真信仰或其他不便公開的動機，都不能不利用當時的主流思想以號召群眾。但是激進觀念落在社會實踐的層次究竟是和保守的勢力匯流，還是繼續發揮激進的功能？這一類的問題已遠遠超出思想史的範圍，是我的講詞所完全沒有涉及的。

作者反覆論證：中國的現代化一直受阻於傳統的各種保守力量；與這些強大的保守力

量相比，激進主義在中國不是太強而是太弱了。但是我仔細檢查他的論據，主要是取自一九四九年以後的政治社會的實踐層次。作者似乎是說：一九四九年以後，中國只是表面上「革命」了，但暗中支配著政治社會運作的力量仍然是傳統的，而且是傳統的惡化與泛濫。（中國大陸上流行的名詞是所謂「封建遺毒」。）這正是我一向所持的論點，作者也曾引用了我的其他文字來「以子之矛，攻子之盾」。其實這個論點和思想取向的激進化之間毫無矛盾可言。一個在思想上激進取向的人，決心以革命暴力摧毀現存的秩序，建立一個理想的新社會，但是由於他出身舊傳統，所熟悉的也是傳統的思維方式和鬥爭手段，因此他在「破舊立新」的革命行動中不可能不大量運用這些現成的傳統資源。「只問目的，不問手段」本是許多激烈的革命者的基本信條；革命者的言行之間充滿著傳統的——特別是負面的——成分是一個相當普遍的現象。但這絲毫不能動搖革命者在思想上仍然是激進取向的事實。

至於全面反傳統的革命所建立的新秩序比它所推翻的舊秩序更為惡化，這並不是由於革命者在思想上太保守了，而恰恰是因為他們太激進了。這是一個有趣的「悖論」，這裡不能詳細分析。簡單地說，革命的激進分子總是想掃光一切傳統，然後在一張白紙上重新建造一個理想的社會。但是由於事實上沒有人真能片刻離開傳統而存在，所謂全面反傳統的革命最後必然流於以傳統中的負面成分來摧毀傳統的主流。其具體的結果便是壞傳統代替了好傳統。這一點又和邊緣人必然在革命暴力中奪得領導權有關，此處也不能詳論。（參看我的〈中國知識分子的邊緣化〉，《二十一世紀》，第六期，一九九一年八月）所以這個「悖論」也可以歸結為一個歷史的教訓：激進的革命之所以無法創造出一個新的社會正是因為它不能保守和繼承文化傳統中的合理成分。布克（Edmund Burke）說：「一個國家若沒有改變的能力，也就不會有保守的能力。沒有這種能力，它將不免冒著一種危險：即失去其體制中它所最想保存的部分。」（見 *Reflections on the Revolution in France*, A Penguin Book, p. 106）這是保守主義的一種「悖論」，恰好可與上述激進革命的「悖論」互相對照。

最使我詫異的是作者似乎完全看不見激進主義在中國現代史上所發揮的巨大作用。一九四九年以後，中國民間社會的消失便是拜激進主義之賜。作者所重視的「商品市場經濟」、「社會中產化」、知識分子等現代化的動力都絕不可能離開民間社會而獨立存在。此中最主要的關鍵即在人民的財產權的廢除。財富是文明的物質基礎；現代的理性要求社會財富的公平分配，而不是一切生活資料都壟斷在一個擁有絕對權力的統治階級的手中。作者十分讚頌一九四九年以後農民恢復了「他們千百年來一直依以為命的小土地所有制」（注意：作者此處流露出極其傳統的保守心態）；但是我相信作者大概也知道，這只不過是激進革命的一個極短暫的過渡策略。一兩年之後這個「小土地所有制」便已開始在農業集體化中解體；再過幾年更在人民公社的浪潮中消失了。

作者為了證明所謂「文化大革命」的根源在中國的保守勢力，而不在激進主義，竟要求我們不去注意那些表面的口號。但口號之所以能發生那樣巨大的破壞威力正是因為有激進的思想取向作它們的後盾。在心理和行為的層面，我們當然不難在這一場毀滅性的活動中找到許多「傳統的」成分，但這並不是中國文化主流中的傳統，而是邊緣人的傳統。所以它和清末義和團的表現最為相似。然而從思想史的角度說，我們所要追究的問題是：到底是什麼樣的思想基調使得這種大規模的毀滅行動成為可能？為什麼參加者在以暴力摧毀一切時會表現得那樣理直氣壯？為什麼當時全國沒有一個人曾對「文革」表示過一絲一毫的懷疑？這顯然是因為一個特殊的西方激進理論已在中國取得了「天經地義」的地位。我們研究「文革」時代的思想傾向自然不能不以當時的《人民日報》和《紅旗》為最重要的資料。無論我們在發動和推行「文革」的人的身上找到多少「傳統的成分」，我們都無法改變一個思想史上的基本事實：即如果不是那個特殊的激進理論在當時具有絕對權威的地位，這些「傳統的成分」是不可能發生決定性的作用的。如果一個以消滅舊思想、舊文化、舊風俗、舊習慣為號召而激起全國響應的運動還可以解釋為保守主義的泛濫，那麼世界上自古及今便根本沒有什麼激進主義了。

我想借此機會澄清一個非常嚴重的誤解。這四十多年來，研究中國共產主義發展史的學者，無論在東方或是西方，都特別注意中國傳統中究竟有哪些因素曾經發生過接引的作用。關於這一方面，許多人都曾從各種角度提出了他們的觀察。但是現在似乎漸漸形成了一種看法，認為一九四九年以來的中國大陸在表面上雖然是共產主義的體制，骨子裡面則仍然是傳統的延續。前面我們看到作者引魯迅的話，也正是為了說明一九四九年以後的中國並沒有變。在作者看來，即使共產主義是一套最激進的思想，它也無力改變中國傳統的保守性格。

這個論斷與我們所看得見的一切歷史事實完全相反。一九四九年以來，中國的邊緣人集團憑藉一個特殊的激進理論，運用一種嶄新的極權組織，澈底摧毀了中國傳統的社會結構。這個集團以革命暴力廢除了人民的一切財產權，因而全面切斷了中國民間社會的傳統。從一九四九年到八〇年代初中國不再存在任何民間自發的組織，包括傳統的宗族、商店、行會、學校、寺廟、同鄉會、詩文社等。至於十九世紀末葉以來新興的現代民間組織從政黨、商會、工會、同業公會、宗教團體、文藝團體、報館、出版社、同學會之類或者已被消滅，或者名存實亡，僅僅成為邊緣人集團直接控制的統治工具。這個邊緣人集團既壟斷了一切財富和生活資料，又有無數軍隊和秘密警察作後盾，它因此擁有對每一個個人實行「專政」的絕對權力。它可以任意給個人劃定所謂「階級成分」或「社會成分」，而個人則沒有絲毫上訴或抗議的餘地。

我們毋須對這一體制作更詳細的描寫，僅就上述諸大端便可見一九四九年以後的中國與傳統已澈底斷裂。這個新的政治經濟的結構不但不是傳統的延續，而且一切證據都指向一個無可爭辯的歷史事實，即它是在一個特殊的西方激進理論的指引之下，從以前蘇聯的模式中脫化出來的。一句話，它基本上是所謂斯大林體制 (Stalinism) 的變相。我最近有機會和俄國的漢學家交換意見，他們十分肯定地說：他們六〇年代初在中國所看到的都是列寧、斯大林以來在蘇聯久已實行的統治手段。最明顯的，如所謂「個人崇拜」的造神運動毫無疑問是布爾什維克的現代傑作，決非中國的「封建遺毒」。「天才論」最先用之於列寧，繼而由斯大林發揚光大了。大陸「文革」時代，任何人不小心塗污或損毀了「偉大領袖」的照片便會受到最嚴厲的懲罰。這更是帝俄時代沙皇的法律，後來又在蘇聯恢復了。「無法無天」是一句中國罵人的成語，但把它當作正面的價值而認真實踐則是遵循了列寧的遺教。列寧在一九一八年為「無產階級專政」下界說時便直接了當地稱之為「不受任何法律拘束的統治」("rule unrestricted by any law")。所以我們如果稍稍瞭解一點俄國的革命史，特別是從列寧到斯大林的恐怖統治，一九四九年以後中國大陸的政治體制究竟是延續了本土的傳統還是現代的舶來品，答案是十分清楚的。(可參考 Richard Pipes, *The Russian Revolution*, New York: Alfred A. Knopf, 1990，特別是第十八章「赤色恐怖」)

我已說過，我承認一九四九年以來中國新體制的建立曾得力於本土傳統因素的接引。

但這些因素主要是無形的；具體一點說，即是某些思維和行為模式的心理沈澱。至於在有形的制度方面，新舊之間已完全斷層了。甚至傳統的皇帝和現代的極權領袖之間也決不能相提並論，因為二者所寄身的權力結構在本質上截然不同。作者用「政治一元主義與思想一元主義」這種抽象名詞把古今兩種不同的制度連成一體，這在我看來只能算是觀念的遊戲。

保守和激進永遠是相對於具體的社會狀態而成立的，因此它們的內容也因時因地而有不同的規定。依照作者看法，似乎保守和一元主義結下了不解之緣，而激進則是多元取向的。我想這是反映了眼前大陸上知識界的一般觀點，但不能用這一觀點來解釋二十世紀的中國思想史。我們大概不能否認共產主義是二〇年代中國的最激進的思潮。但當時中國共產主義者所追求的正是蘇聯式的政治一元化和思想一元化。這是出於馬克思激進理論的內在而又必然的要求。只要你承認了馬克思主義是絕對的「科學真理」，你便不可能再成為任何意義的多元論者。「五四」新文化運動所追求的中心價值是「民主」和「科學」，這是近代西方文化的主流，其取向確是多元的。但是中國的共產主義者幾乎從一開始便把新文化運動看作是過了時的資產階級的意識形態。以馬克思主義的「最新科學」代替資產階級的「偽科學」、以「無產階級專政」代替「資產階級的假民主」是他們給自己規定的歷史任務。所以一九四九年以後中國的「政治一元主義與思想一元主義」是中國最激進的革命者歷盡千辛萬苦從西方取經取回來的。這套「經」本來便是最澈底的一元主義的，並不是到了中國以後，因為受到傳統保守力量的包圍和腐蝕，才從多元變成了一元。

在這個新的一元主義的體制之下，保守和激進的涵義發生了根本的改變，因為公民社會或民間社會已不存在了。這個體制的最大特色是出現了一個吉拉斯 (Milovan Djilas) 所說的「新階級」。「新階級」是擁有無限而絕對權力的統治者；他們的權力之所以無限而絕對，是因為他們不像舊統治階級那樣多少還受到公民社會或民間社會的約束。其實這個「新階級」早已為巴枯寧所預見。他在批評馬克思的社會設計時已指出其必將導出一個「新特權的政治科學階級」(the new privileged political-scientific class，見 Richard Pipes，前引書，頁一三五)。從最近幾年共產主義崩潰的歷史看，所謂「保守」只是「新階級」用盡一切方法繼續保持其政權；所謂「激進」則是一無所有的人民希望擺脫「新階級」的枷鎖，以恢復中斷了幾十年的公民社會。去年（一九九一）八月底蘇聯的保守派政變失敗後，一個莫斯科的居民在電視上說：「公民社會今天在莫斯科再生了！」這句話給我留下了極其深刻的印象。但是我在中文大學講詞中完全沒有觸及這一特殊涵義的保守和激進。也許由於今天語言上的混淆，我的講詞才不免引起了誤解。我願意在此鄭重聲明，就這一特殊的涵義說，我的同情自然是在「激進」的一邊。我在講詞中所說的「保守」並不包括「新階級」所堅持的「專政」，也不包括「新階級」分子以暴力攫取的並以暴力維持的一切「特權」。

我的講詞的重點是放在文化方面的保守與激進。二十世紀中國思想的激進化在文化問題上的最顯著的特色是對於中國傳統的否定不斷擴大與深化。原講詞對此點已多所敷陳，不再贅述。作者之所以特持異議則是由於他對保守和激進兩個觀念另有理解。因此他所列舉的辛亥革命前三種文化保守主義，其中之二便是康有為的「托古改制」和章炳麟、劉師培等的《國粹學報》。但在我們一般的認識中，這兩派在當時恰恰代表了激進的思潮。康有為的「改制」暗中即以西方制度為典範，所以朱一新說他是「用夷變夏」；他的「托古」、「偽經」的主張則開現代大規模「疑古」的先河。這是激進主義在當時歷史條件下所能達到的最大限度。國粹學派出現較晚，其激進的程度又高於康有為。如果說康有為的「用夷變夏」是隱蔽的，國粹學派則已是公開的。他們接受了斯賓塞的社會進化論，因此斷定中國在歷史演進的階段上淺於西方。而他們所謂的「國粹」其實是以西方近代的價值為標準而決定的，如「革命」、「共和」、「民約」等都是中國古已有之的「國粹」。他們甚至相信中國民族西來說，以黃帝為近東王號 Nakhunti 的譯音。黃帝率領歐洲一支民族名「巴克」(Baks) 者先遷至近東，再入中國，征服了土著。章炳麟、劉師培都曾運用他們的訓詁音韻的知識來證明此說，如以「巴克」即《尚書》中之「百姓」，而中國原有土著則是「黎民」。這樣直截了當以「西粹」為「國粹」，似乎只能算是激進，而不能稱之為保守吧。

當然，在「五四」運動以後，康有為、章炳麟、劉師培等都已成為不折不扣的文化保守主義者。這正是因為中國思想激進化的步伐越來越快。作者把「五四」以來國學各部門的研究也看作文化保守主義的一股勢力，這一點尤難索解。學院中的專門業務不一定都和思想上的激進或保守發生連繫。但如果我們把「五四」以後的「整理國故」運動當作一種思想史的現象來觀察，那麼不得不著重地說：這個運動的思想取向恰恰又是激進而不是保守。首先從「國粹」到「國故」便是思想激進化的明證。(這個名詞的使用由章炳麟正式發端，但到「五四」以後才普遍流行。）其次，在「整理國故」的進程中，疑古與辨偽是兩支最勇猛的先鋒隊；它們成功地摧毀了一切傳統經典的權威。胡適在比較緩和的時期說整理國故是要「用評判的態度」還古人以本來的面目（見〈新思潮的意義〉一文），但在激進的狀態下則說古書中有許多「喫人的老鬼」，應該提來打殺。(見〈整理國故與打鬼〉）魯迅更為痛快，他在《狂人日記》中說：中國歷史書上寫滿著「吃人」兩個字。這是「整理國故」在思想史上的原始意義，作者的論斷似乎又適得其反。也許作者從一九四九年以後的歷史階段看，「整理國故」仍然是太保守了，但在二〇、三〇年代，這樣對待古籍的態度也達到激進的極限了。

依照作者在文章中用法，似乎研究中國的古典文獻或器物便會流入文化保守主義或為保守主義提供基礎。這個論斷恐怕還需要更堅強的史實和論證才能建立得起來。此說如能成立，則西方的文藝復興和啟蒙運動也都應該算是文化保守主義的運動了。因為當時西方學人和思想家都在全力推動著他們的古典研究。

總結地說，我覺得作者和我之間的分歧發生在三個不同的預設 (assumptions) 上面：第一是我的論述範圍以思想史為限，特別注重有廣泛影響力的思潮。作者所討論的問題則已遠超出思想史的範圍。第二是作者對於保守和激進兩個概念的界定和我完全不同。因此他在中國近代和現代史上只看見了各種保守主義，幾乎沒有看見任何激進主義，而我所說的激進在他那裡則都變成了保守。第三、我認為一九四九年是中國現代史上一個最重要分水嶺，中國民間社會從這一年起被摧毀了。這一巨變，從思想史的觀點說，必須由激進化所造成的社會影響負責。作者對一九四九年則無特殊的感覺；在他看來，二十世紀的中國只是現代化一次又一次地因為保守力量的阻撓而遭到挫敗。因此，他根本沒有看到有什麼激進主義曾在中國發生過作用。由於這三個基本預設全不相同，解釋的分歧是自然的，也是不可避免的。

如果我沒有過分誤解作者的意向，我可以說作者的憂慮是很能引起我的同情的。但是我所說的保守是以公民社會或民間社會為前提的。這和作者所憂慮的「新階級」的保守主義及其種種變相（如所謂「新權威主義」）毫不相干。「新階級」為堅持其統治特權而虛構出來各種飾詞至少在我的理解中不足以當保守主義的稱號，因為其中並沒有任何值得保守的東西。作者和我的歷史觀察之間儘管存在著許多基本歧異，但在這一點上我們也許是一致的。

一九九二年二月二十一日

越過文化認同的危機

——《錢穆與中國文化》序

先師錢賓四先生（一八九五～一九九〇）逝世已整整四年了。以中國的虛歲計，今年正值他的百年冥誕。不先不後，這部論文集——《錢穆與中國文化》——恰好此時在上海面世，離他埋骨之地不過一日之程，這真是一個不可思議的巧合。但這並不是唯一的巧合。我在〈猶記風吹水上鱗〉的悼文中曾指出，就在錢先生逝世的時刻，我正在第一次把他的歷史觀念介紹給西方的讀者。更巧的是我這篇關於二十世紀中國民族史的概念變遷的文字（"Changing Conceptions of National History in Twentieth-century China"），不遲不早，在今年才由瑞典諾貝爾學術討論會正式出版（*Conceptions of National History*, Proceedings of Nobel Symposium 78, edited by Erik Lönnroth, Karl Molin, Ragnar Björk, Berlin and New York:

Walter de Gruyter, 1994)，也趕上了錢先生的百歲冥誕。這樣一而再、再而三的巧合是至可驚異的。無論如何，我很高興能借這個機會把這一冊書和這一篇論文獻給在另一個世界中的錢先生。

瑞典馬悅然教授(Göran Malmqvist)在評論我的論文時也提到了錢先生。他說：

錢穆在本世紀的中國史學家之中是最具有中國情懷的一位。他對中國的光輝的過去懷有極大的敬意，同時也對中國的光輝的未來抱著極大的信心。在錢穆看來，只有做到以下兩件事才能保證中國的未來：即中國人不但具有民族認同的胸襟，並且具有為之奮鬥的意願。(見前引書，頁一九二)

馬先生雖是語言學家，而非史學家，但這幾句話顯示出他對錢先生的史學精神有親切的認識。我在這裡只想加一個注釋，即錢先生的民族認同基本上是指文化認同。本書既題名為《錢穆與中國文化》，我想我也有責任對「中國文化」四個字略做一點解題的工作。

錢先生從史學的觀點出發，並不把中國文化看作是一成不變的東西；相反地，中國文化是在長期歷史中不斷演進和發展而形成的。正因如此，中國文化中也不斷吸收了許多外來的文化成分，如南北朝隋唐時期的中亞音樂、醫學，印度佛教，以及明清之際的西方天文曆算之類，都是最顯著的事例。這些個別的外來文化成分雖然豐富了中國文化的內容，甚至引起了它的自我調整（如佛教），但整體地說，中國文化的流向及其價值系統在十九世紀中葉以前並未發生根本性的改變。

從本世紀開始，中國人才陷入了認同的危機，包括民族認同和文化認同在內。章炳麟、劉師培諸人竟能對中國民族西來說深信不疑，甚至逕稱中東的加爾特亞（Chaldea）為「宗國」，並附會於古代傳說中「葛天氏」的對音（見章氏《訄書．序種姓上》）。這件事決不能僅僅當作笑話來看，也不能解釋為知識不足，而是深刻地反映了當時民族認同的心理危機。換句話說，他們是要使中國人認同於西方人。所以章氏又說：「今世種同者古或異；種異者古或同。」「太初有黃黑二民，或云白黑。」更嚴重而且也更持久的則是文化認同的危機。二十世紀上半葉中國思想的主流實在是環繞著文化認同的問題而發展的。以各種方式出現的中西文化的長期爭論，歸結到最後，只是下面這個問題：在西方文化的強烈衝擊之下，現代中國人究竟能不能繼續保持原有的文化認同呢？還是必須向西方文化認同呢？（關於認同的程度問題，這裡可以不論。）不可否認，以思想界的大趨勢說，向西方文化認同在二十世紀的中國終於取得了主導的地位。但是由於西方文化的內在分裂，中國人的西方認同也隨之而一分為二。

錢先生曾說，他一生都被困在中西文化的爭論之中。這是大可激人深思的自白。他又說：「余之所論每若守舊，而余持論之出發點，則實求維新。」換言之，他的基本立場是要吸收西方的新文化而不失故我的認同。這和陳寅恪先生所謂「一方面吸收輸入外來之學說，一方面不忘本來民族之地位」是完全一致的。這正是錢先生被中西文化之爭所困的根源所在；不用說，陳先生也同在此困中。主流派的中國知識分子或認同於北美的西方文化或認同於東歐的西方文化，都能勇往直前，義無反顧；他們只有精神解放的喜悅而無困擾之苦。但是像錢先生、陳先生這樣的學人則無法接受「進步」和「落伍」的簡單二分法，他們求新而不肯棄舊，迴翔瞻顧，自不免越來越感到陷於困境。

在五〇年代以前，文化認同的爭辯僅僅停留在理論的層面。由於社會進化論和實證論長期以來支配著中國史學界，幾乎已成為牢不可破的天經地義，西方認同論在文化爭辯中終於取得了壓倒性的勝利。在這一學術空氣下，中西文化的差異已被理解為社會進化階段的不同，即中國尚停滯在「中古時代」而西方則已進入「現代」階段。不但如此，在實證論的化約運作之下，社會結構和經濟形態被看作決定性的歷史動力；文化的概念則在史學和社會科學的研究中退居於「殘餘的範疇」。這一層思想上的曲折頗有助於瞭解二十世紀中國人關於文化認同的變遷。中西文化的爭辯最初起於對中國文化的認同，但最後卻得到了一個完全相反的結論：中國的前途只有認同於現代西方才有出路。這一結論之中雖仍有北美與東歐兩模式的分歧，但這是次一級的內部分歧，並不能動搖此結論的整體。在相當長的一段時期，中國人對這一南轅北轍的大轉變竟能坦然接受而絲毫不露出心理上的緊張，這應該怎樣理解呢？我想一部分原因是由於概念上偷樑換柱的成功。「西方」不再是一個地理名詞而是「普遍」的代號，「現代西方」則象徵著「普遍的現代性」。通過這樣的轉換，認同「西方」變成了認同「現代」。這是「現代化」一詞取代「西化」而普遍流行的一個主要根據。民族文化的意識不能容忍「西化」，但卻會為「現代化」所激動。而且「文化」既已退居於「殘餘的範疇」，中西文化異同的辯論也隨之而失去了意義。社會結構和經濟形態的澈底變更才是「現代化」的首要任務，這是只有通過「革命」才能完成的。晚清以來，中國人的強烈的民族文化意識並未消逝，但是在最近幾十年中這股巨大的動力已不再追尋中國文化的認同，而集中於推動「革命」。中國「革命」之所以歸宿於文化領域也是事有必至的。「革命」的挫折必須歸罪於它的障礙物，在一切有形的障礙都不復存在的情形下，文化的無形阻力自然便成為「革命」的主要敵人了。這是中國在本世紀從「文化認同」轉化為「文化否定」的一條主線。

然而在本世紀即將落幕的前夕，西方學術思想界卻發生了一個值得注目的大轉變。不但社會進化階段和實證論已開始受到嚴重的挑戰，五、六〇年代盛行一時的「現代化理論」也已失去了它的光彩。在「冷戰」結束以後，世界的衝突不但沒有和緩，反而更加深了。更重要的是這些新的衝突幾乎全部起源於民族和文化（宗教）之間的差異。一九九三年夏天，杭廷頓 (Samuel P. Huntington) 發表了一篇〈文明的衝突〉的論文，引出了全世界的爭論。這篇論文的本身並沒有什麼學術價值，其中頗多「興到亂語」。但它所激起的世界性的迴響則是一個不容忽視的文化現象。杭廷頓的論文其實是一個信號，表示我們對於這個世界的劃分既不能再根據冷戰時代的意識形態，也不能根據「先進」、「落後」這些源於西方中心論的概念。在二十世紀走到盡頭的時候，我們又重新發現「文明」、「文化」這些「過了時」的老觀念仍未可盡廢。杭氏所用的「文明」這個詞彙基本上即取自湯因比（Arnold J. Toynbee）。他又進一步把「文明」界定為「文化實體」（"cultural entity"），並強調今後世界衝突的根源既不是意識形態，也不是經濟，而是文化；宗教則在他所謂的「文化」中占據著樞紐性的地位。所以他劃分世界各大「文明」也以宗教傳統為主要標準。（他甚至把今天的中國仍看成是一個由儒教主宰的國家。其荒誕不經可想。）但是當作一個信號來看，這篇文字的意義卻不因其內容的粗疏而減低。它標誌著社會科學主流派也正式承認文化不能化約為社會結構和經濟形態的附生物，因為杭氏是美國現代化理論中一個有代表性的學人。他之所以有此轉向則並非出於偶然，而別有其思想史的背景。最近一、二十年來，美國文化與思想界出現了許多重大的爭議，其中之一即是針對著西方中心論而發的文化多元論。由於美國是一個多種族、多文化的國家，文化多元論在社會上獲得廣大的迴響，以致許多著名的大學都不得不修改課程，減少西方的經典，增添非西方的經典。杭廷頓自然不能不受到這一新思潮的影響。

我無意過高估計杭廷頓論文的價值，更不是說，在此之前，沒有其他社會科學主流中的學人重視過文化的作用。我只是要指出，杭氏此文的刊布適逢其時，因此才產生了普遍的反應。這個反應似乎說明了一件事：在一般人的心中，文化一直是一股真實的力量，不能化約為其他的東西。西方社會科學主流的化約論並沒有走出學術界，為多數人所接受。

這樣看來，無論是在思想上或知識上，我們今天都已具備了新的基礎，再度展開關於文化問題的討論。文化認同的危機困擾著中國知識分子已整整一個世紀，這一困擾今天不但沒有過去，反而更加深了。在這本書中，我僅僅接觸到這個大問題中的某些片斷，研究和思考都遠不夠成熟。應當特別指出的是：本書的一切討論都不是自我作古，而是接著前輩學人（包括錢先生在內）所提出的問題，繼續有所探索。我十分誠懇地盼望著讀者的指正和批評。

最後，我必須向王元化先生表示最誠摯的感謝。如果不是他的熱心和努力，這本書是不可能存在的。

一九九四年七月二十六日於普林斯頓

人文研究與泛政治化

前言：這篇短文是根據我在十二月十一日中央研究院評議會上的臨時發言寫成的。當時各報雖有報導，但多語焉不詳，易生誤解。承《聯合報》的雅意，要我親自寫出發言要旨，但在臺北的最後兩天，實在太忙，僅寫了兩三頁便中止了。全文是在太平洋航程中想定，回到普林斯頓後匆匆脫稿的。迫於時限，本文仍不免十分簡略，言不盡意。讀者諒之。一九九三年十二月十五日。

人文研究在臺灣普遍地不受重視是一個無可否認的事實。這一情況甚至在以研究為專業的中央研究院之內也有明顯的表現，無論在研究員額、經費、或行政支持方面，院內的人文各所都遠不能與數理、生物各所相比。這只是就有形的方面而言，在無形的方面，從社會到高等學府以至中央研究院，都瀰漫著一股空氣，即認為人文研究大抵是一些「空談」，無補於「國計民生」，屬於可有可無的東西之列。由於禮貌的緣故，自然沒有人肯公開地說這種話，但是這一心態隨時隨地都情不自禁地流露出來，是人人可得而印證的。

不但人文研究遭受冷落，即使在自然科學方面，一般人似乎也有重實用科技而輕基本研究的明顯偏向。這種偏向的背後，也存在著一種「指導思想」，我們無以名之，只好稱之為「急功近利」。（我不願意用「功利主義」這一名詞，因「功利主義」在哲學上代表一種嚴肅的思潮，源遠而流長。）「急功近利」大致與過去中國大陸上流行很久的「立竿見影」的想法相近，其實不成其為「思想」，而是「不思不想」的本能反應。我們之所以淪落到這種「不思不想」的境界，推究到最後，正是因為我們缺乏人文通識的緣故。在一個具有人文通識的現代文明社會中，基礎研究和科技實用之間孰輕孰重已早有定論，極少爭議的餘地。從這一點說，今天有識見的自然科學家也無不重視人文研究的價值。所謂「為知識而知識」（或「為學問而學問」）的精神是現代學術（包括自然科學）的根本動力之一。以西方而言，這一動力源於從文藝復興至啟蒙思潮之間四、五百年的文化發展。文藝復興時代的「人文研究」始於對希臘古典的再發現與新理解。這一尊重古典的精神在啟蒙運動中仍然持續未變，所以萊辛和狄德羅都大聲疾呼，要青年人去認真地研究「古人」。西方現代科學文化的興起實以全部西方人文傳統為其背景，這已是一種現代人的常識，毋須多說。

回到人文研究的問題，我想特別指出，在所謂「冷戰」結束以後的兩年之內，西方學術界對「人文」的理解已發生了根本的改變。過去在實證主義（和科學主義）的思潮支配之下，許多西方學人往往在有意無意之間，以人文社會科學的研究與自然科學並無不同，即同樣可以用「科學方法」、「實證態度」加以分析與綜合。這種思想的背後又存在著一個假定，即各民族、各地區的人文社會發展都遵循大體相同的進化階段，而西方則領先一步，首先進入「現代」階段，因此所謂「文化」的差異主要是進化階段的先後之別，其次則不過是民族「風格」的偶然不同。五〇年代以來所謂「現代化」的理論便建立在這一假定之上，故「現代化」與「西方化」實際上是同義語。（馬克思主義更是這一系思想的極端代表。）最近杭廷頓在《外交事務季刊》（一九九三年夏季號）發表〈文明的衝突〉一文，引起廣泛的注意。杭氏此文可議之處甚多，我不能在此討論。我只想指出一點，即他也承認「文明」是一個有意義的「實體」，其真實性甚至超越「民族—國家」之上。故他在此文中強調今後世界的衝突主要將在幾個大文明集團之間進行。以「文明」為歷史研究的基本單位本是湯因比在《歷史研究》的名著中提出來的，並非杭廷頓所首創。但湯氏的理論過去備受職業史學家的譏評，因此在歷史研究上並未發生實際的影響。我雖不同意杭廷頓文中的實質論點，但我一向承認「文明」（或廣義的「文化」）是一個不能完全化約的實體，尤其不能化約為「社會進化的階段」，中西文化的差異決非「中古」與「現代」之別所能窮盡。杭廷頓以社會科學家（政治學）的身分而強調文化差異的重要性，至少是一個值得注意的轉向。

從「西方文化中心論」轉向文化多元論必然使我們對於「人文研究」發生不同的理解。中國學人自二十世紀初葉以來便自動地接受了西方文化中心論，因而以西方代表「普遍的典範」，以中國的「特殊」為文化的歧出，最後必須依歸「普遍的典範」才能完成「現代化」。在這一思想支配之下，我們認定人文研究和自然科學一樣，也必須遵西方為普遍的準則。西方人怎樣研究他們的人文學術，我們也必須用同樣的方式整理中國的人文傳統。所謂「以科學方法整理國故」，其主要的涵義便在於此。

但是如果我們今天捨棄「西方文化中心論」，承認不同文明之間的差異具有實質的意義，我們便不能不進一步承認人文研究必須以文明為基本單位。中國的人文研究和其他文明系統中的人文研究無法完全統一在一個普遍的模式之下，其中一些精微的差異往往是更值得注意的。正因如此，人文研究至今在大體上仍是由不同文明系統中的學人分途發展，跨文明系統的人文研究只是例外。由此看來，中國學人研究自己的人文傳統實是一種無可旁貸的責任。

六十多年前，中央研究院成立之初，蔡元培、傅斯年諸先生有鑒於此，因而特別提出要把「漢學」的中心從法國巴黎或日本京都搬回中國的北平或南京。他們當時這樣說，是因為他們自覺或不自覺地假定西方人文研究具有普遍性，「漢學」即是所謂「科學方法」在中國人文研究方面的引申。今天我們對人文研究的理解既已有重要的改變，我們可以不必再提「搬回」的話。但是我們的任務更迫切了，我們必須認真地重建中國的人文研究，一方面加深自我的認識，另一方面對世界的人文研究有獨特的貢獻。

臺灣曾創造了一個「經濟奇蹟」，為舉世所稱道；但是我們不應僅僅滿足於做「財大氣粗」的「經濟人」。現在臺灣正在開創另一個「政治奇蹟」；但是我們也不應僅僅滿足於做「以選票驕人」的「政治動物」。我們還必須努力成為有精神教養和道德意識的「文化人」。人文研究在此實有無上的重要性。然而恰恰在這一點上我們碰到了一個突如其來的人為障礙，即人文研究的泛政治化。

一切歷史文獻——從家譜到方志——都說明今天的臺灣主要是一個大陸漢族移民的社會。除了原居民的本土文化之外，臺灣的文化是中國文化在最近兩三百年中逐漸發展出來的一個新枝。我們完全可以承認這個新枝的特殊意義和特殊價值，但是以人文研究而言，臺灣的人文傳統似乎無法切斷中國大陸的遠源，僅僅從明、清之際算起。一個較為近似的類比是美國文化與歐洲大陸文化的關係。美國是西方文化的新枝，而且今天在許多方面已超過歐洲大陸。但是美國人至今仍承認他們的人文源頭在歐洲。因此，希臘、羅馬的古典研究依然受到政府和大學的不斷鼓勵和推動。至於美國的宗教直接源於十六世紀歐陸的宗教改革、美國的革命直接受啟蒙思潮的啟發，更是不在話下。

但今天臺灣的知識界流動著一股泛政治化的暗潮，拒絕認同於中國文化，並以種種說詞來論證臺灣文化獨立於中國文化之外。這種觀點也許起於少數知識分子的政治興趣；其目的則在於以學術支持政治立場。但是這種「曲學阿世」或「媚世」的風氣最可憂慮；其流弊所及將使人文研究在臺灣根本無從開始。試問無論在上層文化或民間文化的領域，如果切斷了十七世紀以前的中國源頭，一部臺灣文化史究竟怎樣才能交代得清楚？難道清代兩百多年中先後從福建、廣東渡海來臺的移民都是從洪荒時代一躍而至的嗎？這種觀點只有臺灣的原住民才配運用，漢族移民是沒有資格援引的。

中國傳統知識分子從來視「曲學阿世」或「媚世」為大禁，至今已有兩千多年的歷史。二十世紀以來，在「革命」和「一黨專政」的形勢下，我們也看到一批又一批的知識分子走上「曲學阿世」或「媚世」的道路，他們不但踐踏了學術，而且更敗壞了政治。顧炎武說：

某雖學問淺陋，而胸中磊磊，無閹然媚世之習。貴郡之人見之，得無適適然驚也。

今天是走「群眾路線」的時代，「媚世」之風尤盛，顧炎武這幾句話特別值得玩味。如果我們不願意接受中國傳統的說法，「曲學阿世」轉換為西方現代的語言便是政治與學術之間必須各守分際，尤其不應有意加以混淆。這並不是說學術與政治之間可以完全不發生交涉，而只是說二者各有規範和紀律，政客和學人不應直接向對方的領域中插手。在各自遵守規範和紀律的前提下，政治和學術之間未嘗不能遙相呼應，而且實際上往往有一種不即不離的關係。現代研究意識形態的學者於此已多所論述，毋待贅言。關於政治與學術究竟應該怎樣各行其是，我個人大體上仍同意韋伯的見解。韋伯分別寫了〈政治作為一種專業〉和〈學術作為一種專業〉（按：韋伯所用「科學」一詞是廣義的，故此處譯作「學術」。）兩篇文字，扼要地討論了兩者的本質。在〈學術作為一種專業〉中，他特別強調講堂中沒有政治立足的餘地。學生固然不應把政治帶進講堂，向持不同政見的老師挑戰；老師也不應在講堂上以學術方式關懷政治，向學生傳播他的政治觀點。政見應該在政治集會上公開發表，這是政客所應盡的責任，政治的語言不是學術分析，而是爭取選票、打擊政敵的武器。但將政治語言帶進講堂則是荒謬絕倫的事，不但如此，一位好老師的主要任務正是要使學生認識那些「不方便」的事實——即不符合他們的黨見的事實。因為相對於每一個黨見而言，都必然存在著一些極不方便的事實。這是一個絕對的原則，無論對己對人都應恪守不變。一位勝任的好老師必須強迫他的學生習慣於這一類不愉快的事實的存在。我想韋伯關於講堂的話也完全適用於學術著作上。

近八十年來，中國人文研究的式微主要即拜受黨見橫流之賜，大陸上四十多年的「政治掛帥」更是空前絕後的文化摧殘。今天在民主化已開始的臺灣，我們似乎沒有必要再為學術研究的泛政治化推波助瀾。在容忍異己的原則下，讓政治歸於政治，學術歸於學術，豈不是一條寬敞大路嗎？

最後必須聲明，我指出臺灣文化是中國文化的新枝這一事實，並無任何以大陸壓臺灣的用意。相反的，這一事實的真正意義恰在於臺灣不但較完整地保存了中國文化而且有新的創造。另一方面，大陸雖地大人眾，中國文化在革命暴力的一再摧殘之下，早已所餘無幾。即使這點文化殘餘今天也只能以扭曲的方式存在於衰敗的民間社會。我過去曾一再說過，臺灣和香港是兩個僅有的中國文化地區，由於不同的原因，倖免於共產黨暴力革命的蹂躪，私有產權因此得以保存，傳統的民間社會也因此得以持續演化，這兩個地區在現代化方面的成就或許與這一事實不無關係。我對於這些事實的解釋自然可以爭辯，但事實的本身終究是無法抹殺的。至於事實是否「不方便」，是否令人不愉快，那便不是我所能為力的了。

我強調中國人文研究更不涵蘊對臺灣的人文發展有否定的意思。在我的理解中，臺灣文化與中國文化從來不是敵對關係，而是繼承與發展的關係。事實上，早在一九七八年討論《史學評論》的創刊時，我已與史學界的朋友們強調臺灣史研究的重要性。臺灣在近兩三百年中的文化發展自然也包括在我所謂的「中國人文研究」之內。一看見「中國」兩個字便聯想到「臺灣」是它的反命題，正是泛政治化心態的生動而又具體的表現。我和臺灣的民間社會也有過接觸，似乎一般人士並不堅持「中國人」與「臺灣人」是兩個絕對互相排斥的概念。也許泛政治化現在還停留在少數知識分子的身上。但人與人之間的隔閡和誤會總以越早化除越好，如果刻意加深，難保不會發展到星火燎原的地步。臺灣現代化的成就得來不易，我不希望有一天聽到有人重複梁武帝的慨嘆：「自我得之，自我失之，亦復何恨！」

人群相處有抗爭、也有和諧，這是常態。但抗爭是不得已，和諧才是文化價值，中國與西方的古典文化在這一點上並無二致。孔子一方面講「善人為邦百年，亦可以勝殘去殺」；另一方面則強調「禮之用，和為貴」。「和」是恰到好處的和諧，不是無原則的「和稀泥」。中國古代的音樂與調味都以「和」為最高的理想。《禮記》則有「陰陽和而萬物得」之說，指宇宙的和諧。古代希臘文化也講究「和諧」，故詩與音樂同以「和諧」為極境，其作用則在使人的靈魂得到和諧。作為最高的文化價值之一，希臘人也不斷擴大「和諧」的範圍。以政治理想言，和諧從城邦一直推拓到整個希臘民族；柏拉圖更進一步肯定和諧是宇宙運行的最高原理。

抗爭的觀念在西方近代思想中才特受重視，尤以馬克思的階級鬥爭說為登峰造極。近代中國人遭受種種不平的待遇，因而傾向抗爭，這是完全可以理解的。韓愈說：「物不得其平則鳴」，我們沒有權利要求受壓迫的個人或群體取消抗爭。但是我們不能把抗爭當作最高的文化價值。「階級鬥爭要天天講、月月講、年年講」是中國大陸四十年的社會寫照，這個歷史教訓是極其悲慘的。局部抗爭是為了取得整體和諧，不是為了抗爭本身的不斷擴大和升高。這在有自由和容忍的民主秩序中是一個可望而又可及的目標。

一方面也許現代中國知識分子的強烈反傳統情緒使他們不屑一顧中國古典的智慧，另一方面喜新厭舊的心理又使他們鄙棄西方的古典智慧，因此和諧的觀念似乎已在中國現代思想中失蹤了。這樣看來，人文研究的提倡確是當務之急；我們不但要重建中國的人文研究，而且也要發展西方的人文研究。

文化的病態與復健

——劉笑敢《兩極化與分寸感》序

《兩極化與分寸感》是劉笑敢先生最近幾年中經過慎思明辨而撰寫的一部專著。笑敢撰寫期間曾在普林斯頓寄寓了一段較長的歲月，我們常有晤談的機會。因此我不但深知其治學的勤苦，而且也分享過他的創作的樂趣。現在此書即將問世，笑敢要我為此書寫一序文，我不敢堅辭，因為我覺得這一段文字的因緣是值得紀念的。

大概是一九八八～一九八九年之間，我的老朋友孟旦(Donald Munro)先生寫信向我介紹笑敢，說他在北京大學訪問時期結識了笑敢，是研究老莊哲學的一位傑出學人。不久我便邀請笑敢到普林斯頓大學東亞系來作了一次演講，這是我認識笑敢的開始。我覺得孟旦的介紹一點也不誇張。

笑敢那一次講演的內容便是本書主旨的一個方面。講演以後，我們又有私下交談的機會，於是我發現他原來在思想上是我的同調。那時《河殤》正在美國不少校園中流行，引起了中國知識分子的巨大回響。笑敢雖然對於《河殤》所表現的抗議精神有同情的瞭解，但在談話中他一再表示不能同意《河殤》對中國文化的過分貶斥和對於西方文化的過分頌揚。我追憶這一段談話，是為了說明笑敢在本書中所發展的中心觀念遠在六年前已形成了。笑敢的志業在研究與教學。他關心中國的前途、關心文化的出路、關心思想的動態，但是對於現實政治卻毫無興趣。這幾年來，他在海外仍然潛心於中國哲學思想的專業工作，除了用英文撰寫道家哲學外，更廣泛地接觸了西方現代的思潮。他的眼界比我們初晤面時已大為開闊了。本書取精用宏，正可為笑敢在學問上的進境作最有力的見證。

笑敢此書以「兩極化與分寸感」為正題，而以「近代中國精英思潮的病態心理分析」為副題。合此兩題，我們便知道此書的主旨是為二十世紀的中國思想界診斷病狀。面對著這樣廣大的思想現象，笑敢所寫的自然只能是一部通論，而不是學院式的專題研究。但是學術工作者大致都承認，通論遠比專題更難下筆，因為它不但涉及具體的分析，而且還需要整體的判斷，故「學」與「識」缺一不可。更重要的是，通論在求雅俗共賞，與專題之以少數專家為立言的對象者迥異。因此，通論又必須能取譬於淺近，而不能遠離常識。這些通論的基本條件本書大致上都具備了。

我自然不能在這篇短序中詳細討論本書的論旨，但是我願意提示書中幾個重要的概念，以為讀者理解之一助。

副題中的「病態」是相對於「健康」的概念而成立的，如果沒有「健康」，便無所謂「病態」了。什麼是思想的健康狀態呢？這便是本書正題中的「分寸感」。作者以「分寸感」代表「健康」，而以「兩極化」形容「病態」，故本書有「破」有「立」，一反過去幾十年來大陸上流行的「破字當頭，立在其中」那種純否定的思路。這一轉變，作者或不自覺，但卻是很有意義的。因為它透露出作者立說的時代背景和思想的新動向。

作者在本書第三部分特別發展了一套關於「分寸感」的原則和方法，並鑄造了「中為」這樣一個新鮮的名稱。值得指出的是，作者所謂「中為」，不僅是「思想」的原則和方法，同時也是「行為」的原則和方法，而且行為似乎比思想更受作者的關注。這裡又透露了作者的生活經驗。作者在高中畢業時便恰好遇上了所謂「文化大革命」，親受「兩極化」思潮所造成的社會行為的摧殘。宋代程伊川提出過一個「真知」的觀念，他用的例子是被虎咬過的人才真正知道什麼是「虎咬」的滋味，這和我們僅僅聽過老虎傷人的事件，在感受的深淺上是不可同日而語的。所以本書作者因親歷「兩極化」的巨創深痛，而鄭重提倡「中為」的原則，我們對此決不可等閒視之，以為不過是另一套觀念的遊戲。王靜安最欣賞尼采「一切文學余愛以血書者」之語，作者在這本新著中力斥「兩極化」而倡「中為」，每一篇文字都可以說是「以血書者」。

作者關於「中為」觀念的正面闡釋，在本書中僅限於〈中庸、無為與「中為」〉一章；在這一章裡，他檢討了分寸感和中國傳統哲學的關係。其餘各章都是「中為」原則的實際應用。但是這個觀念包含著極其複雜的成分，決不是一篇文字所能發揮盡致的。我希望作者將來能在這一方面繼續努力。也許作者受到了「中為」字面的拘束，僅僅把這個觀念和「中庸」與「無為」聯繫在一起。其實在中國的思想傳統中，分寸感是一直受到重視的。如果作者將來擴大他的研究視野，他一定可以找到更豐富的傳統思想資料，以充實並加強他的論證。但是本書〈人物篇〉和〈歷史篇〉的具體解析都寫得十分生動，可見作者對於「分寸感」與「兩極化」在方法上的運用已達到「得其環中，以應無窮」的境界。本書第一篇文字以孫中山和毛澤東對比，以凸顯「中為」和「兩極化」的差異，便是開宗明義之作。我們由此可以窺見作者的用心不僅在於現代思想史的研究，而更在於為未來的文化重建尋求出路。所以全書以討論多元文化作結束。

其次，我願意略略討論一下本書所提出的「顯文化」和「潛文化」的概念。作者這兩個概念都是用以描述他所謂「精英文化」的。「精英文化」是西文 elite culture 的漢譯，並不含價值判斷的意味。作者關於這兩個概念的分疏大致見於第五章〈洗不盡的污泥濁水〉中的序論部分，原文較長，不便徵引。如果我沒有誤解作者的本旨，我想他的論點可以簡括如下：第一、近代中國，精英文化發生了一個大轉換，傳統時代的顯文化變成了潛文化。第二、近代中國的顯文化主要來自西方，最初是西方近代的主流文化，稍後則是馬克思主義。第三、近代中國的潛文化則可以傳統的儒、釋、道三教為代表，但是也包括了作者所謂「帝王意識」、「家長制」之類的東西。這樣的分類自然有一定的根據，不過也存在著有待進一步澄清的問題。舉例言之，在「五四」以後和一九四九年以前，西方近代思潮雖然已在中國廣泛流行，但是傳統的精英文化——以儒、釋、道為代表——也還沒有達到「潛文化」的階段。我們不能過分重視「全盤西化」這個口號，以為「五四」以後「全盤西化」已在中國「占主導地位」或「在自覺意識中，受到多數人的認同」。事實上，如果我們研究一九一九～一九四九年之間討論文化問題的作品，我們找不到幾個人可以稱之為「全盤西化論者」。只有在八〇年代「文化熱」的時期，中國大陸才真正出現過「全盤西化」的思潮，然而也僅僅是曇花一現，是否可以稱之為「顯文化」恐怕還有爭論的餘地。此其一。作者以儒、釋、道與帝王意識、家長制之類在一九四九年以後同淪為「潛文化」，這是可以成立的說法。但是儒、釋、道與帝王意識、家長制之類這兩支潛文化究竟是什麼關係？二者所「潛在」的領域有什麼異同？這些都是很吃緊的問題，值得繼續發掘。此其二。作者以馬克思主義代表一九四九年以來的中國「顯文化」，自然因為它是統治集團的意識形態，而且在最初三十年絕對地宰制了每一個中國人的命運。但是「馬克思主義文化」的概念是否能夠成立則要看「文化」兩個字作何解釋。當我們說「中國傳統文化」或「西方近代文化」時，這裡「文化」一詞是指幾千年或幾百年逐漸在日常生活中發展出來的種種價值和創造，馬克思主義顯然沒有這樣的分量，足以當「文化」之稱號。意大利馬克思主義者格蘭西也只說「實踐哲學」(即馬克思主義)是「現代文化」的一個「時刻」或一個「方面」(moment)。至於大陸上四十多年來的「馬克思主義」則完全是以暴力與恐怖為後盾的極權統治。其原型來自俄國的「一黨專政」，它對於一切文化只有破壞而毫無建樹。所以，如果我們要說馬克思主義是當代中國的「顯文化」，我們也必須瞭解「文化」這個名詞的用法在這裡已與「中國傳統文化」、「西方近代文化」中的「文化」根本不同。一黨專政下的馬克思主義僅僅是極權統治的一種意識形態，與法西斯主義或納粹主義同其性質。我似乎沒有見過「法西斯文化」或「納粹文化」這樣的提法。而且今天的東歐與俄國也未見有人把以前的官方馬克思主義看作一種「文化」。此其三。

以上關於「顯文化」與「潛文化」的討論，並不表示我與作者之間有什麼分歧。我不過是想進一步展示這兩個名詞背後所潛存的複雜涵義，以為讀者解讀本書之一助。事實上，「文化」一詞早就有種種不同的用法，五〇年代的人類學家已指出它有一百六十多個定義，今天更不知道增加了多少。只要我們能隨時就本書上下文而理解「文化」的實際指涉，則「顯文化」與「潛文化」的劃分是非常有用的。就我個人的感受而言，由於本書研究的對象是「精英思潮」，書中「文化」一詞往往與「思想」是同義語，不過所指有廣有狹而已。因此，「顯文化」和「潛文化」的分別在許多場合都可以理解為思想上的「明潮」和「暗流」的不同。如依此解，統治集團的意識形態當然可以說是「顯文化」。作者在當代「潛文化」中分辨出傳統的主流思想（儒、釋、道）和「帝王意識」、「家長制」之類的傳統心理習慣兩支；這一點是他的卓識，最能摧破馬克思主義儒家化的誤解。讓我舉一個實例來支持作者的論點。以「帝王意識」而言，儒家的原始理論是所謂「從道不從君」，因此君臣關係從來不是片面的盲目服從，而是所謂「以義合」。孟子最為激烈，至有「聞誅一夫紂，未聞弒君也」和「君之視臣如草芥，則臣視君如寇讎」等說法。後來唐玄宗時的李華撰〈中書政事堂記〉，仍說：「政事堂者，君不可以枉道於天，反道於地，覆道於社稷，無道於黎元。此堂得以議之。」這在基本上還是「從道不從君」的原則的延續。至於明末黃宗羲《明夷待訪錄》中對傳統帝王的嚴厲批評更代表了後期儒家的新發展。所以，大陸上自一九四九年以來所暗中滋長的「帝王意識」絕無可能是來自儒家的理論。但是另一方面，我早已指出秦漢以後「君尊臣卑」的政治現實是由儒家法家化所逐步造成的，其結果則是形成了一個長期的心理習慣，不知不覺地把「人主無過舉」、「善則歸于君，惡皆歸于臣」等觀念當作「天經地義」而接受了下來。後世所謂「君為臣綱」的三綱教條也直接源於《韓非子・忠孝》篇。毛澤東晚年特別提倡「法家」，真可謂「讀書得間」。由於這種心理習慣持續已久，韓愈才能說出「天王聖明，臣罪當誅」的名言。宋代蘇軾因烏臺詩案而下獄，而他在獄中寫寄弟子由詩，開頭兩句便說：「聖主如天萬物春，小臣愚暗自亡身。」這正是把韓愈的名言詩化了。韓、蘇之言究竟出自肺腑抑或僅屬文學上的「反諷」，都無關緊要，但恰可坐實晚清譚嗣同的觀察：「二千年來，君臣一倫，尤為黑暗否塞，無復人理！」這種黑暗的君臣關係顯然由法家「君尊臣卑」的原則在傳統政治的運作中逐步發展而來。作為一種普遍的心理習慣，它又是通過民間文化的長期宣揚而滲透到社會的每一角落。戲劇、小說、說書、彈詞、寶卷等等民間說唱藝術中充滿了有關「三綱」觀念的發揮；民間文化可以說是使「帝王意識」、「家長制」之類的心理習慣凝聚了起來的一股力量。這些心理習慣才是一黨專政下個人崇拜的基本養料。

最後，我必須指出，一般而言，「顯文化」與「潛文化」的對比只有在相對的意義上才能成立。作者強調這一對比則是和他的生活經驗分不開的：他成長在一個完全封閉的、澈底一元化的、全面壓制的政治體制之下，任何與官方意識形態有最細微歧異的思想或觀念都見不到天日。即使是官方意識形態，也只容許有一個「正確的解釋」；誰在黨內奪到最高的權力便同時占有「解釋」的最後權威。所以作者對「顯文化」的氣燄逼人，感受甚深。但是作者成學在八〇年代，適值官方意識形態衰落和「文化熱」流行，因此他對「顯文化」和「潛文化」之間的緊張關係也有親切的體認。

然而這不是文化轉換的正常狀態。從清末以來，西方的思想、制度、技術、以至日用品便已不斷傳入中國，「五四」以後更出現了「全盤西化」的呼聲。這是胡適所謂「長期滲透」型的文化轉換的過程。在二〇和三〇年代，中國知識界確有一種傾慕西方思想的傾向——包括自由主義與馬克思主義，但是中國傳統文化仍然有存在的空間，並不需要潛藏在地下。也許在西化派那裡，西方文化已取得「顯文化」的地位，而中國傳統則退居於「潛文化」層次。胡適是西化派的一位主將，他在一九三三年英文本《中國文藝復興》的〈序〉中說：

> 慢慢地、悄悄地，但又毫無可疑地，中國的文藝復興正在一步步地變成事實。這個再生的產品初看使人疑心是西方的。可是剝開它的表層，你就會發現它的構成質料主要還是中國的根基；經過多少風雨侵蝕之後，這個中國的根基現在顯露得更清楚了。——這便是人文與理性的中國，因接觸到科學和民主的新文化而復活了。

胡適在這裡確以「顯文化」與「潛文化」來解釋中國現代的文化轉換：二十世紀的中國在表面上具有「西方的」色彩，但在骨子裡面仍然是「中國的」傳統。但是胡適所描寫的文化轉換是在中西兩大文化自由接觸、自然交流的情況下發生的。這兩種文化的關係並不是西方的「顯文化」取代或壓制中國的「潛文化」，而是前者誘發後者所原有但未能暢發的某些精神因子——如人文與理性的精神，以促進中國的現代化。更值得注意的是，胡適雖然分別繫屬西方文化和中國文化於「顯」與「潛」的兩個範疇之中，他給予「潛文化」的分量卻遠比「顯文化」為重。這是他堅持把「五四」的新文化運動定名為「文藝復興」的根本原因。換句話說，他認為中國的現代化基本上只能是中國文化自身的轉化與新生，西方文化不過在開始的階段起著接引作用而已。

無論我們是否同意胡適關於文化變遷的觀察和論斷，他以西化派領袖的身分說出上面的話，至少說明了：在一九四九年以前的中國，「顯文化」與「潛文化」的分別不但是相對性的，而且二者之間有一種互相依存的關係。這種情形並不限於現代中國，其他時代或其他文化也有過文化轉換的事例。例如佛教初入中國時有所謂「格義」，即表面上是佛教而暗地裡附會老莊及其他中國思想；宋、明以後的理學也有人稱之為「陽儒陰釋」。以西方史而言，希臘古典文化與希伯來宗教文化便曾一再發生過互為表裡的轉換。甚至十八世紀啟蒙運動，旨在摧破中古基督教的定於一尊，但是專家曾指出，啟蒙哲學家所建構的理想世界依然不脫聖奧古斯汀的「天國」模型，不過運用了科學革命以後的新材料而已。這也是「顯文化」與「潛文化」在轉換中互相依存的一個例證。總之，如果我們採取相對的觀點，那麼「顯文化」與「潛文化」這一對概念是大有助於文化研究的。這是本書的一個重要論點。

笑敢要我為本書寫序，但我不願寫一篇應酬式的文字，敷衍了事，所以挑出我讀此書所得到的幾點感想老實地寫出來，以答他的誠意。如果這篇序文可以引起讀者深探本書旨趣的興趣，那便超過我最大的奢望了。

一九九四年十一月十七日於普林斯頓

談費正清的最後一本書

——《費正清論中國》中譯本序

費正清《中國新史》是他生平最後的一部著作。一九九一年九月十二日上午他親自將這部書的原稿送到哈佛大學出版社，下午他的心臟病復作，兩天後便逝世了。

從五〇年代開始，費正清在美國的中國研究領域中取得了領導的地位。關於這一方面，我已在〈費正清的中國研究〉（收在傅偉勳、周陽山主編的《西方漢學家論中國》一書，正中書局，民國八十二年）一文中有較詳細的分析，讀者可以參閱。在這篇短序中，我只準備略談費氏晚年寫此書的背景，以為中譯本讀者之一助。

費氏的史學專業限於中國近代史的對外關係方面；他在哈佛大學的教學工作也以鴉片戰爭以後的中國史為斷。那麼他為什麼在垂暮之年集中精力寫出了一部新的中國通史呢？

這裡必須指出，早在三十多年前，他已與日本史權威賴世和 (Edwin O. Reischauer) 合寫了一部兩厚冊的東亞文明史——《偉大傳統與現代轉變》。其中有關中國的部分後來又單獨合為單行本。這是他們在哈佛本科多年合教「東亞文明概論」一課的結晶。這是一部有深度而且流行很久的教科書。但是其中古代至唐宋各章是由賴世和執筆的，費正清則負責明清以下的近代和現代部分。這一背景大概也為本書的撰寫提供了契機。

其次，費正清的專業雖是中國近代、現代史，但是他一向承認中國文化不但連續不斷而且自成一獨立系統；如果不對中國的傳統有所認識，便不能清理它的現代變遷。因此他對近代以前的中國史確有求瞭解的意願。

最後，這部書是他接受哈佛大學出版社的邀請而撰寫的，按其時間，則正在一九八九年六月四日天安門屠殺之後。「六、四」對於整個西方，特別是美國，是一幕驚心動魄的悲劇，幾乎在一夜之間動搖了他們對於中國大陸的認識。美國人一向信任專家，他們對中共政權的理解是通過中國研究者的解釋而得來的。一般而言，美國的中國研究者解釋中共的興起與發展，都或多或少帶上一層理想主義與浪漫主義的色彩。天安門前的槍聲澈底驚破了這種理想和浪漫，一般美國人感到十分困惑，因此而有重新認識中國歷史和文化的要求。出版社約請費正清撰寫新史便是應這一要求而起。

「六、四」屠殺對於美國的中國研究者更是一當頭棒喝。不少以前相當同情中共政權的人都在一夜之間轉變為暴政的譴責者和人權的維護者。費正清也不例外。他的書名叫做「新史」，這個「新」字恐怕在潛意識中含有「覺今是而昨非」的意思，特別是有關中共政權的歷史論斷。我曾指出，他以前把中共的興起定性為「不可能被壓制的」一種「革命運動」，因為它體現了「農民解放和五四以來所揭櫫的民主和科學種種理想」（見他在一九八二年出版的回憶錄：*Chinabound, A Fifty-year Memoir*，頁二八六）。但在這本《新史》中，他已把中共政權看作是專制王朝的現代翻版了。他也承認，如果不是日本的侵略，南京政府也可能逐漸導使中國現代化，而中共的興起也並不是「不可能被壓制的」了。（見本書英文原本，頁三一一）這不能不說是一個根本的改變。以前他對中共的一切倒行逆施及其所導致的災難都輕描淡寫地一筆帶過。例如他在一九八三年《美國與中國》第四版修訂本中，對於「大躍進」的三年（一九五八～一九六〇）災害，只說：「營養不良廣泛流行，也有些餓死的人。」(頁四一四)但在《新史》中，他有專章(第十九章)討論「大躍進」，而且開宗明義即說：「由於中國共產黨所強行的政策，在一九五八～一九六〇年，兩千萬到三千萬人民死於營養不良與飢餓。」(頁三八六)這也是「覺今是而昨非」的一個顯例。最有趣的是他公開表白過去為中國諱飾的心理。他說，西方漢學家有一種職業病，大概出自「第二愛國」或「愛中國」的心理，即不肯暴露他們所研究的對象的壞處。他特別在附注中加上一條「大子自道」：他在一九七二年十月號《外交事務季刊》(*Foreign Affairs*)的一篇文章中竟說：「毛澤東的革命」對於中國人民而言，是數百年來僅此一見的「最好的事」。(頁一七六)這樣公開的自責確表現了學人的良知。

這本新史既有中譯本行世，其得失中國的讀者可以自作判斷。序文不應該是書評，因此我不想說得太多，以致使全書為我個人的偏見所籠罩，對於作者和讀者都有失公平。但是在結束之前，我願意再補充幾句話，說明此書的性質，以釋中文讀者可能發生的疑惑。

本書雖起自舊石器時代而終於天安門屠殺，但嚴格地說，它不是一般意義的所謂中國通史。從全書的詳略取捨上看，費正清似乎也無意把它寫成一部通史教本。他的敘述大體遵守著三條主線，即詳近而略遠，重政治而輕文化，取統一而捨分裂。最明顯的是春秋戰國和南北朝這兩大分裂時期在本書中只有一兩句話提到而已。這當然不是寫通史的態度。所以本書的主旨事實上仍在於闡釋近代中國的發展及其未來的演變。至於其前近代的部分則是作為歷史背景來處理的。讀者著眼於此，自可分辨全書的得失所在。但讀者又必須參考他以前的著作如《美國與中國》和《偉大的中國革命》(*The Great Chinese Revolution, 1800–1985*，一九八六年出版)，才能瞭解他的「晚年定論」之所在。

費正清在本書中提出了不少有關中國史的論斷，頗近於中國史學史上所謂「欲成一家之言」。但是他並非憑空發議論，而是以最近三十年來西方漢學的研究成果為根據的。全書正文中明引近人之說極多，這也不是一般歷史教本的寫法。本書之所以稱為「新史」，這也是一個關鍵，因為它如實地反映了中國史專題研究在美國的新方向和新收穫。例如本書第三卷 **(Part Three)** 用「公民社會」的概念來說明中國現代化的一個方面便是目前一部分史學家討論得很熱烈的新問題。

中國或日本的讀者也許會對本書提出下面的批評：作者既未直接運用原始史料，也未參考中、日史學家的大量研究，因此其中論斷的有效性是相當有限的。這個批評雖然有道理，但是卻與本書的主旨不相干，因而是有欠公允的。費正清寫這部書主要是以西方，尤其是美國的一般讀者為對象的，全面總結中國史研究並不在此書的設計之中。總之，費正清以八十多歲的高齡，孜孜不息地融會了近二、三十年來無數西方研究的成果，寫出一部條理清楚的大綱，直到死前兩天才完稿，這種精神無論如何是值得欽佩的。對於東方的讀者而言，這正是一冊簡明的現代漢學提要，其價值也是不可否認的。

一九九四年五月序於普林斯頓

中國史上政治分合的基本動力

討論中國史上分與合的問題，我們最容易聯想到《三國演義》開端的那句話：「天下大勢，分久必合，合久必分」。但這是政治層面的分與合，是表象而非實質。在政治分合的背後，往往有文化、經濟和社會的力量在發揮作用。例如秦漢政治統一是經過了春秋、戰國五、六百年的醞釀才成熟的。如果依《資治通鑑》為準，秦漢統一至少也有兩百年的歷史背景。我相信這正是司馬光撰史始於三家分晉的用意所在。他寫的是政治通史，重點自然是放在漢、唐兩大統一王朝的上面，以為本朝的鑑戒。但其書始於分裂，也終於分裂（五代），這是很引人深思的。

東漢從統一走向長期的分裂也有極其複雜的因素。舉其犖犖大者，第一是匈奴、羌族不斷內徙，在北方和西北邊疆形成極大的勢力。其中羌族的人口增漲尤其快速，一部分已深入長安附近的三輔地區。二世紀中葉以降，涼州羌胡與漢人衝突日益激化，朝廷已不能有效控制西北邊郡。因此每有變亂，漢廷便有人建議放棄涼州。事實上，羌胡文化在涼州的影響力已有淩駕於漢文化之上的跡象。例如漢末涼州一帶《孝經》一書已不甚流傳，雖漢人（包括婦女在內）也多習武事。董卓便是漢人羌胡化的一個典型；他應召領涼州兵到中央參與朝政是一件有象徵意義的大事。後來「五胡亂華」，中原分崩離析，其徵兆已見於此。第二是世族的興起，士大夫保家之念遠重於效忠朝廷。此下在整個魏晉南北朝時代，門第貴族都是一個重要的分裂力量。第三是在思想上儒學重群體的意識開始衰落，代之而起的是重個體自由的老莊。佛教東來及其傳布也助長了此一趨勢。晉代「沙門不拜王者」之論最為名士所賞識，這也更進一步削弱了政治的權威。南北分立時代，南方佛教與玄學清談結合，故重「義解」。這一風氣合乎門第中人的生活方式（《世說新語》可以為證），但顯然無益於治道。慧遠雖標榜佛教可以「濟俗」，但此「俗」主要是指門第社會的秩序。北方佛教的特色在「求福田」，其終極目的也是追求家族和個人解脫。第四是民間文化對上層的儒教文化公開反抗。從黃巾的太平道、張角的五斗米道，到孫恩、盧循的天師道都代表這一發展。

以上所舉四種離心勢力都源遠流長，上起東漢、下迄隋與初唐。我們想要瞭解中國為什麼東漢以下有長達四個世紀的政治分裂，不能不著眼於這些勢力的演變過程。（此外尚有其他離心勢力，如地方主義的互相競爭也極為重要。漢末「汝潁優劣論」，黨爭起於甘陵南北部之類，皆其表徵。州牧制代州刺史制而起也是適應地方勢力抬頭的新形勢而不得不然。此處不能詳說。上述四種離心力不過舉其顯要而言，並不是說離心力止於此。）在離心勢力的發展未消歇之前，政治統一是無法勉強建立的。所以兩晉統一僅曇花一現，緊接著便是「五胡亂華」。漢末以來的離心力自以胡羌諸族的崛起最為重要。他們在中國史上所扮演的角色正與西方羅馬帝國末期的日耳曼民族十分相似。當時中國北方、西方以至東北沿邊諸外族都處於上昇時期，活力充沛。他們亟欲在中國歷史舞臺上一試身手的神態已不可掩。故漢人中有先識者早引以為憂。晉初江統的〈徙戎論〉是一個最好的證據。

雷海宗論中國史的週期，曾提出一個有趣的見解。他說西方古代史只經歷了第一個週期，故羅馬帝國之後再也沒有第二帝國，中古查理曼帝國並未能再度統一歐洲。中國史則開闢了第二個週期，所以秦漢之後還有隋唐統一帝國的興起。但這個第二週期的開闢並不完全是漢人文化的復興。如果不為漢族中心論的偏見所囿，我們必承認所謂「胡人」的貢獻。朱熹曾說：「唐源流出於夷狄，故閨門失禮之事，不以為異。」陳寅恪推衍其意，頗能抉出宇文泰以周官緣飾鮮卑舊俗的真相，特別是府兵制與八部制的關係。這是他的一大發現。但府兵制也有中國的背景，唐長孺指出東晉的「北府兵」一點，可以補充陳氏的理論。所以概括言之，隋唐統一是南北胡漢民族與文化逐漸融合的結果。這是一個長期的過程，倘非融合已至成熟階段是不能成功的。四世紀時苻堅不能征服東晉，而六世紀時周、隋之平陳竟如水到渠成，其故即在於此。

隋唐統一是北方以武力征服了南方，但在文化上北方的胡人政權也一直不斷地吸收南方的文化。五世紀時北齊高洋曾說：宇文泰據長安，自詡上承漢、魏正統，而江東蕭衍得禮樂衣冠之傳，北方人士多視為正朔所在。此語反映了胡人對南方文化的嚮慕心理。魏太和十七年（四九三）王肅北奔，已把南朝前期的禮樂制度帶到了北方。在南北朝後期，南北不但有互市，並且交換使節，往來頻繁。北方胡主頗艷羨南方文士的才華詞藻，致引起北方朝臣的不滿。北周不肯遣庾信南還，至少一部分也出於愛好南方詩文的心理。及至隋統一天下，楊廣以太子出任揚州大總管，濡染南方文化極深，即位後不但以文學自負，而且臨死尚作吳語。唐太宗也不免受南方文學藝術的影響，故有學士之制，又酷好王羲之父子的書法。以學術而言，北方本以經學擅長，但終唐之世，進士皆以詩文為重，《文選》成為唐代顯學。這是唐代在文化上南方化的明證。經學在唐代其實並不重要，這可從明經科不為人所重這一點上獲得有力的證明。所以隋唐的統一必須從深一層的文化背景上去認識，不能簡單地視為政治表層之事。

安史之亂（七五五）是唐代劃時代的大事，此下唐代的政治統一已名存實亡，河北基本上由不同的胡人集團所控制。事實上唐代自始便存在著各種互相衝突的社會和文化勢力，不過在安史之亂以前大體上能維持著均勢的狀態而已，如關隴胡漢集團、山東舊族和新興進士是其中三個最重要的社會階層。它們之間的關係錯綜複雜，此處不能討論，要之此諸階層之升降盛衰與大唐帝國之由統一走向分裂，關係至深。這些勢力的淵源必須上溯至南北朝時代，通過長期的融合，在初唐達到一種動態的平衡。但隨著時代的推移，和新力量的出現（如河北的「胡化」不斷加深），此平衡在中唐時期終被打破。

推之經濟方面，我們也可以看到同一發展的歷程，即由南北融合而取得平衡，然後又因新因素的出現而失去平衡。這一發展比較集中地表現在田制稅制的變革上。安史之亂以前的租、庸、調制與均田制互為表裡，這是繼承了北朝的傳統，經濟的重心在農業。隋統一後曾頒均田令於天下，但此制南方推行實況如何，由於史料不備，殊難斷言。敦煌文書僅足證明此制曾在西北地區付諸實施，但土地已遠不夠分配。安史亂後行兩稅制，不但放棄了均田的理想，而且稅收的重心也逐漸移到工商業方面。陳寅恪先生所謂「南朝化」，是有相當根據的。中唐以下，商稅在政府收入中比例漸增（日人加藤繁有考證），是很可注意的現象。先師錢賓四先生論「南北經濟文化之轉移」，以安史之亂為分水線，也可與陳寅恪、加藤繁等人的論斷互相印證。五代的分裂雖僅五十年，其歷史的意義仍不容輕視。大體上說，它可看作是經濟、文化的重心從北方移向南方的一個指標。所以當時十國之中，南唐與吳越文化與經濟兩方面都顯得特別重要。江南水利的興修和工商業的發達清楚地顯示出由北而南的歷史大趨勢。

如果作一最大限度的宏觀式觀察，西晉永嘉之亂以下，中國史的重心似乎不斷地從西北移向東南，其中最重要的一個因素則是西北與東北的少數民族一個接著一個向中原進逼，至蒙古與滿洲兩族入主整個中國而登峰造極。故論中國史上的統一與分裂首先要研究日本學人稱之為「征服王朝」的問題。自漢代以來，純由漢人所建立的統一王朝只有漢與明，唐朝事實上是漢胡混合體。宋代則先後與北方的遼、金對峙，史家有目之為第二個「南北朝」者。但由非漢族建立的統一王朝也有兩個，即元與清。所以客觀地說，兩千年來的中國史是漢與胡共天下的局面。「征服王朝」對於中國政治發展的影響是相當深遠的。我們至今仍沿用的「省」便是元朝「行中書省」的遺跡。

自梁啟超以來，學者大都認定中國兩千年的政治形態是所謂「君主專制」。這當然是用西方的概念與分類所得到的論斷。這個說法並不算錯，因為皇帝至少在理論上是人間權力的最後來源。這裡特別標出「人間」兩字，因為在古代政治思想中，權力還有超人間的根據，即是「天」。「天」是皇權的保證，但同時又構成皇權的限制。「天下者非一人之天下，唯有德者居之」在漢初已是相當流行的觀念。故中國原有的君主專制並不是絕對的、任意的。但君主專制在中國史上有愈演愈烈的傾向，故近人每以明、清為專制的高峰時代。

我們有理由相信這一歷史趨勢與「征服王朝」，特別是統一的「征服王朝」有關。明代繼蒙元而起，清代本身即是統一的「征服王朝」。塞外諸族在未征服中國以前雖諸部落之間維持著比較平等的關係，甚至還實行酋長選舉的制度。但他們在入主中原以後反而更加強了中國原有的專制制度，如耶律阿保機為契丹可汗後設「惕隱」新官控制其他黨族，又設「宿衛軍」擴大個人的權力。如滿族皇太極建「南面獨坐」之制以取消四大貝勒按月分值的制度。所以明代朝儀，臣僚對皇帝僅四拜或五拜，清代則改成三跪九叩了。

這裡引出了「政治」與「經濟」、「文化」之間的分離問題。專制政治不斷因「征服王朝」所帶來的新因子而加強，其基本取向是內陸的，重農輕商的；其性格則是封閉的，獨占的。但由於經濟與文化的重心逐步從西北內陸向東南沿海移動，中國經濟史與文化史至少從南宋以來已透露出海洋的取向和開放的精神。以經濟史而言，海外貿易的重要性在南宋初即已為宋高宗所發現。他看到市舶司的收入之高，曾感慨地說：如果市舶司收入能繼續增加，國家的費用便不必取之於農民了。明代晚期海外貿易相當發達，福建沿海的人往往「半年在田，半年下海」。中國人的南海殖民即始於此時。當時東南沿海的對外貿易也為明政府增加了很多的歲收，故有人稱之為「天子之南庫」。臺灣便是在這一大趨勢之下與中國大陸發生了直接關係的。鄭芝龍、成功父子都是以海上貿易起家的。（兼具「海盜」的性質。）

然而明清兩朝的政策則嚴禁人民出海，這主要是出於政治獨占的考慮，至少在明初和清初是如此。在同一時期內，歐洲各國的海外經濟擴張是直接由政府保護，與中國的情形恰成尖銳的對照。這一點最能說明西方的政治與經濟互為支援，朝著同一方向進展。而明清中國則政治與經濟分裂，差不多是背道而馳的。內陸取向的封閉型、獨占型政權與海洋取向的開放型、競爭型的商業，彼此鑿枘。故僑民在南洋與菲律賓無論遭到殘酷的迫害以至屠殺，本國政府都坐視而不予援助。

文化史上的海洋取向與開放最明顯地表現在明末一部分士大夫對耶穌會所傳入的西學的態度上面。方以智、中通父子對西方的天文、曆法、數學都表現出高度的興奮之情。耶穌會中著名的教士如利瑪竇、湯若望、金尼閣等都先後受到士大夫的極高禮遇，稍一翻閱明清之際的詩文集即可知。

最後，我要特別指出明清儒學反專制的新趨向，以說明政治與思想之間的分裂。現代批判儒學的人往往武斷地說儒學是為專制政治服務的，也就是說政統與道統（或政治與思想）在統一王朝的體系中是合一的。當然，誰也不能否認專制政權一直都在利用儒學中的某些部分為政治秩序的合法性作緣飾。但是西方中古和近代早期，基督教也曾受到類似的利用，君權神授說即是顯例。研究基督教史的人並不據此即澈底否定其中更重要的批判精神。明清儒家也未嘗沒有政治批判的深刻意識，不過出之以十分隱蔽的方式而已。今天我們都推重黃宗羲的《明夷待訪錄》，認為這是批判中國專制政治的最有系統的創見。其實黃氏的思想，淵源正在王陽明的致良知之教。關於這一層，此處不可能詳加論證。姑舉一端以明之。黃氏的主要論點之一是要使天下之是非在學校中公開討論，以打破專制政治下「天下之是非一出於朝廷」的局面。如果我們記得王陽明說過：「良知只是箇是非之心」，便可知他正是要把是非的決定權從朝廷收歸每一個人。陽明又曾說：「求之於心而非也，雖其言之出於孔子，不敢以為是也。」這點最澈底的反專制，不過為了避禍而出之以迂迴曲折的途徑而已。陽明集中極少論政治的文字，但其中哲學論述表面上無政治，而骨子裡處處有政治的涵義。（陽明避禍的心理最清楚地流露在他與王艮的第一次談話中，但僅見於王心齋年譜中，王陽明年譜則似有意加以諱飾。）又如黃氏另一重要論點是「人各自私、人各自利」，故主張遂「私」以成「公」，而反對傳統有「公」而無「私」的說法。這一點在明清之際幾已成為定論。最近日本學者溝口雄三對中、日公私觀念加以比較，頗有新見。但我偶然發現早在十六世紀上葉已出現了「遂其私所以成其公，是聖人仁術也」這樣的觀點，比黃宗羲、顧炎武、陳確等人早了一百多年。這也是以隱蔽的方式對專制政治提出抗議，與王陽明將「是非」之權收歸個人，涵義正相貫通。總之，自王陽明以下，儒家向社會上爭取空間，避免與專制政權發生直接的、正面的衝突，但他們反專制的精神卻處處可見。陽明後學，尤其是泰州一派借鄉約以講學，即此一精神的正面呈露。明清儒學中的創新部分與專制政治是分裂而不是合一的，這是不容否認的歷史事實。

中國史上的政治分合固然值得研究，但其深一層的種種動力則是更值得重視的。

一九九四年七月十三日於臺北旅次

合久必分，話三國大勢

如果我們有機會作一個普遍的調查，我想中國人對於中國歷史的知識大概要以三國時代為最豐富。三國時代的故事和人物今天仍然是大家所耳熟能詳的。這一點，使我們不能不特別感謝《三國演義》這部不朽的歷史小說。明、清以來，《三國演義》不但是民間最流行的讀物，而且士大夫也差不多都能熟讀成誦，這主要是由於《演義》在大綱大節上並不違背事實。章學誠說得最好：「三國演義，七分事實，三分虛構，以致觀者往往為所惑亂，如桃園等事，學士大夫直作故事用矣。」（《章氏遺書》外編三《丙辰箚記》）另一清代學人也指出，「嘗見京朝官論蜀漢來，有讀到演義者，頗遭訕笑。甚至裒然大集，其中詠古之作，用及挑袍等事，笑枋流傳。」（陸祁孫《合肥學舍札記》卷一，引自錢鍾書《談藝錄》，中華書局增補本，一九八六，頁五六〇）最可笑的還是章學誠，他一方面嘲笑學士大夫讀《演義》為歷史，另一方面自己便犯了同樣的毛病。他有〈華佗墓詩〉兩律（《遺書》文外集二），文中竟有「青囊果定千秋業」、「老瞞何只畏剞頭」之句，所用的正是《演義》中的虛構，而非正史中的事實。（《余嘉錫論學雜著》下冊，頁六一七—六一八已指出。）

但是我們今天與其譏笑清代文人學士的淺陋，毋寧稱讚《三國演義》影響力的深遠。這部小說真正發生了「時間機器」的巨大作用，幾百年來它不知載過多少中國的男女老幼，飛回三國時代。因此，三國雖然離我們幾已兩千年之遠，我們卻常常感覺這個時代就近在眼前，有時竟比明、清時代好像還要親切。當然，《三國演義》並不是唯一的時間機器。在它出現之前，唐、宋的詩詞和講史，以至元、明的雜劇早已不斷地涉及三國的故事和人物。在它之後，京劇、地方戲，以至說書也都大量地取材於三國。但比較上說，《三國演義》在時間隧道中的航行次數無疑是最頻繁的。

但是從另一方面說，我們也必須要問：在許許多多的中國歷史小說之中，為什麼《三國演義》的吸引力特別經久不衰呢？為什麼後世的人對這一時代的人和事特別感到興趣呢？這便不能不使我們想到，三國時代在中國史上也許占著一個非常關鍵性的地位，值得從不同的角度作一番概括的瞭解。我希望借這篇短文來提供一次「時間機器」的旅遊。不過這將是一次超音速的三國之旅，而且在機器到達目的地時，我們也不準備降落地面。我們的短暫旅程只能允許我在空中作一次鳥瞰。

一

《三國演義》的作者開頭便說：「天下大勢，分久必合，合久必分」。我們雖然不再相信這個歷史的必然論，然而「分」確是三國時代最主要的特徵。更重要的是這是中國真正統一之後的第一次大分裂，而且分裂的局面持續了四個世紀以上。我們要想抓住三國時代在中國史上的中心意義，首先便要認清造成這一次大分裂的歷史因素。

漢末著名才女蔡文姬〈悲憤詩〉的開頭幾句是這樣說的：

漢季失權柄，董卓亂天常。志欲圖篡弒，先害諸賢良。逼迫遷舊邦，擁主以自強。

海內興義師，欲共討不祥。卓眾來東下，金甲耀日光。平土人脆弱，來兵皆胡羌。

這幾句詩恰好可以看作是漢帝國分裂的前奏曲。靈帝中平六年（一八九）外戚何進和宦官勢力作殊死的爭鬥，因而召董卓入朝。第二年（獻帝初平元年）以袁紹為首的關東州郡便起兵以討董卓，大一統的漢朝從此便走上了四分五裂的路。但是最值得注意的則是「來兵皆胡羌」之句，因為它透露了中國長期分裂的一個重大關鍵。董卓是涼州隴西郡人，但他從小便和羌人和胡人（匈奴）往來，早已成了一個羌胡化的漢人了。他帶到洛陽的兵都是涼州人，其中有大批的羌胡。他本人的種種殘暴行為在當時的中國人看來也是羌胡的文化特徵。所以皇甫規的妻子罵他是「羌胡之種」。董卓的例子使我們看到東漢晚期的涼州（當時也稱為「關西」）早已變成一個羌胡化或武化的地區，和關東的文化狀態完全不同。鄭太對董卓說：「關西諸郡，頗習兵事，自頃以來，數與羌戰，婦女猶戴戟操矛挾弓負矢。」同時也有人指出：「涼州寡於學術，故屢致反暴。今欲多寫《孝經》，令家家習之，庶或使人知義。」這個想法固然可笑，但可見涼州的儒教文化確已十分衰微了。所以東漢自二世紀初年以來，朝廷便不斷有棄涼州的提議。這種情況是怎樣發生的呢？我們可以從兩個方面說。一方面是自武帝以來漢代便不斷地以「內屬」的方式把長城以外的少數民族——匈奴、羌、烏桓之類——遷到長城以內，讓他們建立自治的「屬國」，受中國官吏——如校尉、司馬之類——的監督。這個政策在東漢更是大大的發展了。因此到了二世紀時，中國從西北到東北的治邊郡縣已不知道有多少胡人集團了（西南邊區也是如此）。另一方面則是這些少數民族本身也一直在發展和繁衍之中，因此不斷地向中國本土遷移。東漢的涼州便是在西羌和其他胡人逐步內遷的情況下變成了一個胡化地區的。我們研究《後漢書．西羌傳》便可以發現：羌人的人口增長得特別快，人口的壓力也是使他們大量湧入中國的一個重要的原因。在整個三國時代，這個趨勢有增無減，因為打仗需要兵力，善戰的少數民族正是兵力的一大來源。曹魏和蜀漢的軍隊中都有大批的胡兵。西晉初年的江統說：「關中之人，百餘萬口，率其多少，戎狄居半。」關中尚且如此，邊境更可想而知了。漢帝國內竟有這許多「戎狄」集團存在，它的破裂可以說是無可避免的。五世紀羅馬帝國的境內也是因為有許多日耳曼蠻族的雜處而終於導致大一統帝國的解體的。其過程與漢晉帝國的瓦解幾乎如出一轍。「五胡亂華」雖爆發在晉初，但其端倪已見於漢末，董卓領羌胡兵進入洛陽確是一個富於象徵意義的歷史事件，中古中國的長期分裂便從此開始。

二

漢帝國在二世紀下葉，內部到處都出現了裂痕，中央朝廷的權威也在一天一天的低落。靈帝中平元年（一八四）黃巾造反，宣告「蒼天已死，黃天當立」，這就表示下層民眾對漢朝的「天命」已失去信仰了。《三國演義》上也引了這個口號。黃巾以「黃天」為號召，大概是因為他們信仰的天神是「中黃太乙」。黃巾曾給曹操寫過一封信，說：「昔在濟南，毀壞神壇，其道乃與中黃太乙同，似若知道。今更迷惑。漢行已盡，黃家當立。天之大運，非君才力所能存也。」這是因為曹操早年在濟南時曾「禁斷淫祀」，和黃巾的「中黃太乙」之道相合。可見黃巾所建立的是一種有系統而具排他性的民間宗教。同時在四川陝西一帶又有張脩、張魯的五斗米道，南方也有于吉，傳說和《太平經》有關，孫策的部下和賓客都信仰他，致為孫策所殺。所以三國在中國宗教史上也有劃時代的意義，所謂道教即在此時成立。

中央朝廷權威的下移在社會和政治兩方面表現得更為突出。東漢晚期，社會上已形成許多獨立於朝廷之外的勢力集團。像最早和董卓對抗的袁紹，即是一個典型的所謂「四世三公，門多故吏」的大門閥。在這些有力的社會集團中，門生故吏主要只對他們的舉主效忠，他們心中並不把朝廷和皇帝看得很重。當時有一種流行的觀念，叫作「仕於家者，二世則主之，三世則君之。」意思是說，為私家效力的人，傳到第二代已把私家看作主人，到了第三代君臣的名分便永遠確定了。

漢代的郡太守本來便總攬地方一切大權，因此太守和他所辟的屬吏之間是一種直接的君臣關係。顧炎武說：「漢人有以郡守之尊稱為本朝者」。這是說，地方屬吏的「朝廷」其實是郡府而不是漢廷。這種制度發展下去當然便成為地方向中央鬧獨立的情勢了。所以東漢晚期有「州郡記，如霹靂，得詔書，但掛壁」的諺語。漢代郡比較小（全國郡數超過一百），還不足以形成地方割據。但是到了東漢末葉，十三州的刺史由監察的職務變成了領郡的實權長官——州牧，又因擁兵而加將軍的稱號。這樣一來，地方割據終於無可避免。曹操、劉備、和孫權等人都曾擁有過「州牧」的頭銜。

東漢後期的輿論權則掌握在一個新出現的「名士」階層之手。這是從太學清議逐漸發展出來的。當時政治人物的聲望並不靠漢廷的官爵，而是靠「天下名士」的品題。如李膺號稱「天下楷模」，只要被他容接便是「登龍門」。朝廷的祿位遠比不上「名士」的一句話。這正是權威從政府下移至社會的明證。這一情勢一直延續到建安時代，曹操和劉備都是「天下英雄」，但前者因為許劭評他是「清平之姦賊，亂世之英雄」(另一說是「治世之能臣，亂世之姦雄」)，便「大悅而去」；後者因為孔融求救於他，竟受寵若驚地說：「孔北海乃復知天下有劉備耶？」

三

在三國分立的前夕，大一統的局面顯然已經崩潰了。「漢朝」這塊招牌雖然在爭霸的群雄之間還有一點剩餘價值，但事實上已沒有人真正想恢復那個失去了「天命」的王朝了。曹操晚年曾下令說：

> 設使國家無有孤，不知當幾人稱帝，幾人稱王。或者人見孤強盛，又性不信天命，恐妄相忖度，言有不遜之志，每用耿耿。

這是姦雄欺人的話。不過他自知已不可能統一天下，落得說漂亮話罷了。但「不知當幾人稱帝，幾人稱王」則是實情。以曹操的聰明和經驗，他當然已察覺到當時中國是在無數離心力的激盪之下，這個「合久必分」的天下大勢不是短期內所能扭轉過來的。

不但曹操明察及此，諸葛亮和魯肅也英雄所見略同。諸葛亮的《隆中對》把天下三分的局面預言得清清楚楚，以致引起讀史者的懷疑，以為是事後的附會之說。其實魯肅的看法也和諸葛亮完全一致。他勸孫權不可「迎操」，指出「漢室不可復興，曹操不可卒除。為將軍計，唯有鼎足江東，以觀天下之釁。」又力主以荊州借予劉備，共同抵抗曹操。這和《隆中對》所言曹操「不可與爭鋒」以及孫權「可與為援而不可圖」，幾乎如出一口。王船山《讀通鑑論》特別把諸葛亮和魯肅看作三國鼎立的關鍵人物，真可謂千古隻眼。這裡特別使我們看到個人在歷史上的作用。當時分裂之局已成，非復人力所能改變，但分裂之終於形成魏、蜀、吳的三國鼎立則不能不歸功於人謀了。

四

最後，我願意再補充一點關於三國人物的問題。自來讀史者都說三國是中古人才最盛的時代，這自然是事實。其所以然者，則恐怕和漢代大一統的解體有關。「王綱解紐」也帶來了思想上的解放。從漢末到三國，定於一尊的經學已越來越不能滿足人們的精神需要，所以道、法、名理各種古代學派都復活了。名教之所以受人攻擊正是因為以前的許多禁忌已被打破，孔融的「跌蕩放言」和曹操的「不信天命」便是思想解放的最有力的證據。無論是學術思想、宗教、文學、藝術，還是社會風氣，漢晉之際都有突破性的新發展。戰國以後，中國人的思想從來沒像三國時代這樣自由活潑過。如果說思想的解放曾為三國人物提供了一種發揮創造力的背景，這也許不算是過於誇張吧。「我勸天公重抖擻，不拘一格降人才」。龔自珍這兩句詩不妨移作三國頌，因為三國的人才恰恰是「不拘一格」的。

古史地理論叢

錢穆　著

本書彙集考論古代歷史、地理長短散文，主要意義有二：一則古代歷史上之異地同名來探究古代各部族遷徙之跡，從而論究其各地經濟、政治、人文進化先後之序，為治中國古代史者提出一至關重要應加注意之一節目。二為泛論中國歷史上南北兩地域經濟、政治、人文演進之古今變遷，同為治理中國人文地理者所當注意。

秦漢史

錢穆　著

你知道秦始皇如何統治龐大的帝國？焚書坑儒的真相又為何？漢帝國對外擴張遇到什麼樣的問題？重農抑商背後的事實是什麼？賓四先生以嚴謹的史學研究方法，就學術、政治及社會各層面，深入淺出地對秦漢史加以探討。不但一解秦漢史學的疑惑，更能提高讀者的眼界。

中國歷代政治得失

錢穆　著

本書提要鉤玄，專就漢、唐、宋、明、清五代治法方面，敘述其因革演變，指陳其利害得失，要言不煩，將歷史上許多專門知識，簡化為現代國民之普通常識，於近代國人對自己的傳統政治、傳統文化多誤解處，一一加以具體而明白的交代，實為現代知識分子所必讀。

中國史學發微

錢穆　著

史籍浩繁，尤其中國二十五史乃及三通九通，數說無窮。但本書屬提綱挈領，探本窮源，所為極簡要極玄通。讀者即係初學，可以由此得其門戶。中人可以得其道路。老成可以得其歸極。要之，可以隨所超詣，各有會通。人人有得，可各試讀。

國史新論

錢穆　著

中國近百年來，面臨前所未有之變局，而不幸在此期間，智識份子積極於改革社會積弊，紛紛針貶傳統中國政治、社會文化等特質，卻產生中國自古為獨裁政體、封建社會等錯誤見解。錢穆先生務求發明古史實情，探討中國歷史真相。並期待能就新時代之需要，為國內一切問題，提供一本源可供追溯。

中國史學名著

錢穆　著

此書不單講述《史記》、《漢書》、《資治通鑑》等史學名著，舉凡為學之方、治史之道無不散見書中，更見錢穆大師殷殷期勉之意。曾謂：「我們今天的史學，已經到了一個極衰微的狀態之下了。……我希望慢慢能有少數人起來，再改變風氣，能把史學再重新開發出一條新路。」言猶在耳，吾人可不自惕哉！

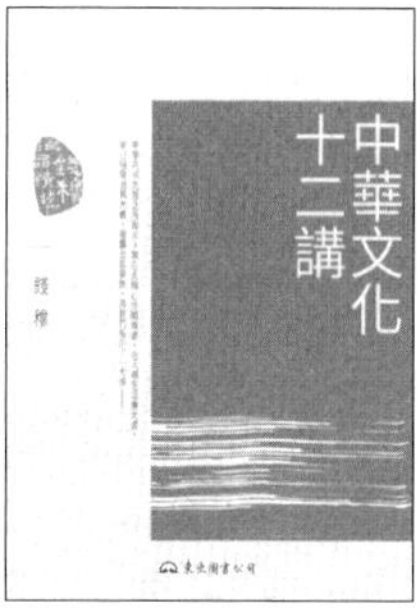

中華文化十二講

錢穆 著

本書乃賓四先生初定居臺灣期間，在各軍事基地之演講辭，共十二篇，大體討論中國文化問題。賓四先生認為中國文化有其特殊之成就、意義與價值，縱使一時受人輕鄙，但就人類生命全體之前途而言，中國文化必有其再見光輝與發揚之一日。或許賓四先生頌讚或有過分處，批評他人或有偏激處，要之讀此一集，即可見中國文化影響之悠久偉大。

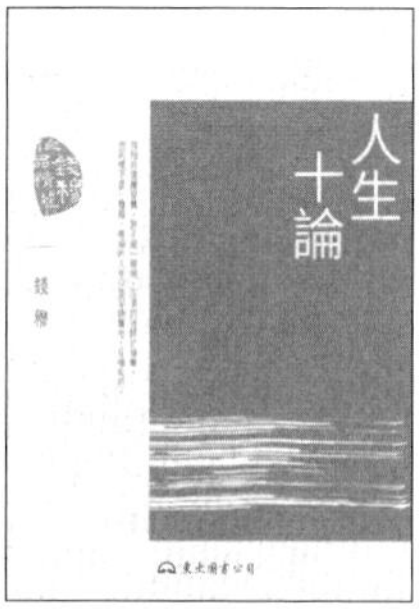

人生十論

錢穆 著

本書為錢賓四先生之講演稿合集，由「人生十論」、「人生三步驟」以及「中國人生哲學」等三編匯集而成。所論人生，雖皆從中國傳統觀念闡發，但主要不在稱述古人，而在求古今之會通和合。讀者淺求之，可得當前個人立身處世之要；深求之，則可由此進窺古籍，乃知中國傳統思想之精深，以及與現代觀念之和合。做人為學，相信本書皆可以啟其端。

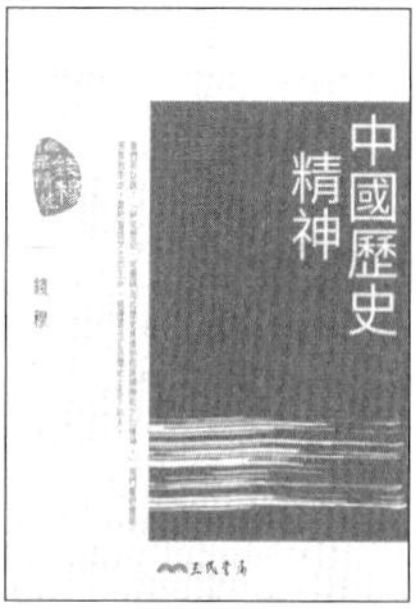

中國歷史精神

錢穆 著

中國的歷史源遠流長，其間治亂興替，波譎雲詭，常令治史的人望洋興嘆，無從下手，讀史的人望而卻步，把握不住重點。本書作者錢穆博士，以其淵博的史學涵養，敏銳的剖析能力，帶領讀者得窺中國歷史文化的堂奧，獲得完整的歷史概念，深入瞭解五千年來歷史精神之所在。

莊子纂箋

錢穆　著

《莊子》一書為中國古籍中一部人人必讀之書，但義理、辭章、考據三方面，皆須學有根柢，乃能通讀此書。本書則除郭象注外，詳採中國古今各家注，共得百種上下，斟酌選擇調和決奪，得一妥適之正解。全部《莊子》一字一句，無不操心，並可融通，實為莊子一家思想之正確解釋，宜為從古注書之上品。讀者須逐字逐句細讀之始得。

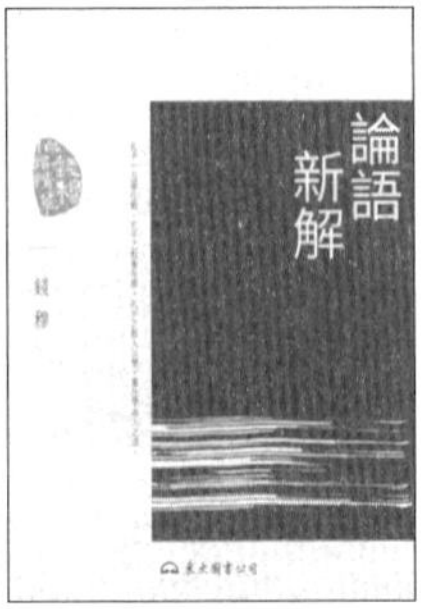

論語新解

錢穆　著

《論語》為歷代學者必讀之作，諸儒為之注釋不絕，習《論語》者亦必兼讀其注，然而學者往往囿於門戶之見而刻意立異。賓四先生因此為之新解。「新解」之新，乃方法、觀念、語言之新，非欲破棄舊注以為新。一則備采眾說，折衷求是；二則兼顧文言剖析之平易，與白話語譯之通暢。讀者藉由本書之助，庶幾能得《論語》之真義。

朱子學提綱

錢穆　著

本書為《朱子新學案》一書之首部。中國宋元明三代之理學，朱子為其重要一中心。儻論全部中國學術思想史，則孔子為上古一中心，朱子乃為近古一中心。《朱子新學案》乃就朱子學全部內容來發揮理學之意義與價值，但過屬專門　，學者宜先讀《宋元學案》等書，乃可入門。此編則從全部中國學術思想之演變來闡述朱子學，範圍較廣，但易領略，故宜先讀此編，再讀《朱子新學案》全部，乃易有得。

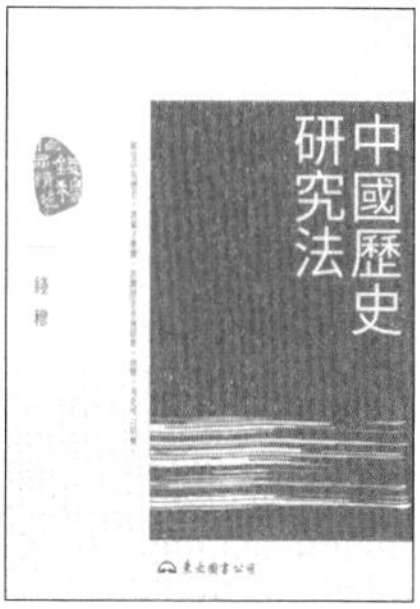

中國歷史研究法

錢穆　著

本書內容分通史、政治史、社會史、經濟史、學術史、歷史人物、歷史地理、文化史等八部分。此下三十年，賓四先生個人有關史學諸著作，大體意見悉本於此，故本書實可謂賓四先生史學見解之本源所在，亦可視為其對中國史學大綱要義之簡要敘述。

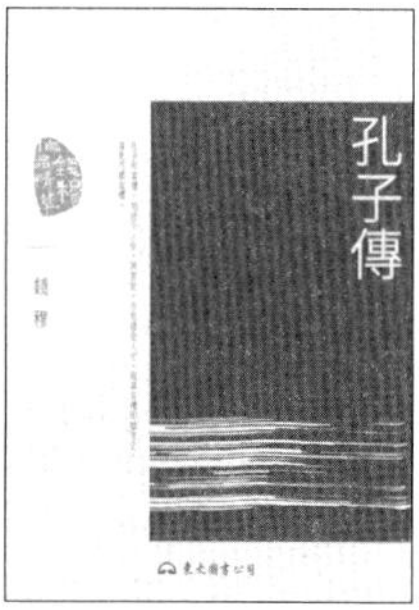

孔子傳

錢穆　著

儒學影響中華文化至深，討論孔子生平言論行事之著作，實繁有徒，說法龐雜，本書為錢穆先生以《論語》為中心底本、綜合司馬遷後以下各家考訂所得，也是深入剖析孔子生平、言論、行事後，重為孔子所作的傳記。作者從孔子的先祖談起，及至孔子的早年、中年、晚年。詳列一生行跡，並針對古今雜說，從文化脈絡推論考辨，以務實的治學態度辨明真偽，力求貼近真實的孔子。

八十憶雙親、師友雜憶（合刊）

錢穆　著

本書為《八十憶雙親》、《師友雜憶》二書之合編，皆為錢賓四先生對自己生平所作的記敘。《八十憶雙親》為先生八旬所誌，概述其成長的家族環境、父親的影響和母親的護恃。後著《師友雜憶》，繼述其生平經歷，以饗並世。不僅補前書之不足，歷數了先生的求學進程、於各地的工作經驗、做學問的契機、撰著寫就的過程以及師友間的往事等，使讀者對賓四先生有更完整、更深刻的認識；亦可藉由先生的回憶，了解其時代背景，追仰前世風範。

國家圖書館出版品預行編目資料

歷史人物與文化危機／余英時著. －－四版一刷. －－
臺北市：三民，2023
面；　公分. －－（余英時作品）

ISBN 978-957-14-7524-0（平裝）
1. 文化史 2. 中國史

630　　111013880

余英時作品

歷史人物與文化危機

作者	余英時
發行人	劉振強
出版者	三民書局股份有限公司
地址	臺北市復興北路 386 號 (復北門市) 臺北市重慶南路一段 61 號 (重南門市)
電話	(02)25006600
網址	三民網路書店 https://www.sanmin.com.tw
出版日期	初版一刷 1995 年 9 月 三版二刷 2021 年 8 月 四版一刷 2023 年 1 月
書籍編號	S620370
ISBN	978-957-14-7524-0

三民書局